Fachwörterbuch für Theologie und Kirche

herausgegeben von

Uwe Swarat

scm R.Brockhaus

Die Deutsche Bibliothek – CIP-Einheitsaufnahme:

Der Titeldatensatz für diese Publikation ist bei
der Deutschen Bibliothek erhältlich.

RB*taschenbuch Bd. 653*

3., verbesserte und erweiterte Auflage 2005

Umschlag: Dietmar Reichert, Dormagen
Gesamtherstellung: Breklumer Druckerei Manfred Siegel KG
ISBN 3-417-20653-7
Bestell-Nr. 220 653

VORWORT

In allen gesellschaftlichen Bereichen kommt es aufgrund zunehmender Spezialisierung zu einer eigenen Sprache, d.h. zu Begriffen und Formulierungen, die Außenstehenden nicht ohne weiteres verständlich sind. Das ist in der Wirtschaft und Technik so (denken Sie nur an die Computertechnik!), in Recht und Politik, in der Kultur, im Sport, in allen Wissenschaften und Religionen und natürlich auch in der Kirche und ihrer Theologie.

Dieser Vorgang ist im Kern unvermeidlich und so lange auch unproblematisch, wie sich die betreffenden Lebensbereiche durch die ihnen eigene Binnen- und Fachsprache nicht so stark nach außen abschließen, daß eine Verständigung mit anderen praktisch unmöglich wird. Eine solche Isolierung einzelner Bereiche wäre für den Zusammenhalt der Gesellschaft hochproblematisch und würde auch dem betreffenden Bereich selbst schwer schaden. Gerade Kirche und Theologie könnten mit einer solchen Entwicklung nicht leben. Die Kirche ist kein Zirkel von Eingeweihten, sondern die Gemeinschaft von Gottes Botschaftern in der Welt und Zeugin Jesu Christi, und die christliche Theologie ist keine Geheimwissenschaft, sondern ein methodisches Durchdenken des christlichen Glaubens. Die Theologie will den Glauben im Denken verankern, und die Kirche will ihn leben und weitergeben. Da sind Verständigungsbemühungen über Grenzen hinweg unabdingbar.

Der Wille, sich nach außen verständlich zu machen, hebt jedoch die Spezialisierung nicht auf. Neben der Allgemeinverständlichkeit behält also auch die Fachsprache ihr Recht. Beide Sprachebenen müssen jedoch füreinander durchlässig sein. Die Kenner der Fachsprache müssen sich sowohl in der Erklärung ihrer Begriffe als auch in der Übersetzung ins Allgemeinverständliche üben, und Nicht-Fachleute wie interessierte Außenstehende sollten bereit sein, sich in gewissem Umfang mit der Fachsprache vertraut zu machen. Damit es in beiden Richtungen nicht bei einem »man sollte ...« und »man müßte ...« bleibt, sind Fachwörterbücher ein wichtiges Hilfsmittel.

Das hier vorgelegte »Fachwörterbuch für Theologie und Kirche« möchte Studierenden und Schülern sowie ihren Lehrern helfen, sich rasch über die Bedeutung eines kirchlichen und theologischen Fachbegriffes oder einer lateinischen Formel zu orientieren. Da selbst einem Pfarrer und kirchlichen Mitarbeiter nicht alles geläufig sein kann, bietet es sich auch ihnen als Hilfe an. Für nicht fachlich geschulte Gemeindeglieder wird die Hürde, sich an theologischen Diskussionen zu beteiligen, niedriger, wenn sie Unbekanntes schnell und zuverlässig nachschlagen können. Schließlich können auch der Kirche eher Fernstehende, die sich aus einem Bildungswunsch heraus oder auf der Suche nach geistiger Orientierung mit dem christlichen Glauben befassen, kirchliche und theologische Texte schneller und besser verstehen, wenn sie dieses Buch auf dem Schreibtisch griffbereit haben.

Die Stichworte stammen sowohl aus der wissenschaftlichen Fachsprache wie auch aus dem kirchlichen Leben, dem Gottesdienst, der Musik und der Kunst. Es wurde nicht nur auf das im Protestantismus Geläufige geachtet, sondern auch auf den Sprachgebrauch im Katholizismus und in der Orthodoxie. Daneben stehen Stichworte aus anderen Religionen (Islam, Hinduismus, Buddhismus, Judentum) und aus der Philosophie. Die Erläuterungen sind in der Regel knapp gehalten, aber doch so ausführlich, daß man nicht bloß eine Übersetzung bekommt, sondern eine Hilfe zum Verständnis. Wer noch mehr sucht, greift zu einem Lexikon.

Die verwendeten Abkürzungen verstehen sich größtenteils von selbst. »Gg« bedeutet »Gegensatz«, und der Pfeil vor einem Wort weist darauf hin, daß es als selbständiges Stichwort erscheint. Ein Punkt unter einem Vokal zeigt die Betonung an.

Nach 1987 und 1996 (damals unter dem Titel »Fachwörterbuch Theologie«) erscheint dieses Buch jetzt in der 3. Auflage. Man sieht daran, daß ein Bedarf vorhanden und das Buch in der Lage ist, ihn zu decken. Die früheren Mitherausgeber Samuel Rothenberg und Johannes Hanselmann sind verstorben. Da sie nicht wenig zum gemeinsamen Projekt beigetragen haben, seien ihre Namen hier mit Respekt und Dankbarkeit genannt. Bei den Rezensenten hat das Buch guten Anklang gefunden. Aber nichts ist so gut, daß es nicht noch verbessert werden könnte. Deshalb ist der Text gegenüber den früheren Auflagen an vielen Stellen verändert und erweitert und seine Brauchbarkeit dadurch gewiß noch erhöht worden. Ich hoffe, daß das Büchlein auch in dieser Form vielen einen guten Dienst tut.

Berlin-Spandau, im November 2004

Uwe Swarat

A

a limine (lat.) »von der Schwelle«, von vornherein.

a minori ad maius (lat.) logisches Schlußverfahren »vom Geringeren auf das Größere« (z.B. in Luk. 12,24ff; Röm. 5,15).

a posteriori (lat.) »vom späteren her«, nachträglich; Erkenntnisse, die man aus den Wirkungen gewinnt; bei Kant: Erkenntnis, deren Gültigkeit logisch von der Erfahrung abhängt (Gg: → a priori).

a priori (lat.) »vom früheren her«, von vornherein; Erkenntnis, die von der Erfahrung oder Wahrnehmung unabhängig ist (Gg: → a posteriori).

Aaronitischer Segen dreigliedrige Segensformel aus 4.Mose 6,24–26, durch Luther 1525 (Deutsche Messe) als Schlußsegen in den evangelischen Gottesdienst eingeführt.

Abba (aram.) »Vater«, im NT Anrede an Gott.

Abbé (aram. abba »Vater«) in Frankreich Titel eines Geistlichen, der nicht dem Mönchsstand angehört.

Abbreviatur (lat.) Abkürzung.

Abduktion (lat. abducere »wegführen«) logisches Schlußverfahren, das einen Einzelfall versuchsweise einer Regel zuordnet und dadurch erklärt. Es dient also der wissenschaftlichen Hypothesenbildung. Vgl. → Deduktion, → Induktion.

Aberglaube von Afterglaube (after = nach), also ein nachgebildeter Glaube, der von niederen Kulturstufen und Überbleibseln älterer Religionsformen herrührt (Kartenlegen, Wahrsagerei, Traum- und Sterndeuterei, Glaube an Glücks- und Unglückszahlen, Glücks- und Unglückstage, Spiritismus, Zaubermittel, Talisman u.a.m.).

Ablaß seit dem mittelalterlichen Katholizismus der Erlaß von sühnenden Strafen für Sünden. Er gilt in der Regel nicht der ewigen Sündenstrafe der Verdammnis, sondern den von Gott verhängten zeitlichen Sündenstrafen (wie Krankheit, Hungersnot, Fegefeuer → Purgatorium) und den von der Kirche auferlegten Bußstrafen. Grundlage ist der Gedanke des »Kirchenschatzes« (→ thesaurus ecclesiae). *Plenarablaß:* Erlaß aller zeitlichen Sündenstrafen. *Partikularablaß:* Erlaß nur eines Teils der zeitlichen Sündenstrafen. Das Vaticanum II (1962–65) bekräftigte, daß die Kirche die Vollmacht habe, autoritativ (d.h. nicht nur in Form der Fürbitte) den Schatz der Genugtuung Christi und der Heiligen zum Erlaß zeitlicher Strafen zuzuteilen.

Abolitionismus (lat.-engl.) Gegenbewegung z.B. gegen die Sklaverei, gegen die Prostitution u.ä. (von abolieren = abschaffen).

ab ovo (lat.) »vom Ei an«, vom ersten Anfang an, weit hergeholt.

Abrenuntiatio (lat.) Absage (an den Satan).

absolut (lat.) »losgelöst«, unbedingt, beziehungslos, an sich (Gg: → relativ). Das Absolute ist der letzte, unbedingte Ursprung alles Seienden. Absolute Wahrheit: eine Wahrheit, die uneingeschränkt gilt.

Absolutheitsanspruch des Christentums Überzeugung, daß Gott sich in Jesus von Nazareth endgültig und verbindlich mitgeteilt hat, daß die Christusoffenbarung also keine Religion neben anderen ist, sondern unbedingt gültige Wirklichkeit und Wahrheit, in der allein die menschliche Lebenssehnsucht und Sinnsuche zur Erfüllung kommt.

Absolution (lat.) Loslösung, Freisprechung, vor allem die mit der Beichte verbundene Zusprechung der Vergebung im Namen Jesu Christi nach Joh. 20,23 (Gg: → Retention).

absolvo te (lat.) »ich spreche dich frei« (römisch-katholische Absolutionsformel).

Abstinenz (lat.) Enthaltsamkeit (vor allem in bezug auf Alkohol).

Abstinenzsyndrom (lat.-gr.) Entzugserscheinungen, nachdem ein süchtig machender Stoff abgesetzt wurde: z.B. Unruhe, Angstzustände, Zittern, Schweißausbrüche, Durchfall, Übelkeit, Krampfanfälle. (Syndrom stammt vom griech. »Zusammenströmen, Anhäufung« und bezeichnet in der Medizin ein Krankheitsbild, das sich aus dem Zusammentreffen verschiedener Anzeichen ergibt).

abstrahieren (lat.) »abziehen«, absehen von unwesentlichen oder zufälligen Merkmalen, um das Eigentliche herauszuheben.

abstrakt (lat.) »abgezogen«, vom Dinglichen gelöst, rein begrifflich, unanschaulich, sinnlich nicht wahrnehmbar (Gg: → konkret).

absurd (lat.) »mißtönend«, ungereimt, unvernünftig.

Abt (aram. abba »Vater«) geistlicher Vater; von einer Klostergemeinschaft gewählter Vorsteher. In einigen Klöstern, die geschlossen zur Reformation übertraten, hat sich der Titel für den leitenden evangelischen Geistlichen erhalten.

Abtei größeres, von einem Abt geleitetes Kloster (Gg: → Priorat).

abusus non tollit usum (lat.) Der Mißbrauch hebt den (rechten) Gebrauch nicht auf.

Achtzehngebet, Achtzehn-Bitten-Gebet neben dem → Sch'ma Jisrael Hauptbestandteil des jüdischen synagogalen Gottesdienstes.

ACK → Arbeitsgemeinschaft christlicher Kirchen.

Acta apostolorum (lat.) »Taten der Apostel« = Apostelgeschichte.

Acta sanctorum (lat.) »Taten der Heiligen«, kalendarisch geordnete Sammlung alter Lebensbeschreibungen aller Heiligen, von den Bollandisten seit 1643 herausgegeben (bisher 66 Foliobände).

actus purus (lat.) »reines Wirken«, Gott als stofflose reine Wirklichkeit; Gott ist alles, was er sein kann, ohne daß eine seiner Möglichkeiten unverwirklicht bliebe.

A.D. (lat.) Anno Domini, »im Jahr des Herrn«.

ad absurdum (lat.) ad absurdum führen: die Folgen aus einer Behauptung ziehen und so die Unsinnigkeit dieser Behauptung aufdekken.

ad hoc (lat.) zu diesem Zweck, nur für diese Aufgabe; aus dem Augenblick heraus.

ad libitum (lat.) »nach Belieben«

ad majorem Dei gloriam (lat.) »zur größeren Ehre Gottes« (Jesuitischer Wahlspruch).

ad usum Delphini (lat.-franz.) »zum Gebrauch des Dauphins«; für Schüler bearbeitet. Bezieht sich auf Buchausgaben, aus denen moralisch oder politisch anstößige Stellen entfernt sind. »Dauphin« ist der historische Titel des französischen Thronfolgers.

adäquat (lat.) angemessen, einer Sache entsprechend.

Adept (lat.) ein in die Geheimnisse der Mysterien Eingeführter; ein Gehilfe, Jünger.

adhortatio (lat.) Ermahnung.

Adhortativ (lat.) Aufforderung zu gemeinsamer Tat (z.B. ›Laßt uns gehen!‹).

Adiaphora (gr.) »Nichtunterschiedenes«; ethisch gleichgültige Dinge; Handlungen, die als solche noch nicht gut oder schlecht genannt werden können, meist als »Mitteldinge« bezeichnet.

Adiaphoristischer Streit 1. Auseinandersetzung zwischen Melanchthon und Flacius über die Zulässigkeit katholischer Formen in Verfassung und Kultus (1548–1552), wobei Flacius den Satz prägte: »Nichts ist ein Mitteldinq, wo es das Bekenntnis gilt (in casu confessionis) oder wo Ärgernis entstehen kann.«
2. Streit über die Zulässigkeit weltlicher Freuden (Oper, Tanz, Kartenspiel, Volksfeste), der seit 1681 reformierte Pietisten und Francke-Anhänger in Hamburg, Gotha und anderenorts mit den Lutheranern (Löscher u.a.) entzweite.

Adipositas (lat.) Fettsucht, Fettleibigkeit (eine Eßstörung, die zu extremem Übergewicht führt).

Adjutorium (lat.) »Hilfe,« Hilfsmittel.

Adjunkt (lat.) Helfer, Gehilfe.

adjuvante Deo (lat.) »mit Gottes Beistand«.

Admonitor (lat.) »Ermahner«, speziell: Beichtvater.

Adonai (hebr.) »mein Herr«; alttestamentliche Gebetsanrede Gottes, dessen Name »Jahwe« nicht ausgesprochen werden durfte.

Adoptianismus (lat.) die von der Kirche verworfene Lehre, daß Christus nicht wesenhafter Gott, sondern nur ein zum Gottessohn adoptierter, d.h. in seiner Taufe mit einer unpersönlichen göttlichen Kraft ausgerüsteter Wundermensch gewesen ist (wird auch als → dynamistischer Monarchianismus bezeichnet). Als Hauptvertreter gelten Theodotus der Gerber (um 190 n.Chr. in Rom) und Paul von Samosata (um 260–272 n.Chr. Bischof von Antiochien).

Adoration (lat.) »Anbetung«, Verehrung; Huldigung eines neugewählten Papstes durch die Kardinäle.

Advent (lat.) »Ankunft«; Bezeichnung der ersten vier Sonntage im Kirchenjahr; zweiter Advent Christi = Wiederkunft Christi.

Adventisten (lat.) Glieder einer in den USA 1863 auf einer »Generalkonferenz« gegründeten evangelischen Freikirche, die die Naherwartung der Wiederkunft Christi (seines zweiten Advent) und die Beachtung des Sabbats (als des siebten Wochentags) statt des Sonntags (des ersten Wochentags) in die Mitte ihrer Lehre stellt; offizieller Name: »Gemeinschaft der Siebenten-Tags-Adventisten«. Wichtig ist ihnen außerdem die Verwendung von Vollwertkost, die Enthaltung von Alkohol und Tabak, die Fußwaschung im Zusammenhang mit dem Abendmahl sowie der Aufbau eines eigenen Schul- und Hochschulwesens.

advocatus diaboli (lat.) »Anwalt des Teufels«, speziell: Name des Geistlichen, der im Heiligsprechungsprozeß die Gegengründe vorträgt.

Ạdyton (gr.) »das Unbetretbare«, das Allerheiligste, der Tempel; gr.-orthodox: Altar- und Priesterraum.

Ältester → Presbyter.

äolisch 9. Kirchentonart, dem Moll entsprechend (A-a), nach der griechischen Landschaft Äolien.

Äon (gr.) »Welt, Weltzeitalter, Zeitabschnitt«. In den gegenwärtigen Äon bringt Jesus die Kunde vom neuen Äon, der in seiner Person bereits gegenwärtig ist (Luk. 17,21). Auch Paulus verkündigt die neue Weltzeit in Christus (2. Kor. 5,17). Im Gnostizismus bezeichnet Äon eine vor der Weltentstehung aus Gott ausgeströmte Geistesmacht.

äquivalent (lat.) gleichwertig, von gleicher Geltung. Bei Übersetzungen: das wirklich zutreffende Gegenwort.

äquivok (lat.) »gleichnamig«; doppelsinnig, mehrdeutig; Redeweise, bei der dasselbe Wort je nach dem Zusammenhang verschiedenen Sinn hat; (z.B. ›Güte‹ die Qualität einer Sache oder die Freundlichkeit einer Person; ›Größe‹ die Länge oder die Bedeutung einer Person); spielerisch beim ›Teekesselraten‹ angewandt (Gg: → univok; → analog).

Äquivokation (lat.) äquivoke, also mehrdeutige Redeweise.

Ära (lat.) Zeitalter, Zeitabschnitt, Zeitrechnung.

Ästhetik (gr. aisthêsis »Wahrnehmung, Empfindung, Erkenntnis«) Lehre vom Schönen, von der Kunst, von der sinnlichen Wahrnehmung.

Ästhetizismus Lebenshaltung, die einseitig das Ästhetische betont.

Ätherleib (gr.) in der Anthroposophie das den Leib durchdringende Bindeglied zwischen stofflicher Leiblichkeit und innerem Leben. → Astralleib.

ätiologisch (gr.) Herkunft und Ursache erklärend (gr. aitia »Ursache«); bezieht sich zumeist auf Ortsnamen, Pflanzennamen, seltsame Naturgebilde, alte Bauwerke (nicht mit etymologisch zu verwechseln; → Etymologie).

Affinität (lat. affinitas »Grenznähe«) Wesensverwandtschaft zweier Größen und die dadurch bewirkte Anziehung (etwa bei den Elementen); Verwandtschaft, Schwägerschaft, Verhältnis des einen Ehegatten zu den Blutsverwandten des anderen.

Affirmation (lat.) Bejahung, Zustimmung, Bekräftigung (Gg: → Negation).

affirmativ (lat.) bestätigend, bejahend, behauptend.

Afterglaube → Aberglaube.

Agada, Aggada → Haggada.

Agape (gr.) 1. »Liebe«, von Gott ausgehende oder von ihm bewirkte selbstlose Liebe (im Unterschied zum → Eros).
2. Liebesmahl der frühchristlichen Gemeinde als Ausdruck der Bruderschaft, zugleich der Sättigung der Armen dienend.

Agende (lat.) »das zu Handelnde«, ein Handbuch, in dem der Verlauf der Gottesdienste und Amtshandlungen mit ihren Bibelworten, Gebeten usw. aufgezeichnet ist.

agendarisch den Text der Agende benutzend.

Aggiornamento (ital.) Anpassung an die heutigen Notwendigkeiten (engl. »up to date«, franz. »à jour«); von Papst Johannes XXIII. beim 2. Vatikanischen Konzil 1962 für die katholische Kirche gefordert.

Agnostizismus (gr.) Lehre von der Unerkennbarkeit der Wahrheit und Wirklichkeit; Anschauung, die ein sicheres Erkennen jenseits der unmittelbaren sinnlichen Wahrnehmung für unmöglich hält.

agnostos theos (gr.) »der unbekannte Gott« (Apg. 17,23).

Agnus Dei (lat.) »Lamm Gottes«. Bezeichnung Christi (Joh. 1,29). Bestandteil der katholischen Messe und der evangelischen Abendmahlsliturgie: »Christe, du Lamm Gottes«.

Agonie (gr.) Todeskampf, ursprünglich Wettkampf.

Agoniegebet das Gebet Jesu in Gethsemane (Matth. 26,36-46 par).

Agrapha (gr.) »die Ungeschriebenen«; Jesus zugeschriebene Aussprüche, die nicht in den biblischen Evangelien stehen.

Ahimsa (sanskrit »Nicht-Verletzen«) die indische Tugend der Gewaltlosigkeit, der gemäß kein Lebewesen verletzt oder getötet werden soll.

aide mémoire (franz.) »Gedächtnishilfe«, Niederschrift von mündlich getroffenen Vereinbarungen.

Aion → Äon.

Akazianisches Schisma 35jährige Kirchenspaltung (484–519 n.Chr.) zwischen Abendland und Morgenland, benannt nach dem Patriarchen Akacius von Konstantinopel, der die Zweinaturenlehre von Chalcedon mit dem Monophysitismus versöhnen wollte und daraufhin von Rom exkommuniziert wurde. Die Auseinandersetzung endete mit einem Sieg Roms.

Akklamation (lat.) einfache Form der Abstimmung, in welcher der, der Beifall erhält, als gewählt gilt. In der Liturgie: Grußwechsel zwischen Pfarrer und Gemeinde, auch »salutatio« genannt (»Der Herr sei mit euch« – »und mit deinem Geist«).

Akkomodation (lat.) »Anpassung«, speziell: Angleichung des katholischen Ritus an Vorstellungswelt und Lebensstil der Einheimischen.

Akoimeten (gr.) »Nie-Ruhende«, Mönche der Ostkirche, die durch Ablösung ununterbrochenen Gebetsgottesdienst halten.

Akosmismus (gr.) »Weltlosigkeit«; Behauptung, daß die Welt keine selbständige Existenz hat, sondern nur eine Eigenschaft Gottes sei (so vor allem Spinoza). Gott ist demnach die einzige Wirklichkeit (»Substanz«).

Akoluth (gr.) Begleiter, Diener, speziell: Kleriker als Bischofsbegleiter oder -bote.

Akrostichon (gr.) »Versspitze«, ein Gedicht, bei dem die Anfangsbuchstaben oder Anfangsworte jeder Zeile ein Wort einen Satz oder das Alphabet ergeben.

Aktivismus (lat.) Haltung zielstrebiger Tätigkeit; übertriebener Tätigkeitsdrang.

aktuale Sünde Tatsünde; die Sünde, wie sie in der einzelnen Handlung sichtbar wird.

Aktualismus (lat.) philosophische Lehre, daß ein unveränderliches Sein nicht möglich, daß alles Sein vielmehr ewiges Werden, lebendiges Geschehen ist.

Aktualität (lat.) im gewöhnlichen Sprachgebrauch die Gegenwartsbedeutung einer Sache, ihre Wirksamkeit in der Gegenwart; in der aristotelischen Philosophie die Verwirklichung von Potentialität, d.h. die Verwirklichung dessen, woraufhin ein Wesen angelegt ist. Weil von Gottes Wesen nichts unverwirklicht ist, gilt Gott als reine Aktualität, → actus purus.

Akzidens (lat.) das »Hinzukommende«, das Zufällige, das Wechselnde, das auch wegbleiben kann, ohne daß sich dadurch das Wesen eines Dinges (das »Essentielle«) ändert.

Akzidentien (lat.) Nebeneinnahmen eines Geistlichen.

Alba, Albe (lat.) das weiße liturgische Untergewand der katholischen und anglikanischen Geistlichen; Gewandalbe bei den Lutheranern in Skandinavien, USA und zahlreichen Kirchen in der Dritten Welt.

Albigenser südfranzösischer Teil der → Katharer im 12./13. Jh. (nach der Stadt Albi). Nachdem ein Großteil des Adels sich ihm angeschlossen hatte, wurde er in den Albigenserkriegen (1209–29) durch den französischen König und den nordfranzösischen Adel grausam ausgerottet.

Alchimie (arab.-gr.) Vorläuferin der Chemie, magische Kunst, die Unedles in Gold verwandeln wollte.

Alexandrinische Schule Theologenschule in Alexandrien seit etwa 180 n.Chr. Sie suchte, von dem jüdischen Philosophen Philo von Alexandrien beeinflußt, Wissenschaft und Glaube miteinander zu verknüpfen. In der Schriftauslegung ging sie vor allem den Weg der → Allegorese und → Typologese. Nachdem sie gleich durch Clemens (gest. 215) und Origenes (gest. 254) auf ihre größte Höhe geführt worden war, wurde das wissenschaftliche Interesse durch Athanasius (gest. 373) der Erlösungslehre untergeordnet und die Alexandrinische Schule damit der → Antiochenischen Schule entgegengestellt. Während die Antiochenische Schule die personhafte Ganzheit des Menschen Jesus betonte, lag den Alexandrinern besonders an der vollen Göttlichkeit Christi.

Alexandrinus wichtige Majuskelhandschrift der ganzen Bibel vom Anfang des 5. Jh.s.

Alijah (hebr.) »Hinaufreise«, Rückkehr der Juden ins Land der Väter (Ziel des Zionismus).

Aliquote (lat.) mit dem Grundton mitklingender Oberton. In der Mathematik: eine ohne Rest teilende Zahl.

Allegorese (gr.) Auslegungsweise, bei der ein Text als Allegorie verstanden und ausgewertet wird, der an sich gar keine Allegorie ist. Der Text wird dann »allegorisiert«. Beispiel: Gal. 4,22–31.

Allegorie (gr.) das »Anders-Reden«, Redeform, die dem Wortlaut einen anderen, geistigen Sinn unterlegt. Ferner: eine Kunstform des Gleichnisses mit bedeutungsvollen Einzelzügen.

Allerheiligen katholisches Fest zum Gedächtnis aller Heiligen am 1. November jeden Jahres, offiziell eingeführt unter Papst Gregor IV.

(828–844); hat eine herausragende Stellung als »Ostern des Herbstes«.

Allerheiligstes 1. In der katholischen Kirche Bezeichnung für die Hostie nach der Wandlung.
2. Im Alten Testament Bezeichnung des Raumes für die Bundeslade mit den zehn Geboten.

Allerseelen katholisches Fest am 2. November jeden Jahres zum Gedächtnis aller frommen Toten.

Allianz (franz.) »Bündnis«. Evangelische Allianz: eine 1846 entstandene Bewegung »kirchlich Getrennter«, aber »christlich Geeinter«, die eine Zusammenarbeit aller gläubigen evangelischen Christen erstrebt; Hauptanliegen sind gemeinsames Gebet, Evangelisation und Mission.

Alliteration (lat.) Stabreim; Wiederholung derselben Anlaute (z.B. ›Land und Leute‹).

alma mater (lat.) »nahrungsspendende Mutter«; Universität.

Aloger (gr.) Spottname, den der Kirchenvater Epiphanius einer Splittergruppe vom Ende des 2. Jh.s gab, die das Evangelium und die Offenbarung des Johannes dem Apostel als Verfasser ab- und dem Ketzer Kerinth zusprach. Die Verwerfung des Logos-Evangeliums (Joh. 1,1ff) machte sie für Epiphanius zu Alogern (= »Dummköpfen«).

Alt (lat.) »hoch«, ursprünglich der hohe Kontratenor, später die tiefe Frauenstimme.

Altar (lat.) 1. In allen entwickelten Religionen als heiligste Stätte und Ort der Nähe Gottes bekannt, ursprünglich »Opferherd«.
2. In der christlichen Kirche zunächst als »Tisch des Herrn« (1. Kor. 10,21) für die Abendmahlsfeier verwendet; später wurde der Altar zum Mittelpunkt des Gotteshauses und in der römisch-katholischen und griechisch-orthodoxen Kirche zum Aufbewahrungsort von Reliquien. Seit dem 6. Jh. finden in der römisch-katholischen Kirche Neben- oder Seitenaltäre für die Heiligenverehrung Verwendung.

Alte Kirche älteste Epoche der Kirchengeschichte, in der die Kirche in einem von der griechisch-römischen Antike geprägten Kulturkreis lebte; die Zeit der Kirchenväter; reicht im Abendland bis ins 5. Jh., im Osten bis ins 8. Jh.

Alter Adam Ausdruck für die zur Sünde neigende Natur des Menschen, die ihre Macht auch im Leben des Christen noch nicht völlig verloren hat, sondern ihn ständig in sein altes gottfernes Dasein zurückziehen will (Röm. 7,18ff; Gal. 4,22ff).

alter ego (lat.) »das andere Ich«, vertrauter Freund, der von mir zum Handeln in meinem Namen Beauftragte.

Alternative (lat.) gegensätzliche Möglichkeit; die nicht zu umgehende Wahl zwischen zwei Möglichkeiten.

alternieren (lat.) wechseln zwischen Gesang und Orgelspiel oder zwischen Chor- und Gemeindegesang.

Altkatholiken Abspaltung von der römisch-katholischen Kirche, die die Unfehlbarkeit des Papstes nicht anerkennt; seit etwa 1700 in Holland, seit 1871 in Deutschland, seit 1889 in der Utrechter Union zusammengeschlossen.

Altlutheraner im 19. Jh. aus dem Widerstand gegen die staatliche Kirchenpolitik (vor allem in Preußen) entstandene lutherische Kirchen, die eine → Unierte Kirche aus Lutheranern und Reformierten ebenso ablehnen wie → Rationalismus und → liberale Theologie. Sie knüpften theologisch an die lutherische → Orthodoxie an, entwickelten aber notgedrungen freikirchliche Organisationsformen. Seit 1972 sind sie in der »Selbständigen Evang.-Lutherischen Kirche (SELK)« zusammengeschlossen.

Altprotestantismus die auf die Reformationszeit folgende Theologie der Barockzeit, auch »Orthodoxie« genannt (Ende des 16. bis Anfang des 18. Jh.s).

Altruismus (lat.-ital.) das uneigennützige Handeln zum Wohle anderer (Gg: → Egoismus).

Alumnus (lat.) »Pflegekind«, Schüler, der in einem Schülerheim (Alumnat) wohnt und erzogen wird.

ama et fac quod vis (lat.) »Liebe – und tu, was du willst«; genauer: und was du dann willst, das tu! (Wort Augustins).

Amarnazeit Zeit um 1400 v.Chr. im vorderen Orient, genannt nach den Tontafeln, die 1887 in Tell el-Amarna (heutiger Name für die zeitweilige ägyptische Hauptstadt Achet-Aton, 300 km südlich von Kairo) gefunden wurden und die entscheidend zur Aufhellung der Geschichte des frühen Palästina beitrugen. Achet-Aton war von Pharao Amenophis IV. Echnaton begründet, aber schon von seinem Nachfolger wieder verlassen worden. Die Amarna-Tontafeln waren Teil seines Auslandsarchivs.

Ambiguitätstoleranz (lat. ambiguus »sich nach zwei Seiten hinneigend«) Fähigkeit, widersprüchliche Empfindungen oder gegensätzliche Lösungsmöglichkeiten für gleichartige Probleme zu akzeptieren; gilt als Kennzeichen einer reifen Persönlichkeit.

Ambivalenz (lat. Doppelwertigkeit (von Begriffen und Aussagen, die in verschiedene Richtung weisen; auch als »Doppelbödigkeit« gekennzeichnet).

Ambo, Ambon (gr.) erhöhter Platz in der Kirche, von dem aus die Schriftlesung stattfand, vielleicht auch die Predigt.

ambrosianisch auf Ambrosius zurückgehend, den Bischof von Mailand (etwa 340–397 n.Chr.), Reformer des lateinischen Kirchengesanges.

Ambrosianischer Lobgesang der Hymnus »Te Deum laudamus« = »Herr Gott, dich loben wir«, den Ambrosius anläßlich der Taufe Augustins gedichtet haben soll.

Ambrosiaster ein alter lateinischer Kommentar zu den Paulusbriefen, wichtiger Zeuge für den vor Hieronymus geltenden lateinischen Paulustext, um 370 n.Chr. in Rom entstanden. Der Hebräerbrief fehlt. (Der Autor des Kommentars ist unbekannt; manche haben ihn dem Ambrosius zugeschrieben, woher der Name ist).

A.M.D.G. (lat.) ad majorem Dei gloriam, »zur größeren Ehre Gottes«; Wahlspruch der Jesuiten. (→ Jesuit)

Amen (hebr.) »es gilt«, »es steht fest«; Bekräftigung einer Aussage oder eines Gebets durch die Hörer; bei Jesus Bekräftigung eigener Aussagen.

am ha arez (hebr.) »Leute vom Lande«; zur Zeit Jesu verächtliche Bezeichnung jener Menschen, die keine genaue Kenntnis des Gesetzes hatten (Joh. 7,49).

Amoräer (hebr.) »Erklärer«; jüdisch-talmudische Schriftgelehrte, → Talmud.

amor fati (lat.) »Liebe zum Schicksal«; von Nietzsche empfohlen; für ihn ist die bereitwillige Annahme des Unausweichlichen und Notwendigen ein Zeichen menschlicher Größe.

Amphiktyonie (gr.) Zusammenschluß von benachbarten Stämmen um ein gemeinsames Heiligtum, meist zwölf – entsprechend dem monatlich wechselnden Dienst an der Kultstätte.

amplifizieren (lat.) eine Aussage erweitern oder näher ausführen; etwas unter verschiedenen Gesichtspunkten betrachten.

Amt 1. Ursprünglich ein keltisches Lehnwort, das den Untertanen, den »Dienstmann«, bezeichnete.
2. In der Neuzeit u.a. die öffentliche Stellung, aus der der Dienst als Verpflichtung hergeleitet wird.
3. In den evangelischen Kirchen das von Christus gestiftete und in seinem Namen von der Gemeinde den hierzu ausgebildeten und berufenen Personen übertragene Hirtenamt, das in Predigt und Sakramentsverwaltung, Unterweisung und Seelsorge geübt wird. Grundsätzlich sind alle Christen »geistlichen Standes«, das geistliche Amt jedoch wird um der Ordnung willen als Auftrag in der → Ordination übertragen.
4. In der katholischen Kirche auch die gesungene Messe; vgl. → Hochamt.

Amulett (lat.) am Körper getragenes Abwehrmittel gegen Unfälle, Krankheiten, dämonische Mächte (→ Talisman).

anabatisch (gr.) aufsteigend (Gg: → katabatisch).

Anabaptisten → Täufer.

Anachoret (gr.) »der Sich-Zurückziehende«; Einsiedler, Klausner.

Anachronismus (gr.) Zeitwidrigkeit, falsche zeitliche Einordnung, durch die Zeit überholte Einrichtung.

Anagoge (gr.) »Hinaufführung«; über das Wörtliche hinausgehende, symbolische Auslegung.

Anagnost (gr.) Vorleser im griechisch-orthodoxen Gottesdienst.

Anakoluth (gr.) abgebrochene Satzkonstruktion (z.B. Matth. 9,6).

Analecta, Analekten (gr.) »Aufgelesenes«; vermischte Aufsätze, Auszüge.

analog (gr.-lat.) »entsprechend«, »ähnlich«, »gleichartig«.

analogia attributionis (lat.) »Zuteilungsentsprechung«; verschiedene Dinge stehen in verschiedenen Verhältnissen zu einem ihnen Gemeinsamen: b, c und d verhalten sich in jeweils verschiedener Weise zu a, von dem her sie ihre Ähnlichkeit »zugeteilt« bekommen und gemeinsam benannt werden.

analogia entis (gr.-lat.) »Entsprechung des Seins«; die Gottähnlichkeit des Geschöpflichen, auf Grund deren wir laut Thomas von Aquin Erkenntnisse über Gott gewinnen können. Schöpfer (absolutes Sein) und Schöpfung (abgeleitetes Sein) sind nicht identisch, aber auch nicht völlig ungleich.

analogia fidei (gr.-lat.) »Entsprechung des Glaubens«; von Karl Barth gegen die analogia entis geltend gemachte Lehre, daß die Analogie der Geschöpfe zum Schöpfer niemals Teil der menschlichen Existenz wird, sondern Gabe Gottes bleibt und nur dem Glauben erkennbar ist.

analogia proportionis/proportionalitatis (lat.) »Verhältnisentsprechung«; zwischen verschiedenen Dingen bestehen gleiche Verhältnisse: a verhält sich zu b wie c zu d.

Analogie (gr.) »Entsprechung«, Ähnlichkeit, Gleichheit von Verhältnissen; Redeweise, bei der dasselbe Wort in unterschiedlichen Zusammenhängen verschiedene Bedeutungen hat, die sich aber alle auf ein Gleiches beziehen, von dem her der verschiedene Gebrauch desselben Wortes als ein »ähnlicher« Gebrauch verstanden werden kann (Gg: → Univokation, → Äquivokation).

Analogon (gr.) ähnlicher, gleichartiger Fall.

Analyse (gr.) »Auflösung«, Zergliederung eines Zusammenhangs, eines Ganzen in seine Teile (Gg: → Synthese).

analytische Methode eine Methode, das eigentliche Wesen einer Sache durch Zergliederung zu erkennen.

Analytische Philosophie philosophische Richtung, die philosophische Probleme durch eine Analyse der Sprache lösen will (u.a. im Gg zur Vernunftkritik Kants). Sie befaßt sich teils mit der Analyse von wissenschaftlichen Begriffen, Theorien und Methoden, teils mit der Analyse der Alltagssprache.

Analytische Psychologie Von Carl

Gustav Jung (1875–1961) begründete psychologische Richtung, die wie die Psychoanalyse Sigmund Freuds das Unbewußte als Quelle des Bewußtseins betrachtet, aber das individuelle Unbewußte um das »kollektive Unbewußte« und seine → »Archetypen« (Urbilder) erweitert.

analytische Urteile Erläuterungsurteile; nach Kant solche Urteile, deren Prädikat im Subjekt bereits enthalten ist, etwa: »Die Kugel ist rund«. Die Wahrheit einer Aussage ergibt sich in diesem Fall bereits aus der Bedeutung der in ihr verwendeten Ausdrücke (Gg: → synthetische Urteile).

analytisches Denken (oder Verfahren) Zergliederung eines Phänomens, um z.B. aus der Erkenntnis des Einzelnen Einblick in das Gefüge des Ganzen zu gewinnen.

Anamnẹse (gr.) »Erinnerung«. In der Medizin die Vorgeschichte einer Krankheit nach den Angaben des Betroffenen. Im kirchlichen Zusammenhang ein Gebet in der Abendmahlsliturgie, das der Heilstaten Christi gedenkt.

Anạnke (gr.) schicksalhafte Notwendigkeit, Schicksalsgöttin.

Anapäst (gr.-lat.) Versfuß, der aus 2 Kürzen und 1 Länge besteht (z.B. »Einen Brief soll ich schreiben dem traurigen Mädchen«).

Anạphora (gr.) »Darbringung«; Hochgebet in der orthodoxen Eucharistiefeier, in dem Brot und Kelch Gott dargebracht werden; kann auch die Eucharistie als ganze bezeichnen. In der Stilkunde die Wiederholung eines Wortes oder einer Formulierung zu Beginn aufeinanderfolgender Sätze (wie etwa in Hebr. 11,3-31).

Anarchie (gr.) Herrschaftslosigkeit, Gesetzlosigkeit.

Anạstasis (gr.) Auferstehung.

Anạthema (gr.) Verfluchungsformel (Gal. 1,8; 1. Kor. 16,22), die bei der Verhängung des großen Kirchenbanns der katholischen Kirche ausgesprochen wird.

Anawịm (hebr.) die Niedrigen, »Demütigen«; zur Zeit Jesu Gruppe ernsthaft Frommer, die sich als die Geringen und Kleinen (vor Gott) empfanden.

ancilla domini (lat.) »Magd des Herrn« (Maria nach Luk. 1,38).

ancilla theologiae (lat.) »Magd der Theologie«. Alte Bezeichnung der Philosophie gegenüber der christlichen Theologie, die durch die ihr gegebene Offenbarung einen höheren Rang hat.

androgyn (gr.) »mannweiblich«, männlich und weiblich zugleich.

Angelolatrie (gr.) »Engelverehrung«.

Angelologie (gr.) »Lehre von den Engeln«.

Angelophanie (gr.) Erscheinung von Engeln.

Angelus Domini (gr.-lat.) »der Engel des Herrn«. Anfangswort eines katholischen Gebets zur Erinnerung an die Verkündigung Marias (Luk. 1,28).

Angelusläuten Glockenläuten als Aufforderung zum Angelus-Domini-Gebet.

Anglikaner (lat.-engl.) die Glieder der englischen Staatskirche (Church of England) und der aus ihr hervorgegangenen Kirchen in den ehemaligen britischen Kolonien (in den USA: Episcopal Church).

Anhomöer extreme Arianer (4. Jh. n.Chr.), auch Jungarianer genannt, nach deren Lehre der Sohn Gottes dem Vater »unähnlich« (gr. anhomoios) ist.

Anhypostasie (gr.) altkirchliche, im 6. Jh. entwickelte Lehre, daß die menschliche Natur Christi neben seiner göttlichen keine personale Eigenständigkeit (Hypostase) besitzt, sondern nur in seiner göttlichen Person existiert (vgl. → Enhypostasie).

anima naturaliter christiana (lat.) »die naturhaft christliche Seele«. (Mit diesem Wort meinte Tertullian: Die Erkenntnis Gottes ist der Seele von Anfang an mitgegeben.)

animal rationale (lat.) »vernunftbegabtes Lebewesen« (philosophische Definition des Menschen).

Animismus (lat.) heidnische Anschauung von der Seele, die im Blut des Menschen sitzt, aber auch in der Luft und unter der Erde wohnen kann und Gegenstand der Furcht ist. Darüber hinaus die Vorstellung, daß in allen Naturerscheinungen Geister wirksam sind. (Der Glaube an die Beseeltheit der Natur geht über den A. hinaus.)

Annalen (lat.) Jahrbücher, nach der Zeitfolge geordnete Geschichtswerke.

Annihilationismus (lat. annihilatio »das Zunichtemachen«) die Lehre, daß die Seelen der Verdammten nicht auf ewig in der Hölle leiden müssen, sondern daß Gott sie zur Strafe für ihre Sünden vernichtet.

annuntiạtio (ital.) »Verkündigung« (an Maria).

Anno Domini (lat.) »im Jahr des Herrn«.

Anomalịe (gr. nomos »Gesetz«) Regelwidrigkeit, Abweichung vom Normalen.

Antagonismus (gr.-lat.) Gegensatz, Widerstreit, Widerstand.

ante Christum natum (lat.) vor Christi Geburt, vor Christus.

Antependium (lat.) nach vorn herunterhängende Altarbekleidung, die je nach der Kirchjahrzeit in der entsprechenden → liturgischen Farbe aufgelegt wird, auch → Frontale genannt.

Anthropologie (gr.) »Lehre vom Menschen«, Menschenbild; adj. anthropologisch.

anthropologische Medizin (gr.-lat.) auf den ganzen Menschen bezogene Medizin; Ganzheitsmedizin, die auch die seelischen Ursachen von Krankheiten ins Auge faßt.

anthropomorph (gr.) »menschengestaltig«, menschenähnlich.

Anthropomorphismus (gr.) »Prägung nach Menschenart«; die Verwendung menschlicher Kennzeichen für die Beschreibung der Wirklichkeit Gottes, z.B. Gottes »Auge« oder Gottes »Hand«.

Anthroposophie (gr.) »Menschenweisheit«; die Lehre der von Rudolf Steiner (1861–1925) begründeten Bewegung, die mit betonter Abkehr vom Materialismus nach der »Erkenntnis der höheren Welten« strebt. Starker Einfluß neuplatonischer Gedanken und Berufung auf Goethes naturwissenschaftliche Schriften.

anthropozentrisch (gr.) den Menschen in die Mitte stellend, den Menschen als »Maß aller Dinge« betrachtend (Gg: → theozentrisch).

Antichrist (gr.-lat.) »Gegenchristus«, Gegenmessias, Gegenspieler Christi (1. Joh. 2,18.22; 2. Joh. 7; vgl. Mark. 13,22).

Antilegọmena (gr.) »die Bestrittenen«; Bücher des NT, die im 3. und 4. Jh. n.Chr. noch nicht in allen Kirchen anerkannt waren, wie Jak., Jud., 2. Petr. und 2. und 3. Joh. (Gg: → Homologumena).

Antimodernisteneid gegen den »Modernismus« in Philosophie und Theologie gerichteter Eid, der seit 1910 den katholischen Geistlichen abverlangt wird. Er ist schriftlich zu leisten; das Dokument wird im Archiv des zuständigen geistlichen Oberen hinterlegt.

Antinomiẹ (gr. antinomia »innerer Widerspruch eines Gesetzes« oder »Unvereinbarkeit zweier Gesetze«) nicht ausgleichbarer Gegensatz zwischen zwei Aussagen (These und Antithese), von denen jede für sich begründet werden kann und daher Anspruch auf Gültigkeit hat. In der modernen Naturwissenschaft ist die Tatsache, daß die kleinsten Atomteile sowohl als Körper wie als Wellen erscheinen können, eine Antinomie; in der Theologie ist es z.B. die gleichzeitige Behauptung der göttlichen Vorherbestimmung und der menschlichen Verantwortung (Phil. 2,12f).

Antinomismus (gr.) Verwerfung des Gesetzes; eine Richtung in der Christenheit, die das Gesetz durch die Gnade, den Geist oder die christliche Freiheit als überholt ansieht.

Antiochenische Schule eine im 3. Jh. n.Chr. in Antiochien entstandene theologische Richtung, die dem Wortsinn des kritisch geprüften Bibeltextes nachspürte (Gg zur → Allegorese) und das vollkommene Menschsein Christi betonte. Hauptvertreter: Lukian, die Führer des Arianismus, Theodor von Mopsuestia, Johannes Chrysostomus.

Antiphon, Antiphonie (gr.) Wechselgesang, Rahmengesang zum Psalm aus wechselnden Halbchören.

antiquiert (lat.) veraltet.

Antisemitismus (gr.-lat.) durch den Journalisten Wilhelm Marr 1879 geprägter Begriff, der nicht die Ablehnung aller Semiten (z.B. auch der Araber) meint, sondern ausschließlich der Juden; daher besser: Judenfeindschaft.

Antithese (gr.-lat.) »Gegenbehauptung«, Gegensatz (Gg: → These).

Antitrinitarier (lat.) Gegner der Dreieinigkeitslehre, vor allem die Sozinianer im 16. Jh. In Siebenbürgen und Polen bildeten sie eigene Kirchen Vgl. → Sozianismus.

Antitypus (gr.) »Gegenbild«, Abbild, vor allem der dem alttestamentlichen Gegenstand als Erfüllung entsprechende neutestamentliche A.

Antizipation (lat.) Vorwegnahme.

Aorist die erzählende Zeitform im Griechischen, die eine momentane oder punktuelle Handlung ausdrückt.

Apartheid (Afrikaans »Gesondertheit«) 1948 in Südafrika eingeführte gänzliche Trennung zwischen Weißen und Schwarzen, die eine »getrennte Entwicklung« der verschiedenen Bevölkerungsteile gewährleisten und damit die Herrschaft der weißen Minderheit sichern sollte. Die holländisch-reformierte Kirche in Südafrika hatte die A. jahrzehntelang unter Berufung auf die Bibel verteidigt, zuletzt jedoch als Sünde erkannt. 1991 wurde die A. auch von staatlicher Seite offiziell aufgehoben.

Apathie (gr.) Teilnahmslosigkeit, Leidenschaftslosigkeit, Stumpfheit, gelegentlich auch: Gelassenheit.

Aphorismus (gr.) kurzer, geprägter Sinnspruch (eine besondere Prosaform).

apodiktisch (gr.) von schlagender Beweiskraft, keinen Widerspruch duldend.

apodiktische Gesetze universal gültige, knapp formulierte Gebote und Verbote meist ohne nähere Begründung und ohne detaillierte Straffestsetzung (z.B. die zehn Gebote).

Apokalypse (gr.) »Enthüllung«, eine Schrift, die durch Schilderung von Visionen mit vielschichtiger Symbolik Offenbarungen über die Zukunft und das Weltende weitergibt, speziell: die Offenbarung des Johannes im Neuen Testament.

Apokalyptik (gr.) auf Weltende und Jenseits gerichtete Haltung, Gattung von endzeitlichen Schriften (vor allem im Judentum und frühen Christentum).

Apokatastasis (gr.) »Wiederherstellung«, Wiederkehr eines früheren Zustandes, speziell: Wiederherstellung des paradiesischen Zustandes am Weltende und Seligmachung aller (apokatastasis panton), vgl. Apg. 3,21.

Apokrisiar (gr. apokrisis »Antwort«, »Bescheid«, »Auftrag«) Antwortgeber, Schiedsmann (so wurden Gesandte des Papstes, von Bischöfen oder von Klöstern betitelt).

apokryph (gr.) »verborgen«, unecht, untergeschoben; Bezeichnung für eine Schrift, die nicht im Gottesdienst verwendet wird, auch nicht in den Kanon der Bibel aufgenommen wurde, obwohl sie christlichen und frühen Ursprungs ist (Gg: → kanonisch). Die »Apokryphen« des AT sind in katholischen Bibeln zum größten Teil abgedruckt, in der Lutherbibel zumeist nicht enthalten. Nach Luther handelt es sich um »Bücher, so der Heiligen Schrift nicht gleich gehalten und doch nützlich und gut zu lesen sind«.

Apollinaristen vertraten im Anschluß an Apollinaris von Laodicea (gest. um 390 n.Chr.) die Lehre, beim Gottmenschen Jesus Christus habe der göttliche Logos den Platz der menschlichen Seele eingenommen; der göttliche Logos hätte demnach nicht die volle menschliche Natur Christi, sondern nur seinen Leib angenommen.

Apologeten (gr.) Verteidiger (vor allem der Christusoffenbarung in den ersten Jahrhunderten nach Christus).

Apologetik (gr.) Verteidigung des christlichen Glaubens, z.B. gegenüber heidnischer Philosophie und Religion.

Apologie (gr.) Verteidigungsschrift, speziell: der Augsburger Konfession (1531 erschienen).

apophatische Theologie (gr. apophasis »Verneinung«) »verneinende Gotteslehre«; Selbstbezeichnung für die Lehre des Dionysios Areopagita (5. Jh. n.Chr.), daß man der schlechthinnigen Überlegenheit Gottes weniger durch bejahende Aussagen gerecht wird als durch Verneinung dessen, was Gott nicht ist (auch → negative Theologie genannt).

Apophthegmata (gr.) »Aussprüche«, kurze Geschichten mit Jesus-Worten als Pointe.

Apophthegmata patrum (gr.-lat.) »Aussprüche der Väter«, Sammlung von Sprüchen und Beispielen berühmter Mönche (5. Jh. n.Chr.).

Aporie (gr.) »Ratlosigkeit«, Ausweglosigkeit; Unmöglichkeit, eine philosophische Frage zu lösen oder einen gangbaren Weg zu entdecken.

Apostasie (gr.-lat.) »Abfall«, vor allem: vom Glauben.

Apostat (gr.-lat.) Abgefallener, »Abtrünniger«.

Apostel (gr.) »Gesandter«; die 12 Jünger Jesu im NT, die Augenzeugen des Auferstandenen (vgl. Luk. 6,13), aber auch andere Missionare, etwa Paulus. Die Zwölfzahl zielt wahrscheinlich auf die 12 Stämme Israels, bedeutet also den Anspruch Jesu auf sein Volk.

Aposteldekret (gr.-lat.) der Beschluß der Apostel und Ältesten auf dem Apostelkonzil zu Jerusalem über die auch von den Heidenchristen einzuhaltenden Gesetzesvorschriften (Apg. 15).

Apostelkonzil (gr.-lat.) Zusammenkunft der Apostel und Ältesten in Jerusalem (ca. 49 n.Chr.), bei der unter Wortführung von Petrus und Paulus über die Frage der Gültigkeit des jüdischen Gesetzes und die Stellung der Judenchristen zu den Heidenchristen gesprochen und das Aposteldekret verabschiedet wurde (Apg 15).

Apostolat (lat.) Amt und Sendung des Apostels zur Verkündigung des Evangeliums, allgemeiner: geistlicher Auftrag.

Apostoliker (lat.) Bezeichnung der Mitglieder der → Neuapostolischen Kirche.

Apostolikum (lat.) das sog. apostolische Glaubensbekenntnis, das auf das → Romanum zurückgeht.

Apostolikumsstreit durch Adolf Harnack 1892 ausgelöste Auseinandersetzung um die kirchliche Gültigkeit und den theologischen Wert des Apostolikums. Als Gegner Harnacks traten Hermann Cremer und Theodor Zahn hervor.

Apostolische Sukzession (lat. successio »Nachfolge«) Gründung der kirchlichen Vollmacht auf das Bischofsamt, das von den Aposteln durch Handauflegung übertragen und bis in die Gegenwart hinein in ununterbrochener Folge wirksam geblieben ist. Bei Luther tritt an die Stelle der bischöflichen Sukzession die Sukzession der Glaubenden (successio fidelium).

Apostolische Väter Sammelbegriff für Schriften von Kirchenvätern aus der unmittelbar nachapostolischen Zeit 96 bis 140 n.Chr. (sieben Ignatiusbriefe, Barnabasbrief, zwei Clemensbriefe, Polykarpbrief, Didache, Hirt des Hermas, Papiasfragmente).

Apostolischer Stuhl Römischer oder Heiliger Stuhl; Bezeichnung des Papstes wie der römischen Kurie.

Apotheose (gr.) Verherrlichung, Vergöttlichung von Menschen. Feierliches Schlußbild eines Dramas.

apotropäisch (gr.) Unheil abwehrend (im Sinn der Zauberei).

Apparat (lat.) »Zurüstung«; Anmerkungen in wissenschaftlichen Büchern, die die Textaussagen belegen. Ein textkritischer Apparat in Quellenschriften enthält die abweichenden Lesarten anderer Fassungen des betreffenden Textes.

Appellation (lat.) Berufung (vor allem: an ein übergeordnetes Gericht).

Apperzeption (lat.) Vorstellungsweise, die über flüchtige Beeindrukkung hinausgeht; Eingliederung eines neuen Inhalts in das vorhandene Wissen (Verb: apperzipieren).

Applikation (lat.) Anwendung.

Apport (lat.) das übernatürliche Herbeischaffen von Gegenständen (im Okkultismus, Spiritismus).

Approbation (lat.) Zulassung, Bestätigung. Genehmigung von kirchlicher Literatur (approbatur »es wird gebilligt«; röm.-kath.).

Appropriation (lat.) »Zueignung«. Element der Trinitätslehre: Obwohl die Personen der Trinität nach außen immer gemeinsam handeln, ist es angemessen, einzelnen Personen jeweils bestimmte Werke zuzueignen, z.B. dem Vater die Schöpfung, dem Sohn die Erlösung, dem Geist die Vollendung.

apriorisch (lat.) vor aller Erfahrung dem Denken gegeben.

Apsis (gr.-lat.) halbrunde Altarnische als Abschluß eines Kirchenraums.

Aquinate, der Thomas von Aquino, der gewichtigste katholische Kirchenlehrer (gest. 1274 n.Chr.).

Aramaismus hebräischer oder griechischer Text, der von der aramäischen Sprache her gefärbt ist.

Arbeiterpriester 1943 in Frankreich ins Leben gerufene Bewegung römisch-katholischer Priester, die ihre Verbundenheit mit der Arbeiterschaft durch die Aufnahme einer vollen Beschäftigung in der Fabrik zu den üblichen Arbeitsbedingungen unter Beweis stellte und dadurch missionarisch tätig wurde. Wegen linksradikaler Tendenzen einzelner Arbeiterpriester wurde die Einrichtung 1954 zwar offiziell aufgehoben, diese Entscheidung jedoch von vielen Arbeiterpriestern nicht endgültig anerkannt. 1957 wurde die Bewegung durch Gründung der »Mission Ouvrière« (offene Missionsarbeit) in veränderter Form weitergeführt.

Arbeitsgemeinschaft christlicher Kirchen (ACK) wurde in Deutschland 1948 zunächst von den evangelischen Landes- und Freikirchen und den Altkatholiken gegründet, um ein gutes Miteinander der Kirchen auf allen Gebieten zu fördern. Seit 1974 gehören ihr auch die deutschen Diözesen der römisch-katholischen Kirche sowie viele in Deutschland vertretene orthodoxe und altorientalische Kirchen an. Sie ist nicht nur auf nationaler, sondern auch auf regionaler und örtlicher Ebene vertreten.

Archäologie (gr.) »Altertumskunde«, Erforschung alter Kulturen vor allem durch Ausgrabungen.

archaisch (gr.) »altertümlich«, frühzeitig, aus der Frühstufe einer Kunst.

Archetyp (gr.) »Urbild«, Urform, vorgeprägte Denkform (→ Analytische Psychologie).

Archidiakon (gr.) »Oberdiakon«; erster Gehilfe des Bischofs. An evangelischen Kirchen gelegentlich Titel des 2. Geistlichen.

Archimandrit (gr.) Abt über mehrere Klöster (in der orthodoxen Kirche).

Architrav (gr.-lat.) ein auf Säulen ruhender Längsbalken.

Archiv (gr.) Raum oder Gebäude zur Aufbewahrung von Dokumenten.

Archonten (gr.) bei den Gnostikern Geistermächte zwischen Gott und der Welt; allgemein: Beamte in höherem Rang.

arbitrium (lat.) Entscheidung, Verfügung.

areligiös (lat.) nicht religiös.

Areopag der höchste Gerichtshof im alten Athen (Apg. 17,34).

Areopagite, der Dionysios Areopagita (um 500 n.Chr.), vom → Neuplatonismus bestimmter Mystiker.

Argument (lat.) Beweisgrund, Beweismittel.

Argumentation (lat.) Beweisführung.

argumentum e silentio (lat.) »Beweis aus dem Schweigen«, aus der Nichterwähnung.

Arianismus die von dem alexandrinischen Stadtpfarrer Arius und seinen Anhängern seit etwa 315 n.Chr. vertretene Lehre, daß der Sohn Gottes nicht wesensgleich mit Gott sei, sondern einen Anfang in der Zeit gehabt habe, das erste Geschöpf Gottes und wandelbar sei. Während diese Lehre von den beiden ersten Ökumenischen Konzilen 325 und 381 n.Chr. verurteilt wurde, fand sie bei den Goten Anklang und wurde zum Bekenntnis der Germanenreiche der Völkerwanderung.

Arie (ital.) nicht strophisch gegliedertes Sololied, meist betrachtenden Charakters.

Arier (sanskrit arya »der Edle«) indoiranische Völkerstämme, zuerst im 15. und 14. Jh. v.Chr. in Mesopotamien nachweisbar. Im 12. Jh. v.Chr. wanderten sie vom Nordiran und Armenien her nach Nordwestindien (Panjab) ein. Die nationalsozialistische Verwendung des Begriffs zur Bezeichnung der nichtjüdischen, »nordischen Herrenrasse« stellt eine willkürliche Ausweitung und Überhöhung dar.

aristotelisch auf Aristoteles, den Schüler Platos, zurückgehend (384 bis nach 323 v.Chr.).

Arkade auf Säulen oder Pfeilern ruhende Bogenreihe.

Arkandisziplin (lat.) Geheimhaltung alles dessen, was mit den Sakramenten der Kirche zu tun hat, gegenüber Außenstehenden (arcanum »Geheimnis«).

Arminianer Anhänger des reformierten Theologen Jacobus Arminius aus den Niederlanden (1560–1609), der eine gemäßigte Prädestinationslehre vertrat. Da sie 1610 eine Bittschrift namens »Remonstration« an die Staatsführung richteten, werden sie auch Remonstranten genannt. Sie betonten den allgemeinen (nicht nur den vorherbestimmten geltenden) Heilswillen Gottes und die Entscheidungsfreiheit des Menschen.

Arnoldshainer Konferenz eine 1967 gegründete Arbeitsgemeinschaft von zumeist unierten und reformierten Kirchenleitungen innerhalb der Evangelischen Kirche in Deutschland (EKD), die sich zum Ziel gesetzt hatte, Übereinstimmungen im kirchlichen Leben und Handeln zu fördern und die Einheit der EKD zu stärken. Im Jahre 2003 schloß sie sich mit der Evangelischen Kirche der Union (EKU) zur »Union evangelischer Kirchen (UEK) in der EKD« zusammen. Mitglieder waren die EKU (samt deren Mitgliedskirchen Berlin-Brandenburg, Schlesische Oberlausitz, Kirchenprovinz Sachsen, Rheinland, Westfalen, Pommern und Anhalt) sowie die Landeskirchen von Baden, Bremen, Hessen-Nassau, Kurhessen-Waldeck, Lippe und der Pfalz, die evangelisch-reformierte Kirche in Bayern und Norddeutschland sowie als einzige lutherische Kirche die Landeskirche Oldenburgs, die den Zusammenschluß zur UEK auch nicht mitvollzog.

ars moriendi (lat.) Kunst des Sterbens (Titel vieler alter Trostbücher).

artes liberales (lat.) die sieben freien Künste (→ Trivium, Quadrivium).

articuli fidei fundamentales (lat.) »grundlegende Artikel des Glaubens«; Aussagen, die geglaubt werden müssen, wenn man das ewige Heil erlangen will.

articuli fidei mixti (lat.) »gemischte Artikel des Glaubens«; Glaubensaussagen, die teils aus der übernatürlichen Offenbarung, teils aus der natürlichen Gotteserkenntnis gewonnen sind (Gg: → articuli fidei puri).

articuli fidei puri (lat.) »reine Artikel des Glaubens«; Glaubensaussagen, die nur aufgrund der übernatürlichen Offenbarung gewußt werden (Gg: → articuli fidei mixti).

articulus stantis et cadentis ecclesiae (lat.) der Bekenntnisartikel, mit dem die Kirche steht und fällt (= die Rechtfertigung aus Glauben).

artikulieren (lat.) »aussprechen«, in deutliche Worte fassen.

Artistenfakultät die unterste Fakultät der mittelalterlichen Universität, zuständig für die → artes liberales (»Artisten« von artes).

Aschera (hebr.) kanaanitische Göttin, Götzenbild in Pfahlform (vor allem in der Religion der Kanaaniter).

Aschkenaṣim (hebr.) eine auf 1. Mose 10,3 zurückgehende Bezeichnung der deutschen Juden, genauer: der östlich von Spanien und Frankreich lebenden Juden (Gg: → Sephardim).

ascensio (lat.) Emporsteigen (= Himmelfahrt Jesu).

Asebie (gr.) Gottlosigkeit.

Aseïtät (lat.) »Von-sich-aus-Sein«, nach philosophisch-theologischer Lehre ein Grundmerkmal Gottes, der im Gegensatz zu allem Geschaffenen nur in sich selbst gründet und vollkommen unabhängig ist.

Ashura von Mohammed in Medina eingeführter freiwilliger Fastentag am 10. Tag des islamischen Monats Muharram (möglicherweise eine Übernahme des jüdischen Fastens am Versöhnungstag gemäß 3. Mose 16,29). Die Sunniten begehen ihn heute zur Erinnerung an den Tag, an dem Noah die Arche verließ. Die Schiiten gedenken an den Tod des Prophetenenkels Husain in der Schlacht von Kerbela 680 n.Chr.

Ashram (sanskrit) »Einsiedelei«. Versammlungsort religiös Suchender und Asketen in Indien. Bezeichnung für die von evangelischen Christen in Indien organisierten Gemeinschaften, die ihrer Struktur nach ordensähnlichen altindischen religiösen Bruderschaften nachgebildet sind und sich vor allem der Erziehung, Mission und Krankenpflege widmen.

Askese (gr.-lat.) »Übung«; zuchtvolle Lebensweise, Enthaltung von Überflüssigem.

Aspekt (lat.) »Anblick«; Blickwinkel, Betrachtungsweise, in den Blick genommene Teilansicht eines größeren Ganzen.

Aspirant (lat.) Bewerber, Anwärter.

assensus (lat.) Zustimmung.

assertorisch (lat. assertio »Behauptung«) ohne Begründung, mit Sicherheit sagbar, zusichernd.

assimilieren (lat.) angleichen, anpassen.

Assoziation (lat.) »Vereinigung«; Verknüpfung von Vorstellungen; Erwecken von Vorstellungen durch Verwenden mehrdeutiger Worte.

assumptio (lat.) »Aufnahme«; Himmelfahrt (der Maria), als Dogma verkündet am 1. November 1950.

Asteriskus (gr.) »Sternchen«; textkritisches Zeichen von Schreibern oder Druckern mit unterschiedlicher Bedeutung; im griechisch-orthodoxen Gottesdienst ein gebogenes Kreuz mit Stern, das die Decke über dem geweihten Brot trägt.

Astralleib (gr.) »Gestirn-Leib«; im Okkultismus soviel wie → Ätherleib, in der Anthroposophie die höchste, geistige Stufe des Leibes (Seelenleib).

Astralreligion die göttliche Verehrung der Gestirne.

Astrologie (gr.) Lehre vom Einfluß der Gestirne auf irdisch-menschliches Geschehen.

Asyl (gr.-lat.) »Freistätte«, »Zufluchtsort« für Verfolgte, Heim für Obdachlose.

Asylrecht der Anspruch politisch Verfolgter, in einem anderen Land aufgenommen zu werden.

asylum ignorantiae (lat.) »Zufluchtsort der Unwissenheit«.

Aszetik (gr. askein »üben«, »verzichten«) Lehre von der Entsagung und vom geistlichen Leben, d.h. vom konkret praktizierten Glauben; wird in der katholischen Kirche seit dem 17. Jh. zunächst in den Ordensschulen, dann auch in der theologischen Ausbildung der künftigen Priester als Teil der »geistlichen Theologie« unterrichtet; in der evangelischen Theologie als Lehre von der Einübung in die christliche Frömmigkeit ebenfalls seit dem 17. Jh. Hauptfach innerhalb der Praktischen Theologie, wurde jedoch bald auf Pastoralethik verengt und im Laufe des 19. Jh.s aufgegeben; seit etwa 1965 gibt es verschiedene Versuche, sie als theologisches Fachgebiet wieder einzurichten.

Ataraxie (gr.) stoisches Ideal der Unerschütterlichkeit der Seele.

Atavismus (lat.) das Wiederauftreten längst überwundener Eigenschaften der Vorfahren, auch geistiger Art (lat. atavus »Vater des Urgroßvaters«).

Athanasianum altkirchliches Symbol, das sog. Athanasianische Glaubensbekenntnis, im 7. Jh. in Südgallien entstanden, dem Athanasius also fälschlich zugeschrieben. Es entfaltet das Trinitäts- und Christusdogma unter deutlicher Ablehnung des Arianismus.

Atheismus (lat.-gr.) »Gottverneinung«, Leugnung eines persönlichen Gottes.

Athos alter Klosterbereich orthodoxer Mönche auf der griechischen Halbinsel Chalcidice, genannt »heiliger Berg«.

Atman (sanskrit) nach hinduistischem Verständnis das ewige »Selbst« im Menschen, das mit dem göttlichen Selbst (→ Brahman) identisch ist.

Atrium (lat.) im römischen Haus der vorderste und größte Raum, von Oberlicht erhellt. In der frühchristlichen Basilika die Säulenvorhalle.

Atomismus (gr. atomos »unzerschneidbar«, »unteilbar«) vom vorsokratischen griechischen Philosophen Demokrit begründete naturphilosophische Position, daß alle Dinge aus unteilbaren Bausteinen bestehen und daß jede Veränderung nur durch Mischung oder Trennung dieser Bausteine zustandekommt.

Attribut (lat.) »Zugefügtes«, Merkmal oder Eigenschaft eines Gegenstandes. In der Philosophie die wesentliche und bleibende Eigenschaft im Unterschied zu unwesentlichen, zufälligen Eigentümlichkeiten (Gg: → Akzidens).

Attribution (lat.) »Zuschreibung«. In der Psychologie wird damit der meist wenig bewußte Vorgang der Ursachenzuschreibung bezeichnet. So führt etwa ein depressiver Zuschreibungsstil Erfolg auf den netten Prüfer und Mißerfolg generell auf die eigene Unfähigkeit zurück.

Attributionsanalogie → analogia attributionis.

attritio (lat.) »Reue, Zerknirschung«; nach römisch-katholischem Verständnis die unvollkommene Reue (Gg: → contritio). In der Hochscholastik verstand man darunter die Reue des noch nicht gerechtfertigten Menschen, der die heiligmachende Gnade noch nicht empfangen hat. Seit dem Konzil von

Trient meint sie die Reue aus einem unvollkommenen Motiv, vor allem aus Furcht vor ewiger Strafe. Luther hat diese Furcht-Reue als »Galgenreue« angegriffen. S.a. → Attritionismus.

Attritionismus römisch-katholische Lehre, daß die → attritio »(Furcht-)Reue« sittlich gut ist und ausreicht, um im Bußsakrament die Gnade zu erlangen. Dabei wird vorausgesetzt, daß die (unvollkommene) → attritio durch das Bußsakrament zur (vollkommenen) → contritio verwandelt wird (Gg: → Kontritionismus).

audiatur et altera pars (lat.) »Man höre auch die andere Seite!«

Audition (lat.) übernatürliches Hörerlebnis, Vernehmen einer Stimme, das nicht durch die Ohren vermittelt ist (vgl. → Vision).

Aufklärung → Rationalismus.

Augsburger Bekenntnis → Confessio Augustana.

Augsburger Interim → Interim.

Augsburger Religionsfriede beendete 1555 den gewaltsamen Kampf des (katholischen) Kaisers Karl V. gegen die Protestanten, besiegelte die konfessionelle Spaltung Deutschlands und beschloß die konfessionelle Geschlossenheit der deutschen Territorien (→ cuius regio, eius religio).

Augur (lat.) im alten Rom Priester und Vogelschauer, der aus dem Fliegen und Schreien der Vögel die Zukunft ersah.

Augustana das Augsburgische Bekenntnis von 1530 (eigentlich: → Confessio Augustana).

Augustiner allgemein: die auf der Augustinerregel (um 500 n.Chr.) aufgebauten Ordensgemeinschaften; speziell: Augustiner-Chorherren (OSA = Ordo Sancti Augustini), Augustiner-Chorfrauen, Augustiner-Eremiten (OESA = Ordo Eremitarum Sancti Augustini) und Augustiner-Eremitinnen. Luther war Mönch des Augustiner-Eremiten-Klosters zu Erfurt; die Augustiner-Eremiten sind ein Priesterorden und widmen sich besonders der Wissenschaft, der Schule und der Mission.

Augustinismus auf den Kirchenlehrer Augustinus (gest. 430) zurückgehende Theologie: im Urstand (Paradies) konnte der Mensch das Gute wollen und tun; nach dem Fall ist ihm diese Fähigkeit genommen; erst die Gnade, zu der der Mensch ohne eigenes Verdienst vorherbestimmt wird, überwindet die Folgen des Falles (vgl. → Pelagianismus).

Aula (gr.) Saal, Festsaal; in der frühchristlichen Kirche das Mittelschiff.

A und O Abkürzung für Alpha und Omega; der erste und letzte Buchstabe des griechischen Alphabets; Anfang und Ende (vgl. Offb. 1,8; 21,6; 22,13).

Aura (lat.) »Hauch, Lichtglanz«; Heiligenschein; Wolke, in der Gott erscheint.

Aureole (lat. aureolus »schön golden«) Heiligenschein um die ganze Gestalt, vor allem bei Christusbildern.

Auspizien (lat.) Vorzeichen eines Geschehens, ursprünglich aus der Vogelschau gewonnen.

Autarkie (gr.) »Selbstgenügsamkeit« und die dadurch gewonnene Unabhängigkeit. Stoisches Ideal. In der Wirtschaft: Unabhängigkeit von nicht selbst produzierten Gütern.

authentisch (gr.) echt (von Dokumenten, Texten, Urkunden).

autochthon (gr.) eingeboren, alteingesessen; in der Geologie: am Fundort entstanden.

Autodafé (lat.-portugies.) »Glaubensakt«, Ketzergericht, Ketzerverbrennung, Bücherverbrennung (durch die Inquisition).

autokephal (gr.) »eigenhäuptig«, selbständig (von östlichen Kirchen, die nur ihrem eigenen Patriarchen unterstehen).

autonom (gr.) »eigengesetzlich«, sich selbst das Gesetz gebend, selbstverantwortlich, unabhängig.

Autonomie (gr.) »Eigengesetzlichkeit«, Selbstgesetzgebung. In der Ethik meint A. den Gehorsam, der nicht auf der Unterwerfung unter andere Autoritäten (Kirche, Staat, Eltern) beruht, sondern sittlicher Selbstbestimmung und dem eigenen Wollen entspricht (Gg: Heteronomie → heteronom und → Theonomie).

Autopistie (gr. autos »selbst«, pistos »glaubwürdig«) »Selbstbeglaubigung« der Heiligen Schrift; die reformatorische Überzeugung, daß die Glaubwürdigkeit der Schrift nicht vom Urteil der Kirche abhängt, sondern daß die Schrift ihre Beglaubigung in sich selbst trägt. Die Macht, die die Schrift über das Herz des einzelnen gewinnt (auch ›inneres Zeugnis des Heiligen Geistes‹ genannt), überzeugt ihn von ihrer göttlichen Autorität.

Autopoiesis (gr. »das Selbermachen, die Selbsttätigkeit«) Selbstorganisation; bei I. Kant die Tätigkeit eines Organismus als eines sich selbst organisierenden Wesens. In der modernen Systemtheorie nennt man diejenigen Systeme autopoietisch oder selbstorganisierend, deren Struktur nicht auf äußere Ursachen zurückzuführen ist, sondern auf das Zusammenwirken der Elemente des Systems selbst. Produzent und Produziertes sind hier identisch.

Autopsie (gr.) »Selbstsicht«; Augenzeugenschaft. In der Medizin: Leichenöffnung, Leichenschau. Die medizinische Autopsie wird von den christlichen Kirchen bejaht, ist im Judentum aber umstritten, da die Orthodoxen sie wegen des Verbots der Totenentweihung im → Talmud strikt ablehnen.

Autosuggestion (gr.-lat.) Selbstbeeinflussung, Selbsteinredung.

Ave Maria (lat.) »Sei gegrüßt, Maria!« Luk. 1,28), Beginn eines katholischen Gebetes.

Averroismus auf den arabischen Philosophen Averroes (gest. 1198) zurückgehende pantheistische Anschauung, die die Unsterblichkeit der Einzelseele verneint.

Axiologie (gr. axios »würdig, wert«) Wertlehre, Erstellung von Wertsystemen unter verschiedenen Gesichtspunkten, z.B. Person-, Sach-, Funktionswerte oder leitende und abgeleitete Werte.

axiologische Eschatologie (gr.) eine Lehre von den »letzten Dingen«, die sich an dem in der philosophischen Axiologie entwickelten Begriff des »Ewigen« orientiert. Das »Ewige« ist hier nicht als etwas zeitlich Kommendes gedacht, sondern als der allen Menschen gleichzeitige unbedingte Wert; → Eschatologie handelt nicht von einem geschichtlichen Endzustand, sondern vom überzeitlichen Jenseits der Geschichte.

Axiom (gr.) Grundsatz; Satz, der unmittelbar als richtig einleuchtet, also nicht beweisbedürftig ist und darum als Ausgangspunkt für ein System dienen kann; in der Logik z.B. der Satz vom Widerspruch, daß dasselbe Urteil nicht zugleich bejaht und verneint werden kann.

axiomatisch zwar nicht beweisbar, aber unbestreitbar.

B

Baal (hebr.) »Herr, Eigentümer«. Gottheit (Himmel-, Sonnen-, Berg-, Stadt-und Landgott) der westsemitischen Völker; wurde seit dem 9. Jh. v.Chr. gegen den Willen Gottes und den heftigen Protest der Propheten auch von vielen Israeliten angebetet (vgl. 1. Kön. 18,21ff; Jer 11,9ff u.ö.).

Babylonische Gefangenschaft Verschleppung der Oberschicht des Staates Juda nach der Zerstörung Jerusalems 597 und 587 v.Chr. nach Babylon (vgl. 2. Kön. 25 und 2. Chron. 36); Rückkehr ab 538 v.Chr. unter dem Perserkönig Kyros (vgl. 2. Chron. 36,22f, Bücher Esra und Nehemia).

Baccalaureus mittelalterlicher Titel für Kandidaten, die zum Halten von Vorlesungen berechtigt waren.

Baldachin (von Baldach = Bagdad) ursprünglich Seidenstoff aus Bagdad, dann das zunächst aus wertvollen Stoffen drapierte, später in Holz oder Stein gearbeitete Ehren- und Schmuckdach für Thron, Altar, Bischofsstuhl, Bett, Grab und Statuen. In der römischen Kirche wird bei Prozessionen die Monstranz durch einen »Traghimmel« gekennzeichnet und geschützt; im Judentum steht das Brautpaar bei der Trauung unter einem »Trauhimmel«, der »chuppah«. Der Baldachin ist Symbol der Macht und des Ansehens oder auch des Himmels als der Wohnung Gottes.

Balintgruppe nach dem ungarischen Arzt M. Balint (1896–1970) benannte Form einer Fallbesprechungsgruppe (→ Supervision) für Ärzte, heute auch für Pastoren; ein Mitglied bringt einen »Fall« aus seiner Arbeit ein und entdeckt im Spiegel der Gruppe bisher unbewußte problematische Anteile seiner Beziehung zu der Person, über die er gesprochen hat.

Bann bezeichnet im AT den Vorgang, durch den Menschen, Tiere, Siedlungen, Hab und Gut für menschliche Nutzung verboten und unzugänglich gemacht werden. Dies kann sowohl durch Vernichtung als auch durch Weihung an Gott geschehen (vgl. Josua 6,17–21.24). In der römisch-katholischen Kirche und den Reformationskirchen steht Bann für Kirchenzucht; der kleine Kirchenbann (excommunicatio minor) verwehrt den Empfang der Sakramente und die Erlangung kirchlicher Ämter; der große Kirchenbann (excommunicatio major) schließt völlig aus der kirchlichen Gemeinschaft aus.

baptismus flaminis → Begierdetaufe.

baptismus sanguinis → Bluttaufe.

Baptisten (gr.) »Täufer«; Glieder einer → Freikirche, die die Säuglingstaufe verwirft und die Taufe nur auf Grund eines persönlichen Glaubensbekenntnisses des Täuflings vollzieht (»Glaubenstaufe«). Sie betonen die Maßgeblichkeit der Bibel auch für die äußere Ordnung und das Leben der Gemeinde, von daher Bekehrung und Taufe als Voraussetzung der Mitgliedschaft, Notwendigkeit der → Evangelisation, aktive Beteiligung möglichst vieler Gemeindeglieder am Gemeindeleben, Selbständigkeit jeder Ortsgemeinde, Gemeindezucht sowie Trennung von Kirche und Staat. Der offizielle Name in Deutschland lautet »Bund Evangelisch-Freikirchlicher Gemeinden«.

Baptisterium (gr.) zunächst Taufbecken, später Taufkirche.

Barbẹlognosis (syr.-gr.) gnostisches System aus dem 2. Jh., benannt nach seinem obersten, weiblichen Äon, der Barbelo, die als Abbild des göttlichen Urwesens entstand und von ihm die weiteren Äonen »Gedanke«, »Vorwissen«, »Unsterblichkeit« und »Ewiges Leben« empfing.

Barett (franz.) schirmlose Kopfbedeckung, heute noch zur Amtstracht der Geistlichen und der Richter gehörend.

Barfüßer Mönchsorden, die das Tragen von Schuhen verbieten (auch lat. Diskalzeaten »Unbeschuhte«).

Barmer Theologische Erklärung auf der ersten Bekenntnissynode der Deutschen Evangelischen Kirche in Barmen (29.–31.5.1934) von Lutheranern, Reformierten und Unierten gemeinsam abgegebene Erklärung, die in sechs Artikeln zum Auftrag des christlich-biblisch-reformatorischen Zeugnisses gegenüber den »Deutschen Christen« (DC) und ihrer Verfälschung der evangelischen Lehre Stellung nimmt.

Basileia (gr.) Königtum, Herrschaft.

basileia tou theou (gr.) Herrschaft Gottes, Reich Gottes.

Basilika (gr.) »Königshalle«, altrömische Gerichtshalle, später: Kirchenbau, bei dem das hohe Mittelschiff mit flacher Decke von zwei niedrigeren Seitenschiffen begleitet wird.

Basiliusliturgie bis ins 11. Jh. die Normalform der ostkirchlichen Eucharistiefeier; wird heute nur noch an 10 Tagen im Jahr gefeiert.

Basis (gr.) (eigentlich »Auftreten«) Grundlage, Grundlinie.

Baß, Bassus (lat.) die tiefste Männerstimme.

Basso ostinato (lat.-italien.) sich ständig wiederholendes Baßmotiv.

bath-kol (hebr.) »Tochterstimme«; nach rabbinischer Überlieferung eine himmlische Stimme, die seit dem Aufhören der Prophetie Gottes Willen offenbart; wird oft dem Hl. Geist gleichgestellt.

beata virgo (lat.) »die selige (gebenedeite) Jungfrau« (= Maria).

Beatifizierung (lat.) Seligsprechung.

beati possidentes (lat.) »Glücklich die Besitzenden!« oder: »Die glücklichen Besitzenden«.

beatus (lat.) »glücklich«, »selig«, selig zu preisen.

Beelzebub (hebr.) »Fliegenbaal«, Fliegenfürst, höchster aller Teufel (Matth. 10,25).

Beelzebul (hebr.) abweichende Lesart von »Beelzebub«, Mistbaal, Mistherr, d.h. der Gott, dem die heidnischen Opfer (= Mist) zukommen. Andere Deutung: Erhabener Baal.

Beffchen (mittellat. biffa »Kragen«) weißer Kragen der Geistlichen mit vorn herabhängenden Enden; lutherische Form: gespalten; reformierte Form: geschlossen; unierte Form: halbgespalten.

Befreiungstheologie theologische Richtung, die im lateinamerikanischen Katholizismus entstanden ist (Bischofskonferenz von Medellin 1968) und politisch Partei ergreifen will für die Armen und Unterdrückten. Die Bibel wird vorwiegend materialistisch und sozialgeschichtlich ausgelegt als Zeugnis von Klassenkämpfen, in denen Gott Befreiung schafft. Die Gültigkeit theologischer Aussagen mißt sie an ihrem konkreten Beitrag zum politischen Freiheitskampf. Hauptvertreter sind G. Gutierrez und L. Boff. Auch die südafrikanische »Schwarze Theologie« und die →Feministische Theologie verstehen sich als Befreiungstheologien.

Begharden, Beginen männliche und weibliche Glieder von klosterähnlich lebenden Gemeinschaften zur Krankenpflege in Belgien und den Niederlanden (Stifter: Le Beghe, gest. 1187).

Begierdetaufe Bezeichnung für das Taufbegehren in vollkommener Liebe und Reue, das von der römisch-katholischen Kirche als wirkliche Taufe anerkannt wird, wenn die Umstände eine Wassertaufe verhinderten.

Behaviorismus (engl.) psychologische Forschungsrichtung, die sich auf das objektiv beobachtbare und meßbare Verhalten von Mensch und Tier unter wechselnden Umweltverhältnissen konzentriert und die These vertritt, daß alles Verhalten durch Erfahrung zustande kommt, also erlernt ist.

Beichtgeheimnis der Geistliche darf den Inhalt einer Beichte keinesfalls einer dritten Person mitteilen; er hat auch keine gesetzliche Zeugnispflicht in Beichtangelegenheiten.

Beichtspiegel für die Selbstprüfung des Menschen vor der Beichte verwendete, meist in zahlreiche Einzelfragen aufgegliederte Fassung der Zehn Gebote.

Bekennende Kirche Selbstbezeichnung der aus der jungreformatorischen Bewegung und dem Pfarrernotbund herausgewachsenen kirchlichen Widerstandsbewegung gegen die politische Überfremdung der Kirche seitens der »Deutschen Christen«, gegen das von der NSDAP geförderte Neuheidentum (Rosenberg, Bergmann), schließlich gegen den NS-Staat selbst. Die auf der Barmer Synode 1934 gewonnene Einheit der verschiedenen kirchlichen Richtungen und Gruppen (→ Barmer Theologische Erklärung) zerbrach schon zwei Jahre später auf der Synode von Oeynhausen 1936; fortan gingen die sogenannten »intakten Kirchen« und die durch deutschchristliche Kirchenleitungen in die Illegalität (Gesetzwidrigkeit) gedrängten Bekenntnisgemeinden getrennte Wege; erst 1941 kam es zu dem von Landesbischof Wurm ins Leben gerufenen Einigungswerk, das die Entstehung der »Evangelischen Kirche in Deutschland« vorbereitete.

Bekenntnisbewegung 1966 unter dem Leitwort »Kein anderes Evangelium« (Gal. 1,6f) gegründete kirchliche Protestbewegung, die im Anschluß an die »Bekennende Kirche« im Dritten Reich die Kirchenleitungen an ihr Wächteramt über Lehre und Verkündigung der Kirche erinnern bzw. es notfalls stellvertretend selbst ausüben will. Ihr Widerstand richtete sich bisher hauptsächlich gegen die Theologie Bultmanns und den bibelkritischen Ansatz überhaupt, gegen die Auflösung des herkömmlichen Missionsverständnisses, den Pluralismus in Theologie und Kirche, die Einführung gruppendynamischer Methoden in Seelsorge und Gemeindearbeit sowie gegen die feministische Theologie.

Bekenntnisschrift die Zusammenfassung der Glaubenslehre einer Kirche in einer öffentlich vorgelegten Schrift. Konfessionsübergreifende Bekenntnisse sind das Nicänische, Apostolische und Athanasianische Glaubensbekenntnis; in der evangelisch-lutherischen Kirche gelten außerdem die Augsburger Konfession, die Apologie, Dr. Martin Luthers Kleiner und Großer Katechismus, die Schmalkaldischen Artikel und die Konkordienformel; in der evangelisch-reformierten Kirche der Heidelberger Katechismus.

Bekenntnisschule → Konfessionsschule.

Bema (gr.) »Stufe«; erhöhter Platz zur Schriftlesung in der Synagoge, erhöhter Altarraum in der Ostkirche.

Benedicamus Domino (lat.) »Lasset uns preisen den Herrn!«

Benedictus (lat.) »Gelobt«; Bezeichnung für den Lobgesang des Zacharias (Luk. 1,68-79) nach dessen Anfangswort.

Benediktiner römisch-katholischer männlicher Orden (Ordo Sancti Benedicti = OSB), der nach der Regel des heiligen Benedikt von Nursia lebt: ständige Anwesenheit im Heimatkloster, Keuschheit, Armut, Gehorsam, regelmäßige Arbeit; Tracht: schwarz.

Benediktion (lat.) »Segnung«; in der katholischen Kirche Bezeichnung für Weihehandlung.

Beneficiạt (lat.) Inhaber eines Beneficiums.

Benefịcium (lat.) »Wohltat, Begünstigung«; mit Einkünften (→ Pfründe) verbundenes Kirchenamt.

Bergpredigt Rede Jesu über das Reich Gottes und das christliche Leben (Matth. 5-7).

Berịth (hebr.) Bund, besonders der Bund Jahwes mit Israel.

Berliner Erklärung von zahlreichen Vertretern der → Gemeinschaftsbewegung und der Evangelischen → Allianz 1909 in Berlin veröffentlichte Stellungnahme, die die neu entstandene → Pfingstbewegung als von einem »falschen Geist« (»von unten«) inspiriert erklärte und zur Trennung von ihr aufforderte.

Berneuchener Dienst auf die Verbindung von Kirche und Jugendbewegung zurückgehende Erneuerungsbewegung der evangelischen Kirche, die ab 1923 mehrmals zu Konferenzen in Berneuchen zusammenkam und in der »unteilbaren Dreiheit« Martyria, Leiturgia und Diakonia (Zeugnis, Anbetung und Dienst) auf das Gesamtleben der Kirche gerichtet ist. Besondere Betonung legt er auf das gottesdienstliche Leben, das Gebet und die Andacht (Meditation als Nachsinnen, Betrachtung, Versenkung) sowie die Liturgie, die Sakramente und das Kirchenjahr; er bemüht sich aber auch um Unterweisung, Sprache, Kirchenmusik und Kirchenbau. 1931 ist die »Michaelsbruderschaft« aus ihm hervorgegangen.

Berserker (altnord.) »Bärenhäuter«; wilder Krieger der nordischen Sage.

Beschneidung Entfernung der Vorhaut am männlichen Glied, von Gott als Bundeszeichen für Abraham und seine Nachkommen eingesetzt (1. Mose 17,9ff), von Paulus und den übrigen Aposteln als für Heidenchristen nicht verpflichtend bezeichnet (Gal. 5,1ff; Apg. 15,1ff).

Bettelorden alle diejenigen seit dem 13. Jh. gegründeten Mönchsorden (Franziskaner, Kapuziner, Dominikaner, Karmeliten u.a.), die in der Nachfolge des Franziskus von Assisi auf Eigentum verzichten und ausschließlich oder vorwiegend von Almosen leben; aus dem Franziskaner- und Dominikanerorden gingen die berühmtesten mittelalterlichen Theologen hervor (Bonaventura, Duns Scotus, Wilhelm von Ockham, Albertus Magnus, Thomas von Aquin).

Bhagavadgita (sanskrit) »Lied des Erhabenen«; vom Gott Krischna handelnde Dichtung, heiliges Buch des Hinduismus.

Bibelkritik (gr. krinein »sichten, beurteilen«) Sammelbegriff für die in der Neuzeit entstandenen historischen Untersuchungsmethoden von Ursprung, Form und Gehalt der biblischen Bücher. Da sie nicht selten zu einer falschverstandenen Infragestellung der geschichtlichen Zuverlässigkeit und theologischen Verbindlichkeit der Bibel führten, hat der Begriff B. heute bisweilen eher den Sinn von Beanstandung als von Begutachtung.

Biblia pauperum (lat.) »Armenbibel«; bebilderte Bibel für die »Armen im Geiste« (Laien) im späten Mittelalter.

Bibliodrama (gr.) Bezeichnung für unterschiedliche Formen schöpferischer Gestaltung biblischer Texte in einer Gruppe. Ziel ist eine Begegnung mit dem Text, die sich nicht nur auf gedanklicher Ebene vollzieht. Die Teilnehmer identifizieren sich mit einer Person, einem Begriff oder einem Satz des Textes. Sie malen oder spielen eine Szene oder einen Begriff und lassen dabei ihre eigenen Fragen einfließen. So soll eine Brücke zwischen der eigenen Lebensgeschichte und dem Bibeltext geschlagen und die Bibelarbeit zum Selbstausdruck der Teilnehmer vor Gott werden. Von Kritikern wird gefragt, ob der historische Charakter der Bibeltexte dabei nicht nebensächlich wird.

Bibliolatrie (gr.) »Buchanbetung«; Buchstabengläubigkeit; ein Argumentieren mit Bibelstellen, das weder den Textzusammenhang noch die Situation der Entstehung dieser Aussage berücksichtigt.

Biblistik (gr.) Bibelkunde.

Biblizismus Richtung im Protestantismus, die ihre Fragestellungen und Denkformen weitestgehend von der Bibel bestimmen lassen will; neigt zur Bibliolatrie.

Biblizität (lat.) Schriftgemäßheit.

Bigamie (lat.-gr.) Doppelehe.

bigott (franz.) »frommtuend«, scheinheilig, die äußeren Vorschriften der Kirche betont einhaltend (hängt nicht mit »Gott« zusammen).

Bilderstürmer im großen byzantinischen Bilderstreit (726–843 n.Chr.) Bezeichnung für diejenigen, die eine religiöse Verehrung von Bildern in der Kirche ablehnten; in den Wittenberger Unruhen 1522 wollte man unter Führung von Andreas Bodenstein, genannt Karlstadt, die Bilder sogar ganz aus der Kirche verbannen.

Biogenese (gr.) Entwicklungsgeschichte der Lebewesen.

Biogenetisches Grundgesetz Überzeugung, daß die Entwicklung des Einzelwesens eine geraffte Wiederholung der gesamten Entwicklung seiner Art ist. Von E. Haeckel 1866 erstmals formuliert, ist es heute durch Genetik und Humanembryologie widerlegt: Von der Befruchtung der Eizelle an bleibt das Individuum während seiner gesamten Entwicklung als Ganzheit erhalten; was sich ändert, ist nur sein Erscheinungsbild.

Biologismus Denkart, die das Leben unter ausschließlich biologischen Gesichtspunkten betrachtet. Denken und Erkennen eröffnen keine Einsicht in die Wirklichkeit, sondern dienen der biologischen Anpassung. Was jemand für wahr hält, ist abhängig von seiner Erbmasse. Geistige Wirklichkeiten existieren für den Biologismus nicht.

Bischof höchster kirchlicher Würdenträger in einer Landeskirche (evangelisch) oder einem Bistum (römisch-katholisch); vom gr. episkopos »Aufseher«; im NT und in der Alten Kirche Leiter einer Ortsgemeinde.

Bistum → Diözese.

Blasphemie (gr.) Gotteslästerung, verletzende Äußerung über etwas Heiliges.

Bluttaufe Lehre Tertullians und anderer Kirchenväter unter Bezug auf Luk. 12,50; Joh. 19,34; 1.Joh. 5,6, daß das → Martyrium um Jesu Willen die Wassertaufe übertrifft und ersetzen kann.

Bogomilen (slaw.) »Gottesfreunde«; im 11. Jh. Anhänger einer Sekte auf dem Balkan, die die sichtbare Welt als teuflische Schöpfung verwarf (vgl. → Dualismus).

Bollandisten Herausgeber des vom Jesuiten Johannes Bolland (gest. 1665) begründeten Sammelwerkes → Acta Sanctorum.

bona fide (lat.) »guten Glaubens«, auf Treu und Glauben.

bonum (lat.) »gut«. In der Scholastik ist Gott u.a. das summum bonum = das höchste Gut.

Book of Common Prayer (engl.) »Buch des gemeinsamen Gebetes«; allgemeines Agenden-, Gesang- und Gebetbuch der anglikanischen Kirche; von Erzbischof Thomas Cranmer 1549 zum ersten Mal zusammengestellt, erlangte es nach zwei Revisionen 1559 und 1662 seine weitgehend noch heute gültige Gestalt. Die jüngste Revision (1904–1927) erbrachte eine leichte Rekatholisierung.

Borderline-Störung (engl. borderline »Grenzlinie«) bezeichnet in der modernen Medizin eine Persönlichkeitsstörung, die u.a. durch das dauernde Gefühl innerer Leere und eine Unbeständigkeit gekennzeichnet ist, wodurch die Betroffenen zunächst sehr stark die emotionale Nähe anderer Menschen suchen, die entstehenden Beziehungen aber immer wieder konflikthaft abbrechen. Enttäuschungen im zwischenmenschlichen Bereich können nicht ertragen werden.

Brahma (indisch) das Göttliche, die höchste Wirklichkeit im Hinduismus, das Absolute; identisch mit dem → Atman.

Brahmane Angehöriger der indischen Priesterkaste.

Brahmanismus indische Religion, die sich auf die Praxis und die Lehren der → Brahmanen gründet; wird teilweise als Wechselbegriff für → Hinduismus gebraucht. Im engeren Sinn bezeichnet B. die zweite Phase der indischen Religion von etwa 1000 bis 500 v.Chr. (im Anschluß an die vedische Religion und vor Beginn des ›klassischen‹ Hinduismus). Das Opferritual ist in dieser Phase von überragender Bedeutung und der Brahmane eine Art Halbgott; die → Upanischaden entwickeln eine Alleinheitslehre, die die menschliche Seele mit dem Weltprinzip gleichsetzt, den Glauben an das → Karma und die → Seelenwanderung sowie eine Auffassung von Erlösung als Verlassen der veränderlichen Welt durch Erkenntnis und begierdelose Entsagung.

Breve (lat. »kurz«) Päpstliches Schreiben in kurzer, d.h. nichtfeierlicher Form (aus »breve« entstand »Brief«).

Brevier (lat.) »Kurzauszug«; Gebetbuch der katholischen Geistlichen mit den Stundengebeten; allgemeiner: Sammlung wichtiger Stellen aus den Werken eines Schriftstellers.

Broad Church (engl.) »Breite Kirche«; weltoffene, dem allgemeinen Kulturleben zugewandte Richtung der anglikanischen Kirche (im 19. Jh. entstanden).

Brotbrechen Gebets- und Segenshandlungen des israelitischen Hausvaters am Beginn jeder Mahlzeit; nach Apg. 2,42 auch Bezeichnung für das christliche Abendmahl (→ Agape).

Brüdergemeinden eine Gruppe freikirchlicher Gemeinden, um 1830 in Irland und England unter der Führung von J.N. Darby und G. Müller entstanden (in Deutschland mit dem Namen C. Brockhaus verbunden). Ihr Hauptanliegen ist, in Erwartung der baldigen Wiederkunft Christi die Einheit der wahren Gemeinde Jesu zu verwirklichen, indem sie sich in schlichter Form zu Gebet, Verkündigung und Abendmahlsfeier versammeln und dabei auf die spontane Leitung des Heiligen Geistes vertrauen. Ein Hauptzweig, die »Geschlossenen Brüder« (auch »Darbysten« oder »Christliche Versammlung« genannt), betrachtet die bestehenden Kirchen und Freikirchen mit ihren Institutionen und Ämtern als dem Verfall preisgegeben und lehnt diese ab. Daneben gibt es aber auch Brüdergemeinden, die etwa im Rahmen der Ev. Allianz mit Angehörigen anderer (Frei-)Kirchen zusammenarbeiten.

bruta facta (lat.) bedeutungslose, nackte Tatsachen.

brutum factum (lat.) Einzahl von → bruta facta.

Buddha (indisch) »der Erleuchtete«, Ehrenname des indischen Weisen Siddhartha Gautama, des Begründers der buddhistischen Lehre. Geboren ca. 560 v.Chr., aus fürstlichem Geschlecht, verließ er in jungen Jahren Frau und Sohn, ließ sich von Philosophen unterweisen und erlangte in der Einsamkeit die Erleuchtung, daß Leben Leiden sei, das Leiden aber auf dem Lebensdurst beruhe; wer seinen Lebenswillen zum Erlöschen bringe, entrinne dem Kreislauf der Wiedergeburten und könne in das Nirwana (das »Ausgeblasene«) eingehen. Mit dieser Lehre wandte sich Buddha an Angehörige der gebildeten höheren Kasten, sammelte eine Jüngerschar und starb mit etwa 80 Jahren in deren Kreis nach ekstatischer Entrückung. Die Buddhalegende weist in Einzelzügen Verwandtschaft mit den Evangelien auf, weshalb ein späterer christlicher Einfluß vermutet wird.

Buddhismus eine philosophisch-religiöse Lehre, die sich von dem → Buddha (»der Erleuchtete«) Gautama herleitet. Der B. ist die in Asien am weitesten verbreitete Religion. Im Mittelpunkt stehen die drei »Edelsteine«: Buddha, Lehre, Gemeinde. Kernstück der Lehre sind die vier »edlen Wahrheiten« vom Leiden, der Entstehung des Leidens, der Aufhebung des Leidens und dem achtgliedrigen Pfad zur Aufhebung des Leidens. Grundübel sind Lebensgier und Leidenschaftlichkeit aller Wesen, die Leid und Elend hervorbringen. Auf sich steigernden Stufen gilt es, leidenschaftslos in das unbeschreibbare Nirwana, den Erlösungszustand des »Ausgeblasen-Seins« einzugehen. Die Selbsterlösung sowie die Gleichsetzung von Leben und Leiden und die daraus resultierende Weltverneinung markieren den Widerspruch zum christlichen Glauben.

Bulle (lat.) »Siegelkapsel«; versiegelte mittelalterliche Urkunde, feierlicher päpstlicher Erlaß (vgl. → Breve).

Bundeslade → Lade Jahwes.

Burnout-Syndrom (engl. to burn out »ausbrennen«) Zustand der Erschöpfung als Ergebnis einer ständigen Überforderung. Er tritt besonders bei helfenden Berufen (Krankenschwestern, Ärzten, Pflegern, Pastoren, Lehrern) auf, wenn Belastungen über einen längeren Zeitraum ohne Aussicht auf Erleichterung anhalten. Das Entstehen eines B. wird begünstigt, wenn jemand von sich erwartet, alle Aufgaben vollkommen zu erfüllen, und sich mit seiner Arbeit in übergroßer Weise gleichsetzt.

Burse (lat. bursa »lederner Geldbeutel, Börse«) mittelalterliche Wohnheime für arme Studenten.

Buße nach der Hl. Schrift eine Sinnesänderung, die darauf gerichtet ist, ein neues Leben anzufangen. Nach römisch-katholischer Lehre ein Sakrament; dazu gehören: Reue, Beichte, Genugtuung, Lossprechung.

Byzantinismus das byzantinische Hofzeremoniell, das die Kaiser als Inhaber weltlicher und geistlicher Machtfülle übertrieben verherrlichte; von daher auch abwertend für eine besonders unterwürfige Haltung und ein kriecherisches Benehmen. »Byzantinisch« heißt auch ein bestimmter Kunststil (Byzanz = Konstantinopel = Istanbul).

C

Cäcilianismus Chorgesangspflege in der katholischen Kirche, abgeleitet von der Hl. Cäcilie, seit etwa 1450 Schutzpatronin der Musik. Der »Allg. Deutsche Caecilienverein« wurde 1868 gegründet.

Cäsaropapismus (lat.) Kirchenform, bei der – wie im byzantinischen Reich – der weltliche Herrscher zugleich das Oberhaupt der Kirche ist.

Calvinismus von der Genfer Reformation J. Calvins (1509–1564) ausgehende Wirkungsgeschichte, die noch über die reformierten Kirchen hinausgeht und neben Calvin auch andere prägende Faktoren hatte. Vier Hauptformen: die von Th. Beza geprägte calvinistische Orthodoxie, die die Prädestinationslehre zum Zentrum hat; die deutsch-reformierte Tradition, die mit dem Heidelberger Katechismus die Erkenntnis Jesu Christi als des »einen Trosts im Leben und im Sterben« heraushebt; die → Föderaltheologie des Niederländers J. Cocceius, die Theologie als Entfaltung der → Heilsgeschichte versteht; der englische → Puritanismus, der den frommen Lebenswandel bei einzelnen und in der Kirchenordnung betont.

Camaldulenser um 1000 n.Chr. aus den Benediktinern hervorgegangener Mönchsorden, benannt nach seinem Hauptort Camaldoli in Italien.

Campanile (ital.) Glockenturm, gewöhnlich freistehend (in Italien).

campo santo (ital.) »heiliges Feld«, Friedhof, vor allem die ummauerte, innen mit Arkaden versehene Friedhofsanlage.

cand. rev. min. Abkürzung für candidatus reverendi ministerii = Predigtamtskandidat.

cand. theol. (lat.) Abkürzung für candidatus theologiae; Bezeichnung für einen vor bzw. in der Abschlußprüfung stehenden Studenten der Theologie.

Canon Muratori eine Aufstellung der in und um Rom um 200 n.Chr. bekannten und anerkannten gottesdienstlichen Leseschriften (benannt nach ihrem Entdecker und Herausgeber L.A. Muratori, gest. 1750), die von den später kanonischen Schriften den Hebräerbrief, den Jakobusbrief und die beiden Petrusbriefe nicht enthält.

Canossa oberitalienische Burg, in der sich vom 25.–28.1.1077 Papst Gregor VII. aufhielt, während Kaiser Heinrich IV. vor ihren Toren barfuß und im Büßerhemd erschien, um den Papst so zur Aufhebung seiner Exkommunikation zu bringen.

Canticum (lat.) Lied, speziell: biblischer Lobgesang im Kirchenton (Magnificat, Benedictus, Nunc dimittis).

Canticum canticorum (lat.) »Lied der Lieder«; Titel des salomonischen Hohenliedes in der Vulgata.

Cantionale (lat.) Vorlagenbuch für den liturgischen Gesang. Allgemeiner: geistliches Gesangbuch.

cantus firmus (lat.) »fester Gesang«; Hauptmelodie im mehrstimmigen Chorgesang (abgekürzt c.f.).

captatio benevolentiae (lat.) »Einfangen des Wohlwollens«; den Zuhörern schmeichelnder Ausspruch eines Redners.

caritas (lat.) Nächstenliebe, Wohltätigkeit (von carus »teuer«).

Caritasverband Spitzenverband der römisch-katholischen Wohltätigkeitseinrichtungen (entsprechend dem Diakonischen Werk in der evangelischen Kirche).

caritativ wohltätig.

Cartesianismus auf Cartesius (René Descartes, gest. 1650) zurückgehende Denkweise, deren Ausgangspunkt die Suche nach einer eindeutig gesicherten Grundlage des Erkennens ist. Cartesius findet diese Grundlage in der Erkenntnis, daß alle Gewissheiten bezweifelt werden könnten, nicht jedoch die Selbstgewissheit im Vollzug des Zweifelns: Cogito, ergo sum – »ich denke, also bin ich«.

Casel (vom lat. casula »glockenförmig«) fallendes Meßgewand in der Farbe der entsprechenden Kirchenjahreszeit; wird über den anderen liturgischen Gewändern getragen.

Catechismus Romanus (lat.) »Römischer Katechismus«; der erste von der römischen Kurie herausgegebene Katechismus; 1566 auf Anordnung von Pius V. als Leitfaden für Predigt und Unterricht veröffentlicht. Er schließt sich stark an das Glaubensbekenntnis des Tridentinischen Konzils an und nahm lange Zeit unter allen ähnlichen römisch-katholischen Werken den wichtigsten Platz ein. Seit 1993 ist er von einem neuen »Katechismus der katholischen Kirche« abgelöst worden.

cathedra (gr.-lat.) Lehrstuhl, Ehrensitz des Bischofs oder des Papstes.

ex cathedra (lat.-gr.) »vom Lehrstuhl (Petri) aus«; aus päpstlicher Vollmacht, unter Inanspruchnahme der Unfehlbarkeit.

cathedra Petri (gr.-lat.) »Lehrstuhl des Petrus«; Thron des Papstes (als des Nachfolgers Petri).

causa (lat.) »Ursache«, »Grund«.

causa efficiens (lat.) »bewirkende Ursache« (= Gott als der Schöpfer).

causa finalis (lat.) »Zweckursache«; das Ziel oder der Zweck, der ein bestimmtes Handeln verursacht.

causa instrumentalis (lat.) »Mittelursache«; das Mittel, dessen sich die causa efficiens bedient.

causa sui (lat.) Gott ist die »Ursache seiner selbst«.

certitudo (lat.) »Gewißheit«; die dem Glauben innewohnende (Heils-) Gewißheit, die keine Sicherheit (securitas) darstellt.

Chalcedonẹnse Glaubensbekenntnis, das 451 n.Chr. vom Konzil zu Chalcedon (am Bosporus) angenommen wurde. Kernsatz: In der Person Christi sind die göttliche und die menschliche Natur »unvermischt und unzertrennlich« vereinigt.

Chanukka (hebr.) »Einweihung«; das Tempelweihfest der Juden im Dezember (vgl. 1. Makk. 4,59).

Chaos (gr., sprich: kạos) in der griechischen Mythologie der ungeordnete Urstoff, aus dem die Welt entstand; übertragen: Wirrwarr, Durcheinander.

Charakter (gr.) »Prägung«; Wesensart, Persönlichkeit; auch Titel, Rang, Würde.

character indelẹbilis (gr.-lat.) »unzerstörbares Merkmal«; ein unverlierbares Siegel, das Taufe, Firmung und Priesterweihe nach katholischer Lehre der Menschenseele einprägen. Diese drei Sakramente sind deshalb auch nicht wiederholbar.

Chạrisma (gr.) »Gnadengabe«; von Gott stammende Begabung. Mehrzahl: Charismen oder Charismata. Die Wirkungen des Hl. Geistes durch einzelne Gemeindeglieder zur Auferbauung der Gemeinde. Nach 1. Kor. 12-14 sind Charismen: Gemeindeleitung, Erkenntnis, Kraftwirkungen, Geisterunterscheidung, Zungenrede usw.

charisma veritatis (gr.-lat.) »Gnadengabe der Wahrheit«, die nach dem Kirchenvater Irenäus alle Ältesten der rechtgläubigen Kirche empfangen haben; sie bezeichnet nicht eine Amtsgnade, sondern die überlieferte Lehre: Die Wahrheit wurde als Gnadengabe empfangen.

Charismatische Bewegungen geistliche Erneuerungsbewegungen innerhalb des Katholizismus und Protestantismus, die den Lobpreis Gottes, Zungenrede, Prophetie und Krankenheilung besonders betonen.

Charité (franz.) »Barmherzigkeit«; Krankenhaus für die Armen.

Charta Oecumenica Selbstverpflichtung zur ökumenischen Zusammenarbeit der christlichen Kirchen in Europa; wurde von der evangelisch und orthodox zusammengesetzten »Konferenz Europäischer Kirchen« (KEK) zusammen mit dem römisch-katholischen »Rat der Europäischen Bischofskonferenzen (CCEE)« erarbeitet und 2001 in Straßburg unterzeichnet.

Chassidim, auch Chasidäer oder Hasidäer (hebr.) »die Frommen«; Bezeichnung für eine Gruppe von gesetzestreuen Juden, die heidnischen Einflüssen entgegentraten (vgl. 1. Makk. 2,42ff).

Chassidismus (hebr.) eine um 1750 im Karpatengebiet einsetzende religiöse Bewegung im Judentum, die eine Verwandtschaft mit dem Pietismus zeigt.

Cherub (hebr.) als Mischwesen mit Flügeln und Tierfüßen vorgestellter Engel, Wächter an heiliger Stätte, z.B. an der Paradiesespforte. Mehrzahl: Cherubim.

Chiffre (arab.-franz.) »Ziffer«; geheimes Schriftzeichen, Symbolzeichen.

Chiliasmus (gr. chilioi = 1000) nicht unumstrittene Lehre vom Tausendjährigen Friedensreich auf Erden vor der Endverwirklichung des Heils, die sich auf Offb. 20 stützt.

Chiromantie (gr.) Handliniendeutung, Wahrsagung aus den Formungen der Hand.

Chor (gr.) Vereinigung von Sängern und Sängerinnen bei mehrfacher Stimmenbesetzung; seit dem Mittelalter auch Bezeichnung für den Altarraum in Kirchen.

Choral (gr.-lat.) der einstimmige liturgische Gesang des Priesters oder des Knabenchors; später: das von der Gemeinde gesungene Lied.

Chorbischof (gr. chôra »Land« im Gg. zur Stadt) in der alten griechischen Kirche der Bischof einer Landgemeinde im Unterschied zur Stadtgemeinde; gibt es heute nur noch in Kirchen syrischer Herkunft.

Chorgebet Stundengebet (Horengebet) im kirchlichen Altarraum.

Chorgestühl die an den Längswänden des Chores angebrachten Bankreihen mit abgeteilten Sitzen für den Klerus der Dom- und Stiftskirchen; das Chorgestühl hat hohe Rückenlehnen, Armstützen, aufklappbare Sitze und Kniebänke, oft auch Baldachine und ist in der Regel reich geschnitzt.

Chorherren römisch-katholische Geistliche, Mitglieder eines Domkapitels oder Stiftskapitels, die zum gemeinsamen Gottesdienst im Chor der Kirche verpflichtet sind, das Recht der Bischofswahl haben, teilweise auch in klosterähnlicher Gemeinschaft leben.

Chorknabe römisch-katholischer Meßdiener.

Chorregent Leiter eines katholischen Kirchenchors (vor allem in Süddeutschland gebräuchlich).

Chrisam, Chrisma (gr.) »Salböl«, heiligstes Öl in der römisch-katholischen Kirche (aus Olivenöl und Balsam). In der Ostkirche bezeichnet es die Handlung der Myronsalbung nach der Taufe.

Chrischona Prediger-Ausbildungsstätte, verbunden mit dem Pilgermissionswerk in St. Chrischona bei Basel.

Christengemeinschaft unter der Führung von Pfarrer Fr. Rittelmeyer 1922 in Dornach gegründete »freie Kirche ohne Dogma«, deren Glieder durch eine sakramentale »Menschenweihehandlung« zusammengeschlossen werden. Ihr Kultus beruht auf einer durchgehenden Umdeutung der biblischen Botschaft im Sinne der → Anthroposophie.

Christenlehre die kirchliche Unterweisung, bzw. die Arbeit an der konfirmierten Jugend.

Christianissimus (lat.) »Allerchristlichster«; Titel der Könige von Frankreich.

Christian Science (engl.) → Christliche Wissenschaft.

Christianus sine nomine (lat.) »Christ ohne Namen«; eine auf Luther zurückgeführte Formel, die auf den Christen zielt, der christlich lebt, aber kein Aufhebens davon macht und auf bewußte Missionierung verzichtet.

Christkatholiken eine nach 1871 entstandene Kirchengemeinschaft, die das Dogma von der Unfehlbarkeit ablehnte und sich dem Protestantismus näherte (auch → Altkatholiken genannt).

Christliche Wissenschaft die 1879 durch Mary Baker Eddy gegründete »First Church of Christ, Scientist«, nach deren Lehre Gott ein unpersönliches Prinzip ist, Materie, Krankheit, Sünde und Bosheit dagegen geistige Täuschungen sind. Gott wird als heilendes Gemüt durch »Gesundbeten« angenommen. Trotz des großen sittlichen Ernstes ist sie im Grunde weder Wissenschaft noch christlich.

Christologie (gr.) Lehre von der Person und dem Werk Christi.

Christomonismus (gr.) einseitige Betonung des Christusgeschehens,

Überordnung des zweiten Glaubensartikels über den ersten.

Christophanie (gr.) Christuserscheinung.

christotọkos (gr.) »Christusgebärerin«, Heilandsmutter, vom Patriarchen Nestorius von Konstantinopel (gest. um 451) im Gg zu → theotokos »Gottesgebärerin« gebrauchte Bezeichnung Marias.

Christozentrismus ein theologisches Denken, das die zentrale Stellung Christi in der Schöpfungs- und Heilsgeschichte zur Geltung bringen will.

Christus (gr.) »der Gesalbte«, Übersetzung des hebräischen »maschiach« = Messias.

Christus praesens (gr.-lat.) »der gegenwärtige Christus«.

Chrysostomosliturgie in Konstantinopel entstandene Form der Eucharistiefeier, die in der Ostkirche seit dem 10. Jh. die Basiliusliturgie zurückdrängte und zur gottesdienstlichen Normalform wurde.

chthonisch (gr.) »der Erde angehörend«, unterirdisch.

Ciborium (lat.) »Becher«; in der altchristlichen Basilika eine von vier Säulen getragene Überdachung des Altars, des Taufbeckens im Baptisterium oder eines Märtyrergrabes; in der römisch-katholischen Kirche ein Hostienbehälter in Kelchform, der Speisekelch.

CIC → Codex Juris Canonici.

circulus vitiosus (lat.) »fehlerhafter Kreis«; Zirkelschluß, bei dem das zu Beweisende in der Voraussetzung schon enthalten ist; Teufelskreis.

Circumcellionen (lat. circum »umher bei, in der Nähe von«, cella »Vorratskammer, Altarschrein«) schwärmerische, religiös-asketische und sozialrevolutionäre Bewegung im Nordafrika des 4. und 5. Jh.s, vorwiegend der ländlichen Gebiete Numidiens und Mauretaniens; zuerst erwähnt 340 n.Chr. Ihr Name rührt wahrscheinlich daher, daß sie sich bei den Märtyrerschreinen ländlicher Kirchen versammelten, wo sich oft auch Vorratskammern befanden. Ihr Widerstand gegen Staat und Reichskirche verband sich mit dem der → Donatisten.

circumcisio (lat.) Beschneidung.

circumincessio → Perichorese.

civitas Dei (lat.) »Staat Gottes«, der kommende Gottesstaat, den Augustin in der Kirche bereits anfangsweise verwirklicht sah.

Classe (franz.) Zusammenschluß der reformierten Presbyterien eines Bezirks (Bezirkssynode).

clausula Petri (lat.) »Schlußwort Petri«: Man muß Gott mehr gehorchen als den Menschen (Apg. 5,29).

Clementịna die unter Papst Clemens VIII. 1592 erfolgte und bis heute im römischen Katholizismus maßgebliche Ausgabe der Vulgata.

Clementinae eine Sammlung der Konstitutionen des Konzils von Vienne (1311) und von Gesetzen Papst Clemens V. (1305–1314), publiziert 1317 durch Johannes XXII. Sie bildet den vierten Teil des → Corpus Juris Canonici.

Clementinen → Pseudo-Klementinen.

Clinical Pastoral Training (engl.) → Klinische-Seelsorge-Ausbildung (KSA).

Cluniazenser Anhänger der von Cluny (ostfranzösisches Kloster) ausgehenden kirchlichen Reformbewegung des 11. und 12. Jh.s.

codex (lat.) »Baumstamm, Buch«; antike Buchform entweder aus gewachsten Holztafeln, aus Pergament oder aus Papyrus; auch: Sammlung von Gesetzen.

Codex Hammurabi (oder: -rapi) Gesetzeswerk des babylonischen Königs Hammurabi (um 1700 v.Chr.).

Codex Iuris Canonici (lat.) das Gesetzbuch der römisch-katholischen Kirche (CIC), in dem erstmals 1917 das kirchliche Recht zusammengefasst wurde. 1983 erschien eine neue Ausgabe unter gleichem Namen, in der die Beschlüsse des 2. Vaticanum (1962–65) berücksichtigt wurden.

codex rescriptus → Palimpsest.

coena Domini (lat.) »Mahl des Herrn«, Abendmahl.

coenaculum (lat.) »Speisesaal«.

coetus (lat.) »Versammlung, Vereinigung«.

Coetus reformierter Prediger 1544 für Ostfriesland gegründeter, 1933 für ganz Deutschland wiederbelebter Zusammenschluß reformierter Theologen.

cogito ergo sum → Cartesianismus.

cognitio (lat.) »Erkenntnis«, speziell Gotteserkenntnis.

coincidentia oppositorum (lat.) »Zusammenfall der Entgegensetzungen«, das Zusammentreffen aller Gegensätze in Gott (Anschauung des Nikolaus von Kues, genannt Cusanus, gest. 1464).

collegia pietatis (lat.) Bibel- und Erbauungsstunden im Frühpietismus.

Collegium Germanicum (lat.) Jesuitenkolleg in Rom zur Ausbildung deutscher Priester, 1551 gegründet.

Collegium biblicum (lat.) von Spener und Franke eingeführte Vorlesungen zur Auslegung der Schrift.

columbarium (lat.) »Taubenhaus«; Grabkammer mit Wandnischen für die Aschenurnen.

comma Johanneum (lat.) »Johanneischer Abschnitt«, eine aus dem 4. Jh. stammende Texteinfügung in 1. Joh. 5,7f.

Common Prayer Book → Book of Common Prayer.

communicatio idiomatum (lat.-gr.) »Mitteilung der Eigenschaften«, nämlich der jeweiligen Eigentümlichkeiten der göttlichen und der menschlichen Natur Christi an seine Person sowie der Naturen aneinander (auf der Grundlage des → Dyophysitismus: Christus ist eine Person in zwei Naturen). Das *genus idiomaticum* (»die eigenschaftliche Art«) der c.i. besagt: Jede Eigenschaft, die einer der beiden Naturen Christi zukommt, muß von der ganzen Person Christi ausgesagt werden. Das *genus majestaticum* (»die hoheitliche Art«) der c.i. besagt: Bei der Menschwerdung des Gottessohnes wurden seiner menschlichen Natur auch die Eigenschaften seiner göttlichen Natur, z.B. die → Ubiquität, zuteil. Das *genus apotelesmaticum* (»die auf die Wirkungen bezogene Art«) der c.i. besagt: Jede der beiden Naturen Christi handelt im Erlösungswerk auf ihre eigene Art, aber so, daß immer auch die andere Natur mit tätig ist.

communicatio in sacris (lat.) »Teilnahme an heiligen Handlungen« (etwa an Gottesdiensten einer anderen Konfession).

communio praedestinatorum (lat.) »Gemeinschaft der Prädestinierten«, in der reformierten Dogmatik Bezeichnung der wahren Kirche als der Gemeinschaft der von Gott zum Heil Vorherbestimmten.

communio sanctorum (lat.) »Gemeinschaft der Heiligen« oder »an heiligen Dingen«; ein Ausdruck, der im 5. Jh. ins Apostolische Glaubensbekenntnis aufgenommen wurde.

communio sub una (lat.) »Abendmahl unter einer (Gestalt)«, die katholische Form der Kommunion, bei der die Gemeindeglieder keinen Wein erhalten.

communio sub utraque (lat.) »Abendmahl unter beiderlei (Gestalt)«, die evangelische Form der Mahlfeier, bei der Brot und Wein ausgeteilt werden.

communis opinio (lat.) allgemeine Meinung.

compelle intrare (lat.) »Nötige sie, hereinzukommen« (Luk. 14,23 in der Vulgata); angebliche Belegstelle für die Notwendigkeit, bei der Missionierung Druckmittel anzuwenden.

competentes (lat.) »die (die Taufe) Erstrebenden«, Katechumenen.

Complet (lat.) das letzte Stundengebet, das die tägliche Gebetspflicht der Mönche und Priester abschließt (normalerweise bei Eintritt der Dunkelheit gehalten).

complexio oppositorum (lat.) Umfassung (Verknüpfung, Zusammenfassung) der Gegensätze.

concelebratio (lat.) gemeinsame Meßfeier mehrerer Priester.

concursus divinus (lat.) »Gottes Zusammenwirken« (mit den Geschöpfen innerhalb seines Vorsehungswirkens: Als Erstursache (causa Prima) allen Geschehens wirkt Gott mit den Geschöpfen als Zweitursachen (causae secundae) zusammen).

conditio Jacobea (lat.) »Bedingung des Jakobus« (Jak. 4,15 »So der Herr will und wir leben«).

conditio sine qua non (lat.) »Bedingung, ohne welche nicht«; eine unerläßliche Bedingung.

confessio (lat.) »Bekenntnis«, Sündenbekenntnis, Glaubensbekenntnis, Bekenntnisschrift.

Confessio Augustana (lat.) Augsburger Bekenntnis, grundlegende evangelisch-lutherische Bekenntnisschrift, von Melanchthon 1530 für den Augsburger Reichstag verfaßt.

Confessio Augustana variata (lat.) von Melanchthon 1540 in der Abendmahlslehre »veränderte« Fassung des Augsburger Bekenntnisses.

confessio generalis (lat.) Allgemeines Sündenbekenntnis, ›Offene Schuld‹.

Confessio Helvetica posterior (lat.) »Zweites Schweizer Bekenntnis«, von Bullinger 1561 zunächst als Privatbekenntnis verfaßt, vom pfälzischen Kurfürsten Friedrich 1566 offiziell veröffentlicht, dann vom gesamten schweizerischen Protestantismus sowie von den reformierten Kirchen in Schottland, Polen, Ungarn, Österreich, Tschechoslowakei, Jugoslawien und Rumänien als Bekenntnis angenommen; die internationalste der reformierten Bekenntnisschriften.

Confessio Helvetica prior (lat.) »Erstes (reformiertes) Schweizer Bekenntnis«, 1536 von Bullinger, Mykonius, Grynäus u.a. verfaßt und von den zur Reformation übergegangenen deutschschweizer Orten angenommen.

confessio oris (lat.) »Bekenntnis des Mundes«, Einzelbeichte.

confessio secreta (lat.) »geheimes Bekenntnis«, Ohrenbeichte.

Confessio Tetrapolitana (lat.) »Vierstädtebekenntnis«; von Bucer und Capito für den Augsburger Reichstag 1530 verfaßtes Bekenntnis der vier Reichsstädte Straßburg, Konstanz, Lindau und Memmingen.

confessionarius (lat.) Beichtvater.

confessor (lat.) »Bekenner«, Ehrenname für die verfolgten Christen, die ihren Glauben unter Opfern bekannten.

confiteor (lat.) »ich bekenne«, öffentliches Sündenbekenntnis.

Confutatio (lat.) »Widerlegung«, Name der von Dr. Eck und anderen Katholiken verfaßten Widerlegungsschrift der Augsburgischen Konfession (1530).

conscientia (lat.) »Gewissen«.

conscientia perplexa (lat.) »das verwirrte, unsichere Gewissen«.

consensus (lat.) Übereinstimmung.

consensus gentium (lat.) Übereinstimmung der Völker (wird als Beweisgrund für die Existenz Gottes und die Verbindlichkeit des biblischen Moralgesetzes herangezogen).

consensus patrum (lat.) »Übereinstimmung der (Kirchen-)Väter« (besitzt für die katholische Glaubenslehre normativen Charakter).

consensus quinque saecularis (lat.) Übereinstimmung der dogmatischen Aussagen der ersten 5 Jh.e nach Christus, vom lutherischen Theologen G. Calixt (gest. 1656) als Hilfe zur Verständigung mit dem Katholizismus angesehen.

Consensus Tigurinus (lat.) »Züricher Übereinstimmung«, von Calvin und Bullinger 1549 gemeinsam verfaßtes Bekenntnis, das die Protestanten der deutschen und französischen Schweiz in der Abendmahlsfrage zusammenführte.

conservatio (lat.) »Erhaltung«, die auf den Fortbestand des Geschaffenen zielende göttliche Tätigkeit (vgl. → creatio).

consilia evangelica (lat.) »Evangelische Räte/Ratschläge«, im Katholizismus die über das »Gebotene« hinausgehenden, aus den Evangelien sich ergebenden Weisungen, deren Befolgung besonders verdienstvoll ist. Am bekanntesten ist die Dreizahl: lebenslängliche Armut, Keuschheit, Gehorsam gegen einen geistlichen Oberen (Mönchsgelübde).

consolatio fratrum (lat.) »Tröstung der Brüder«, brüderliche Seelsorge und Ermunterung.

Constantinopolitanum → Nicaeno-Constantinopolitanum.

consubstantialis (lat.) wesenseins (Übersetzung des gr. homousios); → Homousie.

consummatio mundi (lat.) »Vollendung der Welt«; das von kosmischen Katastrophen begleitete Weltende.

contradictio (lat.) Widerspruch.

contradictio in adjecto (lat.) Widerspruch im Beiwort, widerspruchsvolle Begriffsbildung (z.B. »armer Krösus«).

Contrafactum (lat.) »gegengemacht«; Veränderung einer geistlichen Dichtung ins Weltliche und umgekehrt.

Contrat social (franz.) »Gesellschaftsvertrag«, Titelteil des Hauptwerkes von J.J. Rousseau.

contritio cordis (lat.) »Zerknirschung des Herzens«; in der katholischen Dogmatik die volle Reue, die aus reiner Liebe zu Gott über die Sünde betrübt ist (und nicht nur wegen der Folgen). In der Hochscholastik sah man sie als die Reue des gerechtfertigten Menschen, durch die heiligmachende Gnade Gottes bewirkt (Gg: → attritio); s.a. → Kontritionismus.

Conventualen (lat.) die Mitglieder eines Konvents.

conventus (lat.) »Zusammenkunft«, Vereinigung (von Geistlichen, Mönchen usw.).

conversio (lat.) »Umwandlung«, Bekehrung.

cooperatio (lat.) »Zusammenwirken« (Gottes und des Menschen).

coram Deo (lat.) vor Gott.

coram mundo (lat.) vor der Welt.

coram publico (lat.) vor der Öffentlichkeit, vor aller Welt.

corona clericalis (lat.) Tonsur.

corpus (lat.) »Körper«, Körperschaft, Schriftensammlung.

corpus Christi (lat.) »Leib Christi«; in der katholischen Kirche der im Altarsakrament gegenwärtige Leib Christi.

Corpus Christianum (lat.) die Christenheit.

Corpus Christi mysticum (lat.) »der geheimnisvolle Leib Christi« (Bezeichnung der Kirche).

Corpus iuris (lat.) Gesetzessammlung (speziell: des römischen Rechtes).

Corpus Iuris Canonici (lat.) Im 16. Jh. erstellte Sammlung des katholischen Kirchenrechts (war bis zum Inkrafttreten des → Codex Juris Canonici 1918 gültig).

Corpus Paulinum (lat.) die Gesamtheit der paulinischen Briefe.

corpus permixtum (lat.) »vermischte Körperschaft«; die sichtbare Kirche als eine Versammlung verstanden, zu der nicht nur die wahrhaft Gläubigen gehören, sondern auch Heuchler und Sünder.

Corpus Reformatorum (lat.) Gesamtausgabe der Schriften der Reformatoren.

correctio fraterna (lat.) »brüderliche Zurechtweisung«.

corredemptrix (lat.) »Miterlöserin«; ein in der katholischen Theologie noch nicht eindeutig geklärter Begriff, mit dem man die heilsgeschichtlich einmalige Funktion der Mutter Jesu auszudrücken versucht.

Corrigenda (lat.) »zu korrigierende Stellen« (= Satz- und Druckfehler).

creatio (lat.) »Schöpfung«.

creatio continua (lat.) fortgesetztes Schöpfungsgeschehen.

creatio ex nihilo (lat.) »Schöpfung aus (dem) Nichts«.

creator spiritus (lat.) »Schöpfer Geist«; bezeichnet den Heiligen Geist als die an der Weltschöpfung wie an der Schaffung von neuem Leben beteiligte Person Gottes.

credenda (lat.) »die zu glaubenden« (Lehraussagen).

Credo (lat.) »ich glaube«, nach seinem Anfangswort auch Bezeichnung des Apostolikums.

credo quia absurdum (lat.) »ich glaube, weil es widersinnig ist« (angeblicher Ausspruch Tertullians, gest. nach 220). Tertullian hat tatsächlich gesagt: »Gottes Sohn ist gekreuzigt, das ist keine Schande, weil Schande sein muß; Gottes Sohn ist gestorben, das ist durchaus glaubhaft, weil es unpassend ist (prorsus credibile, quia ineptum est); er ist begraben und auferstanden, das ist gewiß, weil es unmöglich ist.«

credo ut intelligam (lat.) »ich glaube, damit ich erkenne« (Ausspruch Anselms von Canterbury, 1033–1109, der vom Glauben zur vernünftigen Einsicht in den Glaubensinhalt vorzudringen sucht).

crimen laesae majestatis (lat.) Vergehen der Majestätsbeleidigung.

crimen laesae religionis (lat.) Vergehen gegen die Religion (im Römischen Reich Grund zur Verhaftung der Christen).

crux interpretum (lat.) »Kreuz der Ausleger«, schwer zu erklärende Schriftstelle.

cuius regio eius religio (lat.) »wessen das Land, dessen die Religion«; auf den Augsburger Religionsfrieden 1555 zurückgehender Grundsatz, daß der Landesherr den Glauben seiner Untertanen bestimmt.

culpa (lat.) »Schuld«.

mea maxima culpa meine schwerste Schuld.

cum grano salis (lat.) »mit einem Körnchen Salz«, unter vernünftiger Abwandlung und Anpassung an die Situation, nicht wörtlich zu nehmen.

cura animarum (lat.) »Sorge für die Seelen«, Seelsorge.

cura animarum generalis (lat.) »allgemeine Seelsorge« (etwa durch die Predigt).

cura animarum specialis (lat.) »besondere Seelsorge« (im Einzelgespräch, zu unterscheiden von der allgemeinen Seelsorge etwa durch die Predigt).

Cur Deus homo? (lat.) Warum (wurde) Gott Mensch? (Titel einer Schrift Anselms von Canterbury, gest. 1109).

curriculum vitae (lat.) »Lebenslauf«.

curvatus → incurvatus.

custodia utriusque tabulae (lat.) »Aufsicht über beide (Gesetzes-)Tafeln«; angebliche Pflicht der weltlichen Obrigkeit, für die Beachtung beider Teile der Zehn Gebote zu sorgen.

D

D. Abkürzung für »Doctor theologiae« (der ehrenhalber verliehene theologische Doktortitel).

Da capo (ital.) »vom Kopf an«, noch einmal von Anfang an.

Dämon (gr.) Mittelwesen zwischen Gott und Mensch, böser Geist.

dämonisch (gr.) von Dämonen beeinflußt, teuflisch.

Daimọnion (gr.) bei Sokrates die »innere Stimme« im Menschen, die ihn warnt.

Dạktylus (gr.) Versfuß, der aus 1 Länge und 2 Kürzen besteht (z.B. »Lieblich ergrünen so Auen als Felder«).

Damaskuserlebnis Bekehrung des Christenverfolgers Saulus zu Jesus Christus auf dem Weg nach Damaskus (Apg. 9); als Heidenmissionar ist Saulus unter dem gr. Namen Paulus (»der Geringe«) bekannt.

Damaskusschrift eine 1896 in der → Geniza der Esra-Synagoge in Kairo entdeckte Handschrift über die »Gemeinde des Neuen Bundes im Land Damaskus«, die mit verschiedenen in Qumran gefundenen Texten übereinstimmt.

Damnạmus (lat.) wir verurteilen, wir verwerfen (kirchliche Verwerfungsformel).

Darbysmus → Brüdergemeinden.

DD Abkürzung für »Doctor of Divinity« (engl. theologischer Doktortitel, hinter dem Namen stehend).

De profundis (lat.) »Aus der Tiefe«, aus tiefster Not (Anfangsworte des 130. Psalms).

de tempore (lat.) »nach der Zeit«, der Kirchenjahreszeit entsprechend (etwa das Sonntagslied).

Dechant (lat.) katholische Bezeichnung, die dem »Dekan« entspricht; Vorsteher eines Kirchenbezirks.

decorum pastorale (lat.) was sich für Pastoren gehört.

decretum (lat.) »Beschluß«, Entscheidung, Lehrsatz.

Decretum Gratiani (lat.) erste Sammlung des Kirchenrechts, um 1140 von dem Mönch Gratian in Bologna zusammengestellt und kommentiert; wurde in das → Corpus Iuris Canonici aufgenommen.

dedicatio (lat.) Zueignung, Widmung.

Deduktion (lat.) Ableitung einer Einzelerkenntnis aus einer allgemeinen Feststellung, logischer Schritt vom Allgemeinen zum Besonderen (Gg: → Induktion; vgl. → Abduktion).

Dẹesis (gr.) »Bitte«, byzantinische Darstellung des thronenden Weltenrichters zwischen fürbittenden Heiligen (Maria, Johannes dem Täufer).

Defensor fidei (lat.) »Verteidiger des Glaubens«, Ehrentitel des englischen Königs.

Definition (lat.) Begriffsbestimmung, Entscheidung des Papstes oder eines Konzils über ein Dogma, die als endgültig und verbindlich anzusehen ist.

Degradation (lat.) »Herabsetzung« im Rang, Ausstoßung aus dem geistlichen Amt.

Dei gratia (lat.) »von Gottes Gnaden«; Teil des bischöflichen und fürstlichen Titels (Gottesgnadentum).

Deisidämonie (gr.) »Götterfurcht«, Dämonenfurcht (abergläubische).

Deismus (lat.) Ansicht, die Gott zwar als Schöpfer, aber nicht als Lenker der Welt begreift, also jedes Eingreifen Gottes in seine Schöpfung und jede übernatürliche Offenbarung ablehnt (in der französischen und englischen Aufklärung entwickelt).

Dekalog (gr.-lat.) die 10 Gebote Gottes (2. Mose 20, 2-17; 5. Mose 5,6-21).

Dekan (lat.) leitender Geistlicher eines Kirchenkreises (Superintendent); an Universitäten geschäftsführender Vorsitzender einer Fakultät.

Dekạpolis (gr.) Zehnstädtebund, ein Zusammenschluß von (ursprünglich) 10 hellenistischen Städten im Ostjordanland, um 60 v.Chr.

Dekret (lat.) behördlicher oder richterlicher Beschluß; von der Obrigkeit erlassene Verfügung oder getroffene Anordnung. In der reformierten Theologie der freie und unveränderliche Willensratschluß Gottes, mit dem er vor Grundlegung der Welt beschlossen hat, was er danach tun wollte.

Dekretale (lat.) päpstliche Verfügung.

Dekretalist mittelalterlicher Kirchenrechtslehrer, der dasjenige Recht behandelt, das zeitlich nach dem → Decretum Gratiani durch päpstliche → Dekretalen gebildet wurden (s. a. → Dekretist).

Dekretist im Mittelalter ein Lehrer des Kirchenrechts im Unterschied zum weltlichen Rechtslehrer; im engeren Sinne ein Kommentator des → Decretum Gratiani im Unterschied zu einem → Dekretalisten.

Delegat, Apostolischer (lat.) Bevollmächtigter des Papstes zur Wahrnehmung kirchlicher Interessen.

delegieren (lat.) »entsenden«, eine Befugnis oder einen Auftrag übertragen.

Delikt (lat.) unerlaubte Handlung, Vergehen, Verbrechen.

Demẹritus (lat.) straffälliger Geistlicher, der amtsentlassen wurde (im Unterschied zu → Emeritus).

Demiurg (gr.) »Handwerker«; Weltschöpfer, Weltbaumeister (bei Plato und in der Gnosis), bisweilen im Gegensatz zum obersten Gott dargestellt.

Denarius St. Petri (lat.) Peterspfennig (finanzielle Abgabe an den Papst, im 10. Jh. von angelsächischen Königen zunächst freiwillig geleistet, seit dem 11. Jh. von Rom als Steuer erhoben und auch in Norwegen, Schweden, Polen und Ungarn eingeführt, im 16. Jh. wieder abgeschafft; seit der 2. Hälfte des 19. Jh.s nennt man D. St. Petri eine freiwillige Spende der kath. Bistümer für den Unterhalt des Hl. Stuhls).

Denomination (lat., engl.) Kennzeichnung, Benennung; in England und den USA Bezeichnung für eine Religionsgemeinschaft (Kirche oder Sekte).

Denzinger Kurztitel für das Enchiridion symbolorum, definitionum et declarationum de rebus fidei et morum, ab 1854 herausgegeben von H. Denzinger, seit der 37. Aufl. 1991 von P. Hünermann; die gebräuchlichste Sammlung lehramtlicher Dokumente der römisch-katholischen Kirche im Originalwortlaut (seit 1991 auch mit deutscher Übersetzung).

Deo gratias! (lat.) »Gott sei Dank!«

Deo volente (lat.) »wenn Gott will«.

deontisch (gr. to deon »das Nötige«, »die Pflicht«) notwendig, pflichtgemäß, geziemend.

Deontologie (gr. to deon »das Nötige«, »die Pflicht«) Lehre von den Pflichten, den unbedingten Normen.

deontologische Ethik eine Lehre vom menschlichen Verhalten, die unbedingte Normen vertritt (Gg: → teleologische Ethik).

deontologischer Gottesbeweis die Erfahrung von Gewissensforderungen läßt auf einen absoluten Gesetzgeber schließen.

depositum fidei (lat.) »Glaubenshinterlassenschaft; das anvertraute Glaubensgut«; der Schatz der Glaubenswahrheiten, die nach römisch-katholischer Lehre von Jesus und den Aposteln dem kirchlichen Lehramt übergeben sind (1Tim 6,20), von ihm unversehrt weitergereicht und gegebenenfalls näher entfaltet werden.

depraviert (lat.) verdorben, entartet.

deprecatio (lat.) Abbitte, dringendes Bittgebet.

Depression umgangssprachlich: Niedergeschlagenheit, gedrückte Gemütsstimmung; in medizinischem Sinn: schwere seelische Erkrankung, die Denken, Fühlen und das gesamte Körperempfinden nachhaltig beeinträchtigt. Es gibt zahlreiche Formen der D. mit mehreren Ursachen (körperlich, seelisch, sozial). Auch wenn die Symptome der Trauer denen einer Depression ähneln, ist diese strikt davon zu unterscheiden: Trauer ist keine Krankheit.

desavouieren (lat.-franz.) in Abrede

stellen, nicht anerkennen, im Stich lassen, widerrufen.

descensus ad inferos (lat.) Abstieg zu den Toten, Lehrsatz vom Eingang Christi in das Totenreich (nach 1. Petr. 3,19 und 4,6).

Designation (lat.) vorläufige Ernennung, Bestimmung.

Designatus (lat.) Vorgesehener, Ernannter.

deskriptiv (lat.) »beschreibend« (speziell: den fertigen Zustand der Dinge beschreibend, nicht die Entwicklung und die Hintergründigkeit).

Determinismus (lat.) Lehre von der kausalen Bestimmtheit alles Geschehens. In der Ethik: Lehre von der Bestimmung des Willens durch innere oder äußere Ursachen (Gg: → Indeterminismus = Willensfreiheit).

Deus absconditus (lat.) »der verborgene Gott« (Jes. 45,15); Formulierung Luthers für Gott als den letztlich (trotz seines Wortes und der Christusoffenbarung) Unzugänglichen und Unverständlichen, den Gott der Allwirksamkeit (also einschließlich der Natur- und Geschichtskatastrophen) und der Verstockung.

Deus revelatus (lat.) »der offenbare Gott«, Gott als der in Christus Geoffenbarte und Erkennbare, der den Menschen zugewandte und im Evangelium gepredigte Gott der Liebe und Erwählung.

Deus sive natura (lat.) »Gott oder die Natur«, pantheistischer Ausdruck Spinozas (gest. 1677), für den »Gott« und »Natur« im Grunde eines sind.

Deuterojesaja (gr.) »Zweiter Jesaja«, der von der Mehrzahl der Ausleger vom Propheten Jesaja unterschiedene, dem babylonischen Exil angehörende und namentlich unbekannte Verfasser von Jes. 40-55.

deuterokanonisch Bezeichnung für diejenigen Schriften, deren Zugehörigkeit zum Bibelkanon umstritten war oder ist. Innerhalb des Alten Testaments werden von der katholischen Kirche als »deuterokanonische Schriften« die Bücher Judit, Weisheit Salomos, Tobias, Jesus Sirach, Baruch, 1. und 2. Makkabäerbuch, Ergänzungen zu Ester und zu Daniel aufgeführt, also diejenigen, die in der evangelischen Tradition »Apokryphen« heißen. Innerhalb des Neuen Testaments gelten der Hebräer-, Jakobus- und Judasbrief, der 2. Petrusbrief, der 2. und 3. Johannesbrief und die Offenbarung als deuterokanonisch; hier ist der Begriff gleichbedeutend mit »zu den → Antilegomena gehörend«.

deuteronomistisch der redaktionellen Schicht, die vor allem im Deuteronomium, aber auch in anderen atl. Schriften erkennbar ist, zugehörig.

Deuteronomistisches Geschichtswerk nach Martin Noth stellen die Bücher 5. Mose, Josua, Richter, 1. und 2. Samuel, 1. und 2. Könige ein geschlossenes Geschichtswerk dar, das während der babylonischen Gefangenschaft Israels (6. Jh. v.Chr.) aus alten Quellen unter einem einheitlichen theologischen Gesichtspunkt in Jerusalem zusammengestellt wurde; die Geschichte Israels und Judas wird als immer neuer Abfall von Gott dargestellt und im Untergang des davidischen Reiches die Strafe Gottes für diese Geschichte des Abfalls gesehen.

Deuteronomium (gr.-lat.) »Zweites Gesetz«, das 5. Buch Mose, das nochmals die 10 Gebote und dazu viele andere Gesetze enthält.

deuteropaulinisch zur neutestamentlichen Paulusbriefsammlung gehörende Schriften, deren Herkunft von Paulus durch die historisch-kritische Forschung bestritten wird: zur Zeit neben den Pastoralbriefen der Kolosser-, Epheser- und 2. Thessalonicherbrief.

Deuterosacharja (gr.) »Zweiter Sacharja«, der oder die Verfasser der Kapitel Sach. 9-11, die nach allgemeiner wissenschaftlicher Meinung im letzten Drittel des 4. Jh.s v.Chr. entstanden sind, während der Prophet Sacharja von 520-518 v.Chr. aufgetreten ist.

Deutsche Christen 1927 entstandene Kirchenbewegung, die unter dem Einfluß des Nationalsozialismus einen »neuen Weg zu Christus« zeigen wollte; Abwertung des Alten Testamentes, Verherrlichung des Deutschtums und der nordischen Rasse; 1945 aufgelöst.

devot (lat.) unterwürfig, gottergeben.

Devotio moderna (lat.) »neuartige Frömmigkeit«, religiöse Erneuerungsbewegung des 14.–16. Jh.s n.Chr.

Devotionalien (lat.) Kleine Gegenstände für die katholische Andacht: Kreuze, Rosenkränze, Heiligenbilder.

Dezisionismus (lat. decisio »Entscheidung«) »Entscheidungsdenken«; von Carl Schmitt zunächst für die Rechtsphilosophie geprägte Bezeichnung einer Denkart, für die nicht vorgegebene Ordnung, sondern das eigene unbedingte Wollen maßgebend ist. Den Gegensatz dazu bildet der Normativismus, das »Gesetzesdenken«.

diạbolus (gr.-lat.) »Durcheinanderbringer«, Teufel, Verleumder.

diabolisch teuflisch.

Diadọchen (gr.) »Nachfolger«; Herrscher der Teilreiche, in die das Großreich Alexanders des Großen nach seinem Tode aufgegliedert wurde.

diagnostisch (gr.) eine Krankheit, einen Schaden erkennend und beschreibend (im Unterschied zu therapeutisch).

Diakon (gr.) »Diener«, Gemeindehelfer, Krankenpfleger. In der katholischen Kirche nächstniedere Stufe nach dem Priester.

Diakonie (gr.) »Dienst, Dienstleistung«; Bedienung am Tisch, Dienst an Armen und Kranken, Amt, Beruf; der helfende Dienst des Christen in allen Lebensbereichen, in denen Not offenbar wird.

Diakonisse (gr.) Schwester, die einem Diakonissen-Mutterhaus angehört.

diakonisch (gr.) dienend, die Diakonie betreffend.

Diakonisches Jahr freiwilliges Dienstjahr, das außerberuflich in diakonischen Einrichtungen gegen geringe Vergütung abgeleistet wird.

Diakonus (gr.) in der ev. Kirche gelegentlich Bezeichnung für den 2. oder 3. Pfarrer einer Kirche.

Dialektik (gr.-lat.) Bemühung, durch Aufzeigung und Vermittlung von Widersprüchen die Wahrheit zu finden: Satz und Gegensatz werden in einer höheren Einheit überwunden (Plato, Hegel).

Dialektische Theologie nach dem 1. Weltkrieg entstandene Richtung in der evangelischen Theologie, die in der Zeitschrift »Zwischen den Zeiten« (1922–1933) publizierte und deren Hauptvertreter K. Barth, Fr. Gogarten, R. Bultmann und E. Brunner waren. Ihren (von Außenstehenden verwendeten) Namen hat sie von ihrem Denken in unaufhebbaren Gegensätzen her: Sie betont den unendlichen qualitativen Unterschied von Gott und Welt, von Ewigkeit und Zeit, und sie versteht ihn als Gericht über die Sünde. Der schlechthin jenseitige Gott läßt sich irdisch nirgendwo fassen, auch im Menschenwort der Predigt nicht; es bleibt der Freiheit Gottes überlassen, ob und wann sein Wort jeweils Ereignis wird.

Dialog (gr.) Gespräch, Wechselrede.

dialogisch in Dialogform.

Dialogpredigt Versuch, die biblische Botschaft statt in einer Predigt durch zwei Personen z.B. in Frage und Antwort verkündigen zu lassen.

diametral (gr.) genau entgegengesetzt.

Diaspora (gr.) »Zerstreuung«, »Ausstreuung«; Gebiet mit konfessioneller Minderheit. Zunächst bezeichnete das Wort die außerhalb Palästinas lebenden Juden.

Diastase (gr.) Auseinanderfallen, Auseinandertreten, Abstandnehmen, speziell: Verhältnis des Abstandes von Christentum und Welt (Gg: → Synthese).

Diatessaron (gr.) »durch vier«; Titel einer Evangelienharmonie, die Tatian aus Syrien um 175 n.Chr. zusammenstellte, indem er Einzelstücke der 4 Evangelien unter Aufnahme apokrypher Stoffe zu einem Einheitsevangelium umschrieb. Das Buch war in Syrien bis etwa 500 in kirchlichem Gebrauch.

Diatheke (gr.) »Testament«, »Vertrag«, Bund, Verfügung.

Diatribe (gr.) »Gespräch«; popularphilosophische Predigt der → Kyniker und → Stoiker; lehrhafte Abhandlung über Lebensfragen im Gesprächston.

Dichotomie (gr.-lat.) Lehre von der Zweiteilung: eine Ansicht über das Wesen des Menschen, nach der dieser aus zwei »Teilen« (Leib und Seele) besteht (Gg: → Trichotomie, aber auch: ganzheitliche Betrachtung).

dicta probantia (lat.) beweisende Stellen.

Didachẹ (gr.) »Lehre«; Apostellehre, die älteste christliche Gemeindeordnung, um 100 n.Chr. in Syrien entstanden.

Didaktik (gr.) Unterrichtslehre, Unterrichtskunst.

didaktisch »belehrend«, unterrichtskundlich.

Didaskalịa (gr.) »Lehre«, Titel einer syrischen Kirchenordnung des 3. Jh.s n.Chr.

dies irae (lat.) »Tag des Zornes«, Tag des Weltgerichts, Bestandteil der Totenmesse.

differenzieren (lat.) Unterscheidungen, genauer formulieren, einen Komplex unter Beachtung feiner Unterschiede entfalten.

Dignität (lat.) »Würde«, kirchliche Würde.

Diktion (lat.) Ausdrucksweise, Stil, Schreibart.

dilatorisch (lat.) »aufschiebend«, verzögernd (Gg: → peremptorisch).

Dilemma (gr.) »zweiteilige Annahme«, schwierige Wahl zwischen zwei unerfreulichen Möglichkeiten.

Dimissoriale (lat.) Entlassung zu einer kirchlichen Handlung in einer anderen Gemeinde.

Diözesan (gr.-lat.) Angehöriger einer Diözese, die Gemeindemitglieder innerhalb einer Diözese.

Diözese (gr.) »Verwaltung«, Amtsbezirk eines katholischen Bischofs.

Diözesanbischof römisch-katholischer Bischof mit rechtlicher Vollmacht zur Leitung einer → Diözese.

dionysisch (gr.) rauschhaft, voll gesteigerter Lebensfreude (nach dem griechischen Weingott Dionysos).

Dioskuren (gr.) »Söhne des Zeus«: die sagenhaften Zwillinge Kastor und Pollux (Apg. 28,11).

Diplom (gr.-lat.) Urkunde, (Ehren-) Zeugnis.

Diplomatie (gr.-lat.-franz.) Regeln für außenpolitische Verhandlungen, Verhandlungstaktik; kluge Berechnung.

Diplomatik (gr.-lat.) Urkundenlehre.

diplomatisch 1. die → Diplomatik betreffend, urkundlich. 2. die → Diplomatie betreffend. 3. klug-berechnend.

Dịptychon (gr.) zusammenklappbare Schreibtafel des Altertums, im Mittelalter ein zweiflügeliges Altarbild. In den orthodoxen Kirchen die

Namensliste für die gottesdienstlichen Fürbitten.

Disestablishment (engl.) Entstaatlichung (der Kirche).

disjunktiv (lat.) gegensätzlich, einander ausschließend.

Diskant (lat.) in der mittelalterlichen Musik eine höherliegende Gegenstimme zu einer gegebenen Melodie.

diskursiv (lat.) Bezeichnung für die schrittweise Tätigkeit des Verstandes in Begriff, Urteil und Schluß, weil er nicht alles zugleich gegenwärtig hat, sondern in der Erkenntnis von einem Gedanken zum andern übergehen muß und ein Ganzes nur im Durchlaufen der Teile deutlich erfassen kann (Gg: → intuitiv, → Intuition).

Dispens, Dispensation (lat.) Aufhebung einer Verpflichtung, kirchliche Befreiung von die Eheschließung hindernden Bestimmungen (im römisch-katholischen Kirchenrecht).

Dispensationalismus (lat.-engl.) im 18. Jh. von J. Watts u.a. entwickeltes und besonders im angelsächsischen Sprachraum verbreitetes theologisches Konzept, das eine über mindestens fünf »Haushaltungen« (engl. dispensations) sich erstreckende, durch die Geschichte fortschreitende Gottesoffenbarung lehrt. Ein wichtiges Element dabei ist die Trennung zwischen Israel und der Gemeinde Jesu und der → Millenialismus.

Disposition (lat.) »Einteilung, Anordnung«.
1. Empfänglichkeit für Krankheiten.
2. Anzahl und Art der Register bei der Orgel.
3. Katholisch: die durch den Menschen getroffene Vorbereitung auf den Gnadenempfang.

Disputation (lat.) öffentlich geführter Redestreit.

Dissenters (lat.-engl.) »Andersgesinnte«, Sammelbezeichnung für die nicht zur anglikanischen Staatskirche gehörenden englischen Freikirchen.

Dissertation (lat.) wissenschaftliche Arbeit zur Erlangung der Doktorwürde.

Dissidenten (lat.) »Getrenntsitzende«, Andersgläubige; Bezeichnung für die aus jeder religiösen Gemeinschaft Ausgeschiedenen.

distinctio (lat.) »Unterscheidung«: Gegenüberstellung entgegengesetzter Gedanken.

Distribution (lat.) »Verteilung«, Austeilung, Auflösung.

Disziplin (lat.) Ordnung, Zucht; Zweig einer Wissenschaft, Fachgebiet.

Dithyrambe (gr.) begeistertes Gedicht, Loblied, Festlied auf den Gott Dionysos.

Dittographie (gr.) irrtümliche Doppelschreibung von Buchstaben oder Wörtern in den Handschriften der Frühzeit.

Divergenz (lat.) Meinungsverschiedenheit, Auseinandergehen.

Divination (lat.) »Sehergabe«, Ahnung, Wahrsagekunst.

divinatorisch (lat.) »seherisch«, auf Ahnungsgabe beruhend.

divus (lat.) »der Göttliche«, Titel römischer Kaiser.

dixi (lat.) »ich habe gesprochen« = dabei bleibt es!

docta ignorantia (lat.) »die (über sich selbst) belehrte Unwissenheit«, das Wissen um das Nichtwissenkönnen, speziell: hinsichtlich des eigentlichen Wesens Gottes. Der Ausdruck zielt auf das seiner Begrenztheit bewußte und sich deshalb bescheidende menschliche Erkennen angesichts der unbegreifbaren göttlichen Wahrheit. Vgl. Cusanus' Hauptwerk »De Docta ignorantia«; → cioncidentia oppositorum.

Doctor angelicus (lat.) »engelgleicher Lehrer«, Ehrenname des Thomas von Aquin (gest. 1274).

Dodekalog (gr.) das Zwölfgebot (5. Mose 27,15-26).

Dodekapropheton (gr.) das Buch der 12 (kleinen) Propheten Hosea bis Maleachi.

Dogma (gr.) »Meinung«, »Verordnung«, »Lehrsatz«; in der katholischen Theologie und in der evangelischen historischen Theologie: verbindlicher kirchlicher Lehrsatz, bzw. die Gesamtheit der in der Kirche gültigen Lehrsätze; in der evangelischen systematischen Theologie: die christliche Wahrheit, wie sie sich dem Glauben der Kirche durch Gottes Offenbarung gegenwärtig erschließt und von ihm unter Berücksichtigung der historischen Bekenntnisse jeweils neu angeeignet wird.

Dogmatik theologische Disziplin, die das → Dogma, d.h. die Wahrheitserkenntnis, wie sie durch Gottes Offenbarung dem Glauben gegenwärtig geschenkt ist, begrifflich formuliert und kritisch darstellt.

Dogmatismus das unkritische Vertreten von Lehren und Sätzen ohne Überprüfung ihrer Grundlagen.

Dogmengeschichte Geschichte der Entwicklung und Aneignung der verbindlichen Lehraussagen der Kirche.

Doketismus (gr.-lat.) Anschauung, daß Christus sich nur mit einem Scheinleib (gr. dokein »scheinen«) verbunden habe, also auch nur zum Schein gelitten habe und gestorben sei. Die wahre Menschheit und Geschichtlichkeit Christi wird im D. aufgegeben.

doktrinär (lat.-franz.) fanatisch eine Lehre verfechtend, wirklichkeitsfremd.

Dom (lat.) »Haus«, Gotteshaus; später Bischofskirche, auch Münster oder Kathedrale genannt.

Dominante (lat.) hervortretendes Merkmal. In der Musik: die 5. Stufe der Tonleiter (= Reperkussionston).

Dominica (lat.) Tag des Herrn, Sonntag (für: dominica dies).

Dominica in albis (lat.) Weißer Sonntag; erster Sonntag nach Ostern, nach den bis dahin getragenen weißen Kleidern der Neugetauften in der alten Kirche.

Domini canes (lat.) »Hunde des Herrn«; polemische Bezeichnung der Dominikaner als der Ketzerverfolger.

Dominikaner römisch-katholischer Mönchsorden, auch Predigerorden genannt (Ordo Fratrum Praedicatorum = OP, »Orden der Predigerbrüder«); von dem im Jahre 1234 heiliggesprochenen Spanier Dominicus Guzmán gegründet; 1216 von Papst Honorius III. bestätigt, seit 1220 Bettelorden, verwaltete ab 1232 fast ausschließlich die Inquisition (päpstliches Glaubensgericht zur Verfolgung der »Ketzer« seit 1215).

Dominus vobiscum (lat.) Der Herr (sei) mit euch!

Domkapitel Körperschaft an einer Bischofskirche, aus den am Dom amtierenden Geistlichen bestehend (zur Beratung des Bischofs).

Dona eis requiem (lat.) »Gib ihnen Ruhe!« (Schluß des Agnus Dei in der Totenmesse.)

Donatio Constantini (lat.) »Konstantinische Schenkung«, eine um 775 n.Chr. im Frankenreich gefälschte Urkunde, nach der Kaiser Konstantin der Große (gest. 337) beim Aufbruch von Rom nach Konstantinopel dem Papst die Herrschaft über das Abendland verliehen hat.

Donatismus eine um 310 n.Chr. in Nordafrika entstandene und bis ins 6. Jh. reichende Gegenkirche zur römisch-katholischen, der die Mehrzahl der nordafrikanischen Bischöfe angehörte (benannt nach ihrem hervorragendsten Bischof Donatus). Sie lehnte Bischöfe, die in der Verfolgung Bibeln ausgeliefert hatten, als Todsünder ab und betrachtete die von ihnen vollzogenen Taufen und Weihen als ungültig. Nachdem Augustin staatliche Gewaltanwendung gegen sie befürwortet hatte (→ compelle intrare!), wurden den Donatisten 414 die bürgerlichen Rechte abgesprochen und 415 der Besuch ihrer Versammlungen mit Todesstrafe bedroht.

donum perseverantiae (lat.) »Geschenk des Beharrens«; die Überzeugung, Gott gewähre seinen Erwählten, im Glauben zu beharren bis ans Ende und so selig zu werden.

donum superadditum (lat.) »das darüber hinaus gegebene Geschenk«, zusätzliche Gabe; Formel für die göttliche Gnadenkraft, die dem Menschen im Urzustand über die Naturanlage hinaus als Zügel gegen den Trieb geschenkt war.

Dordrechter Synode Synode der meisten reformierten Kirchen Europas (1618/19), auf der gegen die → Arminianer das calvinistische Prädestinationsdogma bekräftigt wurde.

dorisch Kirchentonart: Tonleiter von d bis d, wobei auf der Klaviatur nur die weißen Tasten benutzt werden.

Dormitio Sanctae Virginis (lat.) sog. »Sterbehaus der heiligen Jungfrau (Maria)« auf dem Zionshügel in Jerusalem.

Dormitorium (lat.) Schlafsaal, speziell: der Mönche.

Dotation (lat.-franz.) Stiftung, Schenkung.

double bind (engl.) »Doppelbindung«; Bezeichnung für einen widersprüchlichen Mitteilungsstil, bei dem das Befolgen der einen Aufforderung zwangsläufig gegen die andere Anweisung verstößt (»Nun tue doch endlich, was ich dir sage, und werde erwachsen!« Oder die Ehefrau sagt zu ihrem Mann, der eine der beiden Krawatten trägt, die sie ihm geschenkt hat: »Die andere Krawatte gefällt dir wohl gar nicht!«). Oft besteht der Widerspruch auch zwischen dem ausgesprochenen und dem nicht ausgesprochenen Teil einer Anweisung. Die Widersprüchlichkeit einer solchen Gesprächssituation kann nicht aufgelöst werden.

do ut des (lat.) »ich gebe, damit du gibst« (altrömische Rechtsformel, heute gebraucht, um eine selbstsüchtige Tendenz bei scheinbar selbstlosen Handlungen zu bezeichnen).

Doxa (gr.) »Herrlichkeit«, Ausdruck für die äußere Erscheinungsweise der himmlischen Majestät Gottes. Hebr. 1,3 nennt Jesus den Abglanz der Doxa Gottes.

Doxologie (gr.) Lobpreisung. Große Doxologie: »Ehre sei Gott in der Höhe und Friede ...« Kleine Doxologie: »Ehre sei dem Vater und dem Sohne ...« Auch Bezeichnung der Schlußsätze des Vaterunsers: »Denn dein ist das Reich ...«

Dragonaden (franz.) schikanierende Strafmaßnahmen (nach der von Ludwig XIV. veranlaßten Einquartierung sich rüpelhaft benehmender Dragoner bei Protestanten, um diese zur Rekatholisierung zu zwingen).

Drei-Kapitel-Streit kirchlich-theologische Auseinandersetzung im Vorfeld des 5. Ökumenischen Konzils in Konstantinopel 553 n.Chr. Die »Drei Kapitel« sind ein Lehrdekret des Kaisers Justinian aus dem Jahre 545, in dem er die drei Autoritäten der antiochenischen Christologie des 5. Jh.s (Theodor von Mopsuestia, Theodoret von Cyrus und Ibas von Edessa) posthum als häretisch verurteilte. Obwohl die nordafrikanische Kirche unter Führung des Bischofs Facundus von Hermiane energisch dagegen protestierte, ließen sich der römische Papst Vigilius und das 5. Ökumenische Konzil vom Kaiser zur Zustimmung drängen.

Druide keltischer Priester der vorchristlichen Zeit.

Drusen (arab.) Araber, die einer kleinasiatisch-syrischen Sekte des Islam (1017 begründet) angehören, z.T. in geschlossenen Siedlungen vor allem im Libanon wohnend.

Dualismus (lat.) »Zweiheitslehre«, Anschauung, daß die Welt von zwei gegensätzlichen Wesenheiten oder Grundprinzipien beherrscht wird (z.B. Licht und Finsternis, Gott und Satan, Gut und Böse, Geist und Materie). Der extreme Dualismus stellt diese Gegensätze gänzlich unverbunden nebeneinander und trägt die Doppelung auch in den Ursprung der Wirklichkeit hinein (vgl. → Manichäer).

dubiọs (lat.) »zweifelhaft«, ungewiß.

Duchoborzen (russ.) »Geisteskämpfer«, um 1750 gegründete südrussische Sekte ohne Priesterstand, durch die Quäker beeinflußt, nach innen gewandte und fromme Leute.

Duktus (lat.) Schreibstil, Handschrift, Linienführung der Schriftzeichen.

Dunkelmännerbriefe → Epistulae virorum obscurorum.

Dynamik (gr.) bewegtes Kräftespiel, Schwungkraft (Gg: Statik).

Dynamismus (gr.) Anschauung, daß die Welt ein Gefüge von Kräften sei, daß alle Wirklichkeit auf Kräfte und deren Wirkungen zurückgeführt werden könne.

Dynamistischer Monarchianismus Richtung im 2. Jh. n.Chr., die die Einzigkeit (= Monarchie) Gottes dadurch sichern wollte, daß sie Christus als Wunder-Menschen darstellte, den die »Kraft« (gr. dynamis) Gottes erfüllte (vgl. → Adoptianismus).

Dyophysitismus (gr. dyo »zwei«, physis »Natur«) »Zwei-Naturen-Lehre«: Jesus Christus hat nicht nur eine wahre und vollkommene göttliche Natur, sondern zugleich auch eine wahre und vollkommene menschliche Natur; er ist eine Person in zwei unvermischten, unverwandelten, ungetrennten und ungesonderten Naturen. So wurde es auf dem 4. Ökumenischen Konzil von Chalcedon 451 n.Chr. als Dogma beschlossen (Gg: → Monophysitismus).

Dyotheletismus (gr.) »Zweiwillenlehre«, nach der sowohl die göttliche als auch die menschliche Natur Christi mit Willenskraft ausgerüstet war (Gg: → Monotheletismus) Auf dem 6. Ökumenischen Konzil von Konstantinopel 680/81 n.Chr. als Dogma beschlossen.

Dytheismus (gr.) »Zweigottlehre«.

E

Ebed Jahwe (hebr.) »Knecht Gottes«, eine geheimnisvolle Gestalt in Jes 41-53, die prophetisch auftreten und sühnend leiden soll. Man hat sie kollektiv auf Israel deuten wollen. Im Licht des NT enthüllen sich die Ebed-Jahwe-Lieder als Prophetie auf Jesus.

Eben-Ezer (hebr.) »Stein der Hilfe« (Gottes) 1. Sam. 4,1.

Ebioniten (hebr.) »die Armen«, Glieder einer judenchristlichen Gruppierung in der Alten Kirche, die sich mit dieser Bezeichnung als die geringen, von Gott zu seinem Reich erwählten Frommen kennzeichnen.

Ebionitismus Lehre der → Ebioniten, vor allem die Meinung, Jesus Christus sei nicht der menschgewordene ewige Gottessohn, sondern nichts als ein Mensch, wenn auch von besonderer geistlicher Kraft.

Ecce homo (lat.) »Seht, welch ein Mensch« (Joh. 19,5)! In der Kunst Darstellung des dornengekrönten Christus vor Pilatus.

ecclẹsia (gr.-lat.) Versammlung, Gemeinde, Kirche.

ecclẹsia expectans (lat.) »die wartende Kirche«; die Gläubigen, die sich nach römisch-katholischer Lehre im Fegefeuer (→ Purgatorium) befinden, um von ihren Sünden gereinigt zu werden (Gg: → ecclesia militans, → ecclesia triumphans).

ecclẹsia militans (lat.) »die (in der Welt) kämpfende Kirche«.

ecclẹsia triumphans (lat.) »die (bei Gott) triumphierende Kirche«.

ecclẹsia visibilis (lat.) »die sichtbare Kirche«.

Ecclesiạstes (gr.-lat. »Teilnehmer an der Volksversammlung«) Titel für das Buch »Prediger Salomo (Kohelet)« in der griechischen und der lateinischen Bibel.

Ecclesiạsticus (lat.) Titel des Buches Jesus Sirach in der Vulgata.

ecclesiọla in ecclẹsia (lat.) »Kirchlein in der Kirche« (von Ph. J. Spener geprägter Begriff für die von ihm in den Anfängen des → Pietismus begründeten Bibel- und Erbauungsstunden, → collegia pietatis; er versteht sie als die kleine, wahre Kirche in der großen, allgemeinen Kirche und bezieht sich dabei auf den Vorschlag Luthers, daß »diejenigen, so mit Ernst Christen sein wollen und das Evangelium mit Hand und Mund bekennen, sich müßten mit dem Namen einzeichnen und irgendwo in einem Haus allein sich versammeln ...«).

écrasez l'infame! (franz.) »Rottet den niederträchtigen (Aberglauben) aus!« (Schlagwort Voltaires gegen die katholische Kirche.)

edieren (lat.) Druckwerke herausgeben.

Edikt (lat.) Verordnung, amtlicher Erlaß.

effektiv (lat.) wirksam, tatsächlich, greifbar.

effektive Rechtfertigung die traditionelle katholische Form der Rechtfertigungslehre; der Sünder wird nicht für gerecht erklärt, sondern tatsächlich gerecht gemacht, indem er in den Sakramenten Taufe und Buße die heiligmachende Gnade und damit ein neues Sein empfängt, aufgrund dessen er nicht mehr im eigentlichen Sinne Sünder ist. Gg: → forensische Rechtfertigung. Inzwischen hat man erkannt, daß Gerechterklärung und Gerechtmachung im Geschehen der Rechtfertigung zusammengehören.

Egoismus (lat.) Ichsucht, Ichbezogenheit, Eigenliebe (Gg: → Altruismus).

egozentrisch (lat.) alles nur auf sich beziehend, auf das eigene Wohl konzentriert.

Eidetik (gr.) Theorie über die Fähigkeit, früher Geschehenes oder Gesehenes ohne äußeres Objekt erneut als Wahrnehmung zu erleben und mit vielen Einzelheiten wiederzugeben (gr. eidos »Bild«). Besonders Kinder verfügen über diese Fähigkeit und sollten dafür nicht der Lüge bezichtigt werden.

Eigenkirchenwesen im frühen germanischen Mittelalter die volle vermögensrechtliche Verfügungsgewalt des Grundherren über die auf seinem Boden errichtete Kirche.

Einheitsübersetzung Übersetzung der Bibel ins Deutsche, die von der römisch-katholischen Kirche und der Evangelischen Kirche in Deutschland gemeinsam erarbeitet und 1979/80 veröffentlicht wurde.

Einleitungswissenschaft theologisches Fachgebiet, das sich mit der Entstehung der einzelnen biblischen Bücher, ihrer Zusammenfassung zum Kanon und ihrer Textüberlieferung befaßt; biblische Literaturgeschichte.

Einsegnung in evangelischen Kirchen vom zuständigen Amtsträger innerhalb eines Gottesdienstes unter Handauflegung vorgenommene Segnung einer Person zu einem bestimmten Dienst, etwa dem eines Diakons. Manchmal wird auch die → Konfirmation Einsegnung genannt.

Ekklesiologie (gr.) »Lehre von der Kirche«.

Eklektiker (gr.) »Auswähler«, ein Mensch, der nicht schöpferisch ist, sondern aus Vorhandenem auswählt und zusammenstellt. Ein Philosoph, der kein originales philosophisches System aufstellt, sondern die Ergebnisse der Denkarbeit anderer prüft und aus verschiedenen Systemen das ihn Ansprechende auswählt.

Eklektizismus (gr.) das Verfahren des → Eklektikers.

Ekstase (gr.) »Aus-sich-Heraustreten«, das Außersichsein, Verzückung, Erregungszustand.

Ektenie (gr.) eindringliches Fürbittegebet.

El (hebr.) biblische Bezeichnung für Gott (Mehrzahl: Elohim).

Elaborat (lat.) etwas mehr oder minder mühsam Ausgearbeitetes (oft abschätzig verwendet, »Machwerk«).

Elativ (lat.) absoluter Superlativ; bezeichnet ohne Vergleichsgröße einen sehr hohen Grad, z.B. »Liebste Mutter!«, »aufs empfindlichste«, »herzlichste Grüße«.

Eleaten Philosophenschule in der griechischen Siedlung Elea in Unteritalien um 500 v.Chr. Hauptvertreter: Xenophanes, Parmenides, Zenon. Die Eleaten lehrten die Einheit, Ewigkeit und Unveränderlichkeit des Seins; Vielheit, Werden und Bewegung der Dinge beruhe auf Sinnestäuschung.

Electi (lat.) »die Erwählten«; bei den Manichäern der engere Kreis der Vollkommenen.

eleison (gr.) Erbarme dich!

Element (gr.-lat.) Urstoff, Letztteil, Grundbestandteil. Beim Abendmahl: Brot und Wein.

Elevation (lat.) »Erhebung«; beim katholischen Gottesdienst die Hochhebung der Hostie und des Kelches nach der Wandlung. Im Spiritismus die Aufwärtsbewegung schwerer Gegenstände (etwa eines Tisches) ohne natürliche Ursache.

Elohist (hebr.-lat.) unbekannter Verfasser einer vermuteten Quellenschrift des Pentateuch (nach seinem Gebrauch von »Elohim« für Gott; vgl. → Jahvist).

Emanation (lat.) der Ausfluß des Niederen aus dem Höheren. Meinung griechischer Denker, die Welt sei durch ein Ausfließen aus der göttlichen Substanz hervorgegangen, und zwar in absteigenden Stufen, wie der Lichtstrahl abnimmt, je mehr er sich von der Lichtquelle entfernt.

Emanzipation (lat.) ursprünglich: die vorzeitige Entlassung aus der Gewalt des Hausvaters. Heute: das Ringen um Gleichberechtigung und Verselbständigung (der Frau, der Farbigen usw.).

Emblem (gr.-franz.) Wahrzeichen, Sinnbild.

Emendation (lat.) textkritische »Verbesserung«; Einfügung einer Lesart, die textgeschichtlich nicht bezeugt ist, aber dem ursprünglichen Text am nächsten zu kommen scheint.

Emeritus (lat.) »Ausgedienter«, aus Altersgründen in den Ruhestand versetzter Geistlicher (oder Professor).

Emigrant (lat.) Auswanderer (aus konfessionellen oder politischen Gründen).

eminent (lat.) »hervorragend«, außerordentlich.

Eminenz (lat.) »Hervorragung«, »Hoheit«; Titel der Kardinäle.

Emotion (lat.) Gemütsbewegung, seelische Erregung.

Empathie (gr.-engl.) verständnisvolles Einfühlen in die Empfindungen und das innere Erleben eines anderen Menschen, durch das dieser sich verstanden und angenommen fühlt.

Empirie (gr.) Erfahrung (Gg: → Theorie).

empirisch aus der Erfahrung herrührend, dem Experiment entnommen.

Empirismus Anschauung, daß alle Erkenntnis nur aus der Erfahrung stammt. Folgerung: Das Nichterfahrbare ist nicht wirklich, zum mindesten nicht erkennbar. So ist der Empirismus dem → Agnostizismus und dem → Positivismus verwandt.

Empore ein balkonartig in den Raum hineinragendes oder auf Stützen ruhendes Obergeschoß. Emporen, einfach und mehrstöckig und oft das ganze Kirchenschiff umziehend, sind charakteristisch für protestantische Barockkirchen und für Garnisonskirchen; im heutigen Kirchenbau dienen Emporen meist nur noch der Aufstellung von Orgel und Chor.

Enchiridion (gr.) Handbuch, Lehrbuch.

Encounter-Gruppe (engl.) »Begegnungsgruppe«; gruppenpädagogische Arbeitsmethode zur Vertiefung des Verständnisses für menschliche Verhaltensweisen (Selbsterfahrung), bei der spontane Äußerungen von Aggressionen, Sympathien und Antipathien von entscheidender Bedeutung sind.

Endogamie (gr.) Heiratsordnung, nach der die Ehefrau aus dem gleichen sozialen Verband (Stamm, Kaste) stammen muß (Gg: → Exogamie).

Engagement (franz.) das innere Beteiligtsein, der mit Opfern verbundene Einsatz für eine Überzeugung.

Enhypostasie (gr.) altkirchliche, im 6. Jh. entwickelte Lehre, daß die menschliche Natur Christi nur »in« seiner göttlichen »Person« existiert, also kein selbständiges Wesen hat (vgl. → Anhypostasie).

Enkratiten (gr.) Christen in der alten Kirche, die sich grundsätzlich tierischer Nahrung, des Alkohols und des Geschlechtsverkehrs enthielten (gr. enkrateia »Enthaltsamkeit«).

ens (lat.) ein bei den Scholastikern gebräuchliches Partizip von esse »sein«; das Seiende, das Ding.

ens reale (lat.) das wirkliche, in seiner Existenz vom Denken nicht abhängige Ding.

ens realissimum (lat.) das allerwirklichste Wesen, der Inbegriff der Realität = Gott.

Entelechie (gr.) das, was die Vollendung als Ziel (telos) in sich hat. Bei Aristoteles die zielstrebige, zur Vollendung drängende Tätigkeit, besonders die Formkraft im Lebewesen; ähnlich → Finalität.

Enthusiasmus (gr.) Gottbegeisterung. Eine Seinsweise, in welcher der Mensch sich von einer guten, begnadenden Übermacht (Gott) ergreifen läßt.

Entmythologisierung von Rudolf Bultmann 1941 entworfenes Programm zur zeitgemäßen Auslegung des Neuen Testaments. Es geht davon aus, daß die neutestamentliche Verkündigung dem antiken Weltbild entsprechend mythologisch geformt sei, d.h. Jenseitig-Göttliches als Diesseitig-Menschliches beschreibe. Damit sie den heutigen Menschen noch ansprechen könne, müsse sie mittels einer → existentialen Interpretation von ihrem mythischen Gewand, zu dem auch die leibhafte Auferstehung Jesu gehört, gelöst werden.

Enuma elisch babylonisches Weltschöpfungsepos.

Enzyklika (gr.) Päpstliches Rundschreiben an alle Gläubigen (mit Lehrentscheidungen).

Enzyklopädie (gr.) ein Werk, das in übersichtlicher Weise über den Stand des Wissens auf allen Gebieten oder einem Einzelgebiet informiert. In der Theologie behandelt es die innere Einheit der Theologie und den Zusammenhang ihrer Disziplinen.

enzyklopädisch allgemeinwissenschaftlich, umfassend.

Enzyklopädisten die Herausgeber und Mitarbeiter der französischen »Encyclopédie ou Dictionnaire raisonné des sciences, des arts et des métiers« (28 Bände, 1751 begonnen), u.a. Diderot, Rousseau, Voltaire. Von diesem Werk ging eine starke Wirkung im Sinn der Aufklärung aus.

eo ipso (lat.) sowieso, schon an sich verständlich.

Eparchie (gr.) Byzantinische Provinz; Diözese der Ostkirche.

ephemẹr(isch) (gr.) eintägig, einen Tag dauernd, vorübergehend, kurzlebig.

Ẹphorus (gr.) in verschiedenen (reformierten) Kirchen Bezeichnung für einen »Superintendenten«; auch Dienstbezeichnung für den Leiter eines Predigerseminars oder eines Konvikts.

Epiklese (gr.) »Anrufung«; Gebet zu Gott um die Gabe des Heiligen Geistes. In der ostkirchlichen Liturgie erfolgt sie bei der Feier der → Eucharistie nach den Einsetzungsworten und in dem Verständnis, daß das Herabkommen des Heiligen Geistes die Elemente von Brot und Wein in den Leib und das Blut Christi verwandeln.

Epikureịsmus die auf den griechischen Philosophen Epikur (341–271 v.Chr.) zurückgehende Haltung, die durch vernünftige Abwägung der Genüsse und durch Selbstbeherrschung das Glück des Weisen erreichen will: die unerschütterliche »Seelenruhe«

(Ataraxie). Im abwertenden Sinn bedeutet Epikureer (auch: Epikuräer) soviel wie Genußmensch.

Epilog (gr.) »Nachwort«, Schlußrede, Ausklang.

Epiphänomen (gr.) Begleiterscheinung.

Epiphanias (gr.) Name eines der ältesten kirchlichen Feste (6. Januar), sicher bezeugt seit dem 4. Jh., an dem sowohl die Geburt als auch die Taufe Jesu gefeiert wurde, gelegentlich auch die Anbetung der Weisen aus dem Morgenland und das Weinwunder zu Kana.

Epiphanie (gr.) »Erscheinung«, in den antiken Religionen Bezeichnung für das Erscheinen eines Gottes (vgl. Theophanie), im Christentum bezogen auf die Erscheinung Gottes in Jesus Christus.

Epipompe (gr.) »Hinsendung«; ein Gebet, in dem ein Übel auf den Feind herabgerufen wird.

Episcopus (gr.-lat.) »Aufseher«, Bischof.

Epistemologie (gr.-neulat.) Wissenslehre (weitgehend synonym mit → Erkenntnistheorie).

Episkopat (gr.) Bischofsamt, auch Gesamtheit der Bischöfe.

Episkopalismus Anschauung, daß die entscheidende Gewalt in der Kirche bei den Bischöfen liegen müsse (vgl. → Konziliarismus, → Papalismus, → Kurialismus, → Kongregationalismus, → Presbyterianismus).

Epistel (gr.-lat.) »Brief«, Sendschreiben, im christlichen Sprachgebrauch: Brief des NT oder auch gottesdienstliche Lesung aus einem Brief des NT.

Epistolar (gr.-lat.) Handbuch (Lektionar) mit den gottesdienstlichen Epistel-Abschnitten.

Epistula Apostolorum (lat.) Brief der Apostel (apokryphes und pseudepigraphes, um 170 n.Chr. in Kleinasien entstandenes Schreiben, in dem die elf Apostel allen Christen Gespräche mitteilen, die sie mit Jesus nach der Auferstehung führten).

epistulae paschalis (lat.) → Osterfestbriefe.

Epistulae virorum obscurorum (lat.) »Dunkelmännerbriefe«; von einigen jüngeren Humanisten 1515 und 1517 in zwei Teilen herausgegebene Spottschrift über die scholastische Universitätsgelehrsamkeit, eine der gelungensten Satiren in der deutschen Literaturgeschichte.

Epitaph (gr.) Grabmal mit Inschrift, Gedenktafel.

Epithet, Epitheton (gr.) als Beifügung gebrauchtes Eigenschaftswort.

Epitheton ornans (gr.-lat.) »schmückendes«, formelhaftes, immer wiederkehrendes Beiwort.

Epitome (gr.) Auszug aus einem Schriftwerk.

Epoche (gr.-lat.) 1. (wenn man die zweite Silbe betont:) größerer Zeitabschnitt; 2. (wenn man das Schluß-e betont:) Zurückhalten des Urteils.

Eranos (gr.) »Mahlzeit«; geschlossene Vereinigung zu verschiedenen höheren (auch religiösen) Zwecken.

Erbsünde von Augustin begründete Lehre, daß alle Menschen durch Zeugung und Geburt in den Schuld- und Strafzustand Adams versetzt worden sind und so Begierde, Unwissenheit und Sterblichkeit »geerbt« haben. Nach lutherischer Lehre (vgl. Confessio Augustana Art. II) ist sie die den Menschen »angeborene Seuche«, »daß sie alle von Mutterleib an voll böser Lust und Neigung sind und von Natur keine wahre Gottesfurcht, keinen wahren Glauben an Gott haben können«. Auch der reformierte Heidelberger Katechismus (Frage 7) lehrt, daß »unsere Natur« durch den Fall und Ungehorsam Adams und Evas im Paradies »also vergiftet worden, daß wir alle in Sünden empfangen und geboren werden«. Obwohl die Stellen Psalm 51,7 und Röm. 5,12, auf die sich die Lehrer der Erbsünde immer wieder beriefen, keine ausreichende Grundlage für sie bieten, bewahrt die Erbsündenlehre die wesentliche biblische Erkenntnis, daß Sünde nicht nur eine einzelne persönliche Tat, sondern auch ein überpersönliches Verhängnis, eine unentrinnbare Seinsweise ist.

Eremit (gr.) Einsiedler, Klausner.

Erfahrungstheologie Bezeichnung für die in Erlangen von etwa 1830–1895 vertretene neulutherische Erweckungstheologie (besonders Harless, Hofmann, Frank), deren Vertreter durch die persönliche Wiedergeburtserfahrung zur Aneignung des heilsgeschichtlichen Zeugnisses der Bibel und des wesentlichen Gehaltes der lutherischen Bekenntnisschriften geführt worden waren; sie vertraten daher die Überzeugung, daß der gesamte Inhalt der kirchlichen Verkündigung in der Heilsgewißheit jedes einzelnen Christen beschlossen ist und aus ihr heraus entfaltet werden kann.

Ergänzungshypothese Vermutung über die Entstehung des Pentateuch, derzufolge eine → elohistische Grundschrift durch den → Jahwisten ergänzt und so in die jetzige Gestalt gebracht wurde (1830 durch Stähelin und Ewald begründet).

Erinnyen (gr.) »die Grollenden«; in der griechischen Mythologie Göttinnen der Rache.

Eristik (gr.) Kunst des Streitgesprächs, der apologetischen Gesprächsführung.

eritis sicut Deus (lat.) »Ihr werdet sein wie Gott« (1. Mose 3,5).

Erkenntnistheorie philosophische Disziplin, die nach Wesen, Ursprung, Reichweite und Gewißheit menschlicher Erkenntnis fragt. Erkenntnis wird dabei als Erfassen eines Objekts durch ein Subjekt verstanden. Durch R. Descartes kam die E. in der Neuzeit zur dominierenden Stellung unter den philosophischen Disziplinen und erreichte ihren Höhepunkt bei J. Locke und D. Hume (beides Vertreter des → Empirismus) sowie bei I. Kant (→ Transzendentalphilosophie).

Erlanger Theologie → Erfahrungstheologie.

Eros (gr.) durch Liebe geweckter schöpferischer Urtrieb; bei Plato der Drang zum Schönen und Guten (nach dem griechischen Gott der Liebe).

eruieren (lat.) herausbringen, ermitteln.

Erweckungsbewegung Belebung der Frömmigkeit im Protestantismus am Anfang des 19. Jh.s, beeinflußt sowohl durch den älteren deutschen Pietismus als auch durch den angelsächsischen Methodismus und Baptismus. Sie führte in Deutschland zu einer regional unterschiedlichen Vertiefung des kirchlichen Lebens, zum Einsatz für Evangelisation, Heidenmission und Diakonie, zur Bildung von Freikirchen und Landeskirchlichen Gemeinschaften sowie zur Stärkung des Neu-Luthertums (→ Erfahrungstheologie).

Erzengel die ranghöchsten Engel Michael, Gabriel, Raffael und Uriel (die Vorsilbe Erz- hat mit Mineral oder Gestein nichts zu tun, sondern stammt vom gr. archê »Anführung, Obrigkeit« her; ein E. ist also einer der »obersten« Engel, so wie ein Erzbischof ein »oberster« Bischof ist).

Eschatologie (gr.) Lehre von den letzten Dingen, Botschaft von der christlichen Hoffnung und der Vollendung, adj. eschatologisch (in der Aussprache wird das sch getrennt: Es-chatologie); vgl. → Protologie.

esoterisch (gr.) »nach innen gewandt«; Bezeichnung einer Lehre, deren Inhalt nur nach besonderer Vorbereitung erkannt werden kann und die daher nur einem kleinen Kreis von »Eingeweihten« zugänglich ist (Gg: → exoterisch).

Essener, Essäer (hebr.-gr.) Glieder einer jüdischen Sondergruppe des 1.–3. Jh.s v.Chr. mit mönchartigem Gemeinschaftsleben. Vgl. → Qumranschriften.

essentiell (lat.) wesentlich, wesensmäßig, unabtrennbar (Gg: akzidentiell).

Essenz, Essentia (lat.) das Wesen einer Sache; das »Sosein« im Gegensatz zum »Dasein« (existentia); die Besonderheit, die ein Einzelwesen zu dem macht, was es ist.

Established Church (engl.) die englische Staatskirche (to establish »einrichten, festsetzen«).

Estomihi (lat.) »Sei mir (ein starker Fels)«; Name des Sonntags nach Sexagesimae (nach Psalm 71,3).

Ethik (gr.) Lehre von den sittlichen Pflichten (den Ordnungen, der Moral).

Ethnarch (gr.) Statthalter, abhängiger »Volksfürst«.

Ethos (gr.-lat.) das Ganze der moralischen Gesinnung und der sittlichen Lebensgrundsätze.

etsi Deus non daretur (lat.) »als ob es Gott nicht gäbe«. Die Formel geht auf Hugo Grotius zurück, der 1625 feststellte: Naturrecht und Staatsrecht besäßen Gültigkeit, auch wenn Gott nicht existierte.

Etymologie (gr.) vergleichende Sprachwissenschaft, Lehre von der Abkunft und Bedeutung der Wörter (gr. etymos »wahr, echt«).

Eucharistie (gr.) »Danksagung«, speziell: das große Dankgebet bei der Feier des Abendmahls, von daher Bezeichnung für die Mahlfeier selbst.

Eucharistischer Kongreß internationale katholische Tagung zur Förderung der Verehrung der Eucharistie (erstmals 1881).

Euchiten → Messalianer.

Eudämonismus (gr.) Glückseligkeitslehre; eine Lebensanschauung, die das Glück zum Maßstab des Tuns und Lassens macht (gr. eudaimonia »Glückseligkeit«).

Eugenik (gr. eugenes »wohlgeboren, edel«) die Wissenschaft von den Einwirkungen der Umwelt auf die Erbanlagen. Die Eugenik umfaßt medizinische, pädagogische, soziologische und bevölkerungspolitische Gesichtspunkte; ihr Ziel ist die Entfaltung und Verbesserung der Rasseneigentümlichkeiten eines Volkes zum Wohle des Ganzen, die Verhinderung ungünstiger Erbsprünge (Mutationen) etwa durch Strahleneinwirkung oder Genußgifte und die Förderung positiver Auslesevorgänge. In Deutschland begegnet die Eugenik wegen des Mißbrauchs, der in der NS-Zeit mit der »Rassenhygiene« getrieben wurde, starken Bedenken; die Problematik liegt allgemein in ihren ausschließlich biologischen Wertmaßstäben, die nicht notwendig Allgemeingültigkeit beanspruchen können.

Eulogie (gr.-lat.) kirchlicher Segensspruch, Weihegebet. In der orthodoxen Kirche das nicht zur Kommunion benötigte gesegnete Brot, das nach dem Gottesdienst verteilt wird.

Eumeniden (gr.) »die Wohlwollenden«, Schmeichelwort für die → Erinnyen.

Eunuch (gr.) »Betthüter«; Haremswächter, durch Kastration zeugungsunfähiger Mann; aber auch: wichtiger Hofbeamter, Kämmerer.

Euphemismus (gr.) beschönigendes oder verhüllendes Wort (etwa »Freitod« statt »Selbstmord«).

Euphorie (gr.) gesteigertes Wohlgefühl; Zustand überbetonter Lustigkeit nach Genuß von Rauschgiften und bei bestimmten Geisteskrankheiten.

Eusebianer Anhänger des Bischofs Eusebius von Nikomedien (gest. 341), die mit dem Nicaenum nicht einverstanden waren und dessen Befürworter, besonders Bischof Athanasius, kirchenpolitisch und dogmatisch bekämpften. Sie spalteten sich nach 356 n.Chr. in → Homöer und → Homöusianer.

Euthanasie (gr.) »schöner Tod«;

ärztliche Sterbehilfe; mit betäubenden Mitteln vorgenommene Erleichterung des Ablebens; auch aktives Beenden kranken oder versehrten Lebens. In der NS-Zeit wurde ein schreckliches Euthanasie-Programm durchgeführt, in dem sog. »lebensunwertes Leben« vernichtet wurde. Während die christlichen Ethiker heute eine aktive Beendigung oder Verkürzung menschlichen Lebens ablehnen, kritisieren sie jedoch ebenfalls eine künstliche Lebensverlängerung bei Sterbenden und einen unverhältnismäßigen Einsatz medizinischer Mittel.

Eutychianer auf den Archimandriten Eutyches (Mitte des 5. Jh.s) zurückgehende theologische Richtung, die dem Sohn Gottes nur eine, nämlich die göttliche Natur zusprach und auch seinen Leib als nicht menschlich, sondern göttlich bezeichnete (auch → Monophysitismus genannt); wurde vom → Chalcedonense verurteilt.

Evangeliar (gr.-lat.) Evangelienbuch mit den Lese- und Predigttexten für den Gottesdienst; als mittelalterliche Handschriften überliefert.

Evangelienharmonie künstlich durch Ineinanderfügung der sich ergänzenden Abschnitte aus den vier Evangelien entstandenes Einheitsevangelium.

evangelikal Bezeichnung für eine seit den 50iger Jahren des 20. Jh.s wachsende geistliche Strömung, in der sich Pietismus, Freikirchentum, Bekenntnisbewegung und angelsächsische Evangelisationsbewegung miteinander verbinden. Ihre Kennzeichen sind die verpflichtende Bindung an die Bibel als Wort Gottes, die Überzeugung von der Notwendigkeit einer persönlichen Bekehrung, das Engagement für Mission und die Bereitschaft zur konfessionsübergreifenden Zusammenarbeit.

Evangelisation missionarische Verkündigung des Evangeliums für Menschen, die dem christlichen Glauben entfremdet sind.

evangelisch aus den vier biblischen Evangelien stammend; dem Evangelium (= der biblischen Heilsbotschaft) entsprechend; zum Protestantismus gehörend.

Evangelist Verfasser eines der 4 Evangelien; Verkündiger des Evangeliums, meist nicht an eine feste Predigtstätte gebunden.

Evangelium (gr.-lat.) »Gute Nachricht«; die Botschaft von Jesus Christus; die vier ersten Bücher des NT; gottesdienstliche Lesung aus den vier ersten Büchern des NT.

Evidenz (lat.) Deutlichkeit; unmittelbar einleuchtende Erkenntnis; unbestreitbarer, weil deutlich wahrnehmbarer Tatbestand.

Evolution (lat.) Entfaltung in allmählicher, ununterbrochener Entwicklung (Gg: Revolution = Umsturz des Bestehenden).

Ewiges Licht brennt fortwährend in jeder katholischen Kirche vor dem Allerheiligsten zum Zeichen für die

Anwesenheit der Hostie als Leib Christi.

ex cathedra (lat.-gr.) »vom Lehrstuhl (Petri) aus«; aus päpstlicher Vollmacht, unter Inanspruchnahme der Unfehlbarkeit.

ex officio (lat.) von Amts wegen, dienstlich.

ex opere operantis (lat.) »durch des Wirkenden Werk«; kraft dessen, was Spender oder Empfänger des Sakraments tun (in der katholischen Lehre Bezeichnung für die subjektive Haltung der am Sakrament Beteiligten, vor allem dafür, daß der Sakramentsempfänger der Gnade kein Hindernis entgegensetzen darf; diese subjektive Einstellung ist zwar Vorbedingung der Gnadenmitteilung, aber nicht ihre Ursache; Ursache der Gnade ist allein die vollzogene sakramentale Handlung, → ex opere operato).

ex opere operato (lat.) »durch das gewirkte Werk«, kraft der vollzogenen sakramentalen Handlung (in der katholischen Lehre Bezeichnung für die objektive Wirksamkeit der Sakramente: Sie verleihen die Gnade nicht aufgrund des Glaubens oder der Heiligkeit der als Empfänger oder Spender beteiligten Personen, → ex opere operantis, sondern allein aufgrund des recht vollzogenen Ritus; die Reformatoren haben demgegenüber betont, daß Gottes Gnade nur durch den Glauben empfangen werden kann).

ex voto → Votum

exaltiert (lat.) überspannt, aufgeregt.

Exarch (gr.) Vertreter des Patriarchen oder Metropoliten für ein bestimmtes Gebiet (in der Diaspora).

Exaudi (lat.) »Erhöre!« Bezeichnung des Sonntags vor Pfingsten (nach Psalm 27,7).

Exegese (gr.) Auslegung, Bibelerklärung.

Exekration (lat.) Verwünschung.

exemt (lat.) aus der Befehlsgewalt des nächsten Vorgesetzten herausgezogen und einer höheren Stelle direkt unterstellt (von Bischöfen und Klöstern).

Exequien (lat.) Totenfeier mit Totenmesse.

Exerzitien (lat.) gemeinsame geistliche Übungen im Katholizismus (nach dem Vorbild des Ignatius von Loyola).

Exhibition (lat.) Entblößung, Zurschaustellung.

Exhortation (lat.) Ermahnung, Abendmahlsvermahnung.

exhumieren (lat.) einen Leichnam wieder ausgraben.

Exil (lat.) Verbannung, Verbannungsort.

exilisch (lat.) im Exil entstanden, vom Geist der Exilszeit geprägt (meist auf die → Babylonische Gefangenschaft der Juden 586–537 v.Chr. bezogen).

Existential (lat.) in der heutigen Philosophie die den Menschen in seinem eigentlichen Wesen bedrohenden oder befreienden, sein Menschsein erst ausmachenden Gegebenheiten: Geburt, Tod, Liebe, Angst, Sorge, Freude u.ä.

Existentiale Interpretation von Rudolf Bultmann in Weiterführung der Gedanken Kierkegaards und Heideggers geforderte Auslegung des Neuen Testaments, die dessen Botschaft (Kerygma) in ihrer »Bedeutsamkeit« für den heutigen Menschen, verstehen lehren will. Die Auslegung fragt nach dem Existenzverständnis des Verfassers und will dieses Existenzverständnis als Möglichkeit auch des Hörers und Lesers sichtbar machen; der Hörer soll sich über den Abstand der Jahrtausende hinweg in dieselbe Entscheidung gerufen sehen, vor die Jesus seine Zeitgenossen gestellt hat: ihr Leben, d.h. sich selbst zu gewinnen oder zu verlieren. Da eine solche Interpretation die sog. → Entmythologisierung der Bibel erforderlich macht, wird ihr von Gegnern vorgeworfen, statt von Gott und seinem Handeln außerhalb des Menschen sei nur noch von Grundbefindlichkeiten des Menschen die Rede.

Existentialismus → Existenzphilosophie.

existentiell (lat.-franz.) auf das unmittelbare und wesenhafte Dasein des Menschen bezogen; von einer Wahrheit persönlich ergriffen und mit ihr Ernst machend.

Existenz (lat. existere »entstehen, auftreten, werden«); das »Dasein« im Gegensatz zum »Sosein« (Essenz); die allen Wesen gemeinsame Eigenschaft ihres Vorhandenseins in der Welt.

Existenzanalyse von Victor Frankl (1905–1997) entwickelte Psychotherapie, welche die Biographie eines Menschen besonders unter den Sinn- und Wertaspekten analysiert. Die eng mit der E. verbundene → Logotherapie möchte dem an unerfülltem Sinn leidenden Menschen helfen, Sinn zu finden, und zwar nicht nur im Bezug zu Arbeit, Liebe oder Familie, sondern etwa auch zu unabänderlichen Leidenssituationen.

Existenzphilosophie eine zwischen den Weltkriegen entstandene, an Kierkegaard orientierte philosophische Richtung; begründet von Karl Jaspers und Martin Heidegger, in Frankreich weitergeführt von Jean Paul Sartre, Simone de Beauvoir und Albert Camus (atheistischer Existentialismus) sowie von Gabriel Marcel (christlicher Existentialismus). Die Erschütterung des ersten Weltkrieges führte zur Entdeckung der unbestimmbaren Angst als einer Grunderfahrung des Menschen, die nicht dadurch überwunden werden kann, daß der Mensch sich auf irgendeine Weise zu sichern sucht, sondern nur dadurch, daß er aus der Unbewußtheit seiner selbst erwacht, seine Existenz nicht als Vorhandensein, sondern als Vollzug begreift und lebt und so zu seiner Eigentlichkeit findet; das geschieht angesichts des unaufhaltsam auf den Menschen zukommenden Todes im Wagnis des vollen Einsatzes in ständig neuen Entscheidungen. Die Existenzphilosophie ist eine Absage an jene Ordnungen und Wertsysteme, die eine trügerische Sicherheit vorspiegeln.

Existenztheologie die theologische Ausprägung der Existenzphilosophie, die sich neben Kierkegaard stark auf Luther beruft (besonders die Bultmannschule und Gogarten); sie führt zur Forderung einer »existentialen Interpretation« des Neuen Testaments. Kennzeichnend für sie ist einerseits die These, daß Gott unverfügbar und es unangemessen sei, in menschlichen Kategorien (Aussageweisen) von ihm zu reden (→ Entmythologisierung), andererseits die Forderung persönlicher Betroffenheit beim Reden von Gott; der Mensch kann also nicht von »Gott an sich«, sondern glaubhaft nur von »Gott für mich« reden. Die Existenztheologie lehnt jede Selbstsicherung des Menschen (durch verdienstliche Werke oder objektiviertes, also sicheres Wissen) ab und stellt den Menschen allein auf den Glauben. Der Glaube sei aber mißverstanden, wenn man ihn als Besitz und nicht als immer neuen Gewinn im Vollzug der Entscheidung begreife.

exklusiv (lat.) abgesondert, ausschließlich.

Exkommunikation (lat.) Ausschluß aus der Gemeinschaft der Gläubigen und vom Sakramentsempfang; nach römisch-katholischem Recht eine »Strafe, durch die einem Getauften, der in verstockter Gesinnung ein Delikt begangen hat, gewisse geistliche oder mit diesen verbundene Güter so lange entzogen werden, bis er seine verstockte Gesinnung ablegt und die Lossprechung erhält« (CIC 224). Exkommunikation bedeutet aber nicht Ausschluß aus der Kirche oder von der Gnade Christi. Ein Exkommunizierter darf auch weiterhin der Predigt beiwohnen.

Exkurs (lat.) Abschweifung bei einer Darlegung; Einschub, der sich mit einer Einzelfrage befaßt.

Exodus (gr.-lat.) »Ausgang, Auszug«; Name für das 2. Buch Mose (nach dem Auszug Israels aus Ägypten).

Exogamie (gr.) Heiratsordnung, nach der die Ehefrau außerhalb des Stammes oder der Sippe gesucht werden muß (Gg: → Endogamie).

Exorzismus (lat.-gr.) Beschwörung und Austreibung des Teufels und böser Geister (früher oft in Verbindung mit der Taufe).

exoterisch (gr.) auch dem Nichteingeweihten verständlich, für Außenstehende bestimmt (Gg: → esoterisch).

explicite, explizit (lat.) »entfaltet«, ausdrücklich, ausführlich dargelegt (Gg: → implicite).

explizieren (lat.) erklären.

Exposition (lat.) Einleitung, Einführung. Im Katholizismus: feierliche Ausstellung des Altarsakraments.

expressis verbis (lat.) ausdrücklich, mit eindeutigen Worten.

expurgieren (lat.) Schriften von anstößigen Stellen reinigen.

exsekrieren (lat.) die Weihe eines Gegenstandes wegnehmen oder zerstören, Subst. Exsekration.

Exsurge, Domine (lat.) »Erhebe dich, Herr«; Anfangsworte der päpstlichen Bannandrohungsbulle gegen Luther (1520) nach Psalm 74,22.

extensiv (lat.) umfassend, der Ausdehnung nach, nach außen wirkend (Gg: intensiv).

Extra Calvinisticum (lat.) »das Calvinistische Außerhalb«, eine reformierte Anschauung, nach welcher der Logos (das göttliche »Wort«) nach der Vereinigung mit der menschlichen Natur nicht aufhört, auch außer ihr zu sein, daß also der Sohn Gottes, der in der Menschwerdung unser Fleisch annimmt, dennoch nicht in die begrenzte menschliche Natur eingeschlossen ist (Heidelberger Katechismus, Frage 48).

extra ecclesiam nulla salus (lat.) »außerhalb der Kirche (gibt es) kein Heil«; eine auf Origenes (gest. 254) und Cyprian (gest. 258) zurückgehende Formel, die den universalen Anspruch der römisch-katholischen Kirche ausdrückt, die einzige von Gott eingesetzte Heilsanstalt zu sein. Nachdem schon frühere Päpste von einer »unbewußten Hinordnung lauter gesinnter Seelen auf die sichtbare Kirche« sprachen und damit die Heilsbegrenzung auf Katholiken ablehnten, hat das 2. Vatikanische Konzil die enge Auslegung der alten Formel praktisch unhaltbar gemacht.

extra nos (lat.) »außerhalb von uns«; Gottes Wesen und sein Heilswerk sind nach reformatorischer Lehre unabhängig von allem menschlichen Glauben.

extra usum außerhalb des Gebrauchs

extra usum nullum sacramentum (lat.) »außerhalb des (rechten) Gebrauchs (sind die Abendmahlselemente) kein Sakrament«.

extramundan (lat.) außerweltlich.

extravagant (lat.) überspannt, verstiegen, übertrieben.

extrem (lat.) »äußerst«, zu weit getrieben, radikal.

Extremum (lat.) »das Letzte«, Sterbeglocke, Geläut bei der Beerdigung eines Gemeindegliedes.

extrinsisch (lat.) »von außen her«, nicht aus eigenen, inneren Gründen, sondern auf Grund äußerer Anstöße erfolgend (Gg: → intrinsisch).

Exulant (lat.) Vertriebener, Verbannter, insbesondere Bezeichnung der um ihres evangelischen Glaubens willen vertriebenen Böhmen und Salzburger.

Exzerpt (lat.) schriftlicher Auszug (aus einem Buch, einem Vortrag).

Ezechiel lateinische Bezeichnung für den Propheten Hesekiel.

F

facere quod in se est (lat.) »tun, was in ihm ist« = jeder soll tun, was ihm möglich ist (scholastischer Lehrsatz in der Erlösungslehre).

facultas utriusque (lat.) die Fähigkeit (des gefallenen Menschen), sich nach beiden Seiten hin zu entscheiden.

Faith and Order (engl.) Weltkonferenz für »Glaube und Kirchenverfassung«, erstmals 1927, seit 1948 Kommission im Ökumenischen Rat der Kirchen.

Fakir (arab.-türk.) »Armer«, Büßer, Asket, der durch Selbstquälerei das Wohlgefallen Gottes gewinnen will; in Indien: Gaukler.

Faksimile (lat.) »mach ähnlich!«, getreue Nachbildung einer Vorlage, z.B. einer Handschrift, eines Notenblattes. In der abgekürzten Form »Fax« bezeichnet es eine Fernkopie über Telefonleitungen.

Faksimiledruck originalgetreue Wiedergabe einer alten Handschrift oder eines alten Druckes.

Faksimilestempel Stempelunterschrift.

Faktizität (lat.) Tatsächlichkeit, Gegebenheit, feststellbare Wirklichkeit.

Fakultät (lat.) »Fähigkeit«; Hochschulwissenschaft, auch die Körperschaft der Dozenten und Studenten eines bestimmten Wissenschaftszweiges (Theologie, Medizin usw.).

fakultativ (lat.) freigestellt, wahlweise, dem eigenen Ermessen überlassen (Gg: → obligat, obligatorisch).

Familiaren (lat.) das Gesinde eines Klosters, das ebenfalls unter Gehorsamspflicht steht.

Famulus (lat.) Gehilfe eines Hochschullehrers oder Forschers; ein im Krankenhaus tätiger Medizinstudent.

Fanatiker (lat.) Eiferer, Glaubensschwärmer, Adj. fanatisch.

Fanatismus (lat.) leidenschaftlicher Eifer für eine Idee oder Sache, verbunden mit ausgesprochen unduldsamem Verhalten gegenüber Andersdenkenden.

fascinosum (lat.) die geheimnisvoll anziehende Kraft, die vom Göttlichen ausgeht (Gg: → tremendum).

Fasten von den ersten Christen aus dem Judentum (vgl. Matth. 6,16 und Luk. 18,12) übernommener Brauch (vgl. Matth. 4,2; Apg. 13,2 und 14,23; 2. Kor. 6,5 und 11,27) der zeitweisen völligen oder teilweisen Enthaltung von Nahrung aus Gründen der leiblichen Zucht und geistlichen Übung.

Fastenzeit die mit dem Aschermittwoch (Mittwoch vor dem Sonntag Invocavit) beginnende Vorbereitungszeit auf Ostern (Passionszeit, ca. 40 Tage).

Fasti (lat.) römischer Amts- und Festkalender.

Fasti dies (lat.) Tage des altrömischen Kalenders, an denen allein staatliche und gerichtliche Angelegenheiten erledigt werden durften.

Fatalismus (lat.) Anschauung, daß alles Geschehen unabänderlich schicksalhaft (lat. fatum »Schicksal«) vorausbestimmt ist; dieser Vorausbestimmung steht der menschliche Wille ohnmächtig gegenüber (vgl. → Determinismus).

Feedback (engl.) »Rückkoppelung, Rückmeldung«; in der Psychologie und besonders der → Gruppendynamik verwendeter Ausdruck. Ein Teilnehmer einer Gruppe (A) sagt einem anderen Gruppenmitglied B, wie er ihn erlebt. A stellt B seine Wahrnehmung zur Verfügung, da B auf Grund des »Blinden Flecks« einen Teil seiner Person und seines Verhaltens selber nicht wahrnehmen kann. Ein F. muß immer erbeten sein und freiwillig geschehen, darf nicht bewertend, sondern nur beschreibend und möglichst konkret formuliert werden und ist von → Übertragungen zu unterscheiden, was einer großen Übung bedarf.

Fegefeuer → Purgatorium.

Feministische Theologie (lat. femina »Frau«) die uneinheitliche Konzeption einer Theologie von Frauen für Frauen, die die bisher von Männern und ihren Denkformen bestimmte Theologie überwinden und so zur Befreiung der Frauen beitragen will. Sie entwickelt sich zum Teil als eine auf (weibliche) Schriftauslegung gründende und die theologische Überlieferung bedenkende Theologie, zum Teil aber auch als nachchristliche »Theologie«, die religionswissenschaftlich, philosophisch und psychologisch arbeitet. Verschiedentlich wird die »Mutter Erde« oder die »Heilige Geistin« an die Stelle des biblischen Vatergottes gesetzt und die biblische Lehre von der Sünde und dem sühnenden Kreuzestod Jesu zugunsten eines ursprünglichen Heilseins und Gutseins der weiblichen Natur beiseitegedrängt.

Fetisch (portugies.) ein in primitiven Religionen gebrauchter Gegenstand (aus Holz, Stein, in Form von Schnitzbildern usw.), von dem man Schutz gegen Geister, Dämonen und andere Umweltmächte erwartet (ähnlich → Amulett, → Talisman).

Feudalismus (german.-lat.) mittelalterliches System des Lehnwesens; eine Gesellschaftsordnung, die auf der Herrschaft der reichen Landbesitzer aufgebaut ist.

Fiale (gr.) schlankes, spitzes Türmchen als Bekrönung von Strebepfeilern in der gotischen Baukunst.

fiat (lat.) »es werde«, »es geschehe« (1. Mose 1,3).

Fideismus (lat.) Anschauung, daß die christlichen Wahrheiten der vernunftmäßigen Erkenntnis entzogen und nur dem Glauben zugänglich seien.

fides carbonaria (lat.) »Köhlerglaube«; andere Bezeichnung für die → fides implicita; beruht auf einer Erzählung M. Luthers, in der ein Köhler bekennt: ›Ich glaube, was die Kirche glaubt‹.

fides justificationis (lat.) der rechtfertigende Glaube.

fides historica (lat.) »der geschichtliche Glaube«; das Für-wahr-Halten der biblischen Heilsgeschichte, das in den rechtfertigenden Glauben eingeschlossen ist, aber nicht mit ihm verwechselt werden darf. Der rechtfertigende Glaube als Vertrauen auf Gottes Zusage ist eine Sache des Herzens, nicht nur des Verstandes.

fides implicita (lat.) »der eingewickelte Glaube«, auch »umhüllter« oder »verdeckter Glaube« genannt; die römisch-katholische Lehre, daß selbst der einfältigste Christ den ganzen Offenbarungsinhalt glaubt, auch wenn er ihm größtenteils unbekannt ist. Dies geschieht, indem der Einfältige bekennt: ›Ich glaube, was die Kirche glaubt‹. Im Glauben an den Kirchenglauben sind alle einzelnen Offenbarungswahrheiten eingeschlossen. M. Luther hat einen solchen Glauben »Köhlerglauben« (→ fides carbonaria) genannt und als eine Unterwerfung des Glaubens unter menschliche Gesetzgebung kritisiert.

fides salvifica (lat.) der seligmachende Glaube.

fides ex auditu (lat.) der Glaube, der aus dem Hören kommt (gemäß Röm. 10,17 in der → Vulgata).

fides qua creditur (lat.) »der Glaube, mit dem geglaubt wird«, die subjektive Glaubenshaltung, das Vertrauen zu Gott, abgesehen von einzelnen Glaubensaussagen.

fides quae creditur (lat.) »der Glaube, welcher geglaubt wird«, der objektive Inhalt der christlichen Lehre.

fides, spes, caritas (lat.) Glaube, Hoffnung, Liebe (1. Kor. 13,13).

fiducia (lat.) »Vertrauen«.

Fiduzialglaube (lat.-dt.) Glaube als Vertrauen (und nicht als bloßes Fürwahrhalten).

figürlich, figurative (lat.) als Redefigur, sinnbildlich.

Fiktion (lat.) Annahme, Unterstellung, Erdichtung.

fiktiv erdichtet, auf einer Fiktion beruhend.

Filialgemeinde (lat. filia »Tochter«) Gemeinde mit eigener Kirche, die mit der Muttergemeinde verbunden ist und von ihr betreut wird.

Filigran (lat.-ital.) Zierwerk aus feinem Gold- oder Silberdraht.

filioque (lat.) »und aus dem Sohn«; ein Zusatz, der Ende des 8. Jh.s unter dem maßgeblichen Einfluß Karls d.Gr. in das nicaeno-konstantinopolitanische Glaubensbekenntnis eingefügt wurde und besagt, daß der Heilige Geist aus dem Vater »und aus dem Sohn« hervorgeht. Das »filioque« stieß auf den Widerstand der griechischen Kirche, die darin die Behauptung sah, daß der Sohn dem Wesen des Vaters näher stehe als der Geist, während die abendländische Theologie auf diese Weise das Wirken des Geistes an die geschichtliche Gottesoffenbarung in Christus binden wollte. In jüngerer Zeit bemüht man sich um eine theologische Überwindung des Konflikts.

Finalität (lat.) Zielgerichtetheit, das Bestimmtsein eines Seienden von seinem Ende, seinem Ziel her, so daß das Woher der Bewegung die im Anfang schon wirkende Kraft des Zieles ist (vgl. → Kausalität).

fingiert (lat.) vorgetäuscht, erdichtet, bloß angenommen.

finitum capax infiniti (lat.) »das Endliche ist fähig, das Unendliche zu fassen«; eine Formel der lutherischen Theologie, der die Reformierten mit dem Satz »finitum non capax infiniti« entgegentraten.

Firmung (lat.) Sakrament der Einsegnung im Katholizismus (Segnung und Salbung des Firmlings durch den Bischof, etwa im 10. Lebensjahr vollzogen).

Flacianer theologische Anhängerschaft des M. Flacius Illyricus (gest. 1575), auch → Gnesiolutheraner genannt.

Flagellant mittelalterlicher Büßer, der sich selbst mit Peitschen schlug (Bruderschaft der Geißelbrüder).

Florilegium (lat.) »Blütenlese«, Anthologie, Sammlung von Gedichten oder Aussprüchen verschiedener Verfasser.

Focusing (engl. to focus »scharf einstellen, bündeln, konzentrieren, richten auf«) eine Weiterentwicklung der → Gesprächspsychotherapie, die unterdrückte und unklare Empfindungen zugänglich machen will, indem sie das Unbewußte durch Bewegungen, Handlungen und Körperwahrnehmungen körperlich erfahrbar macht. Voraussetzung ist die Überzeugung, daß unterdrückte Empfindungen im Körper erinnert werden.

Föderaltheologie (lat.) Richtung in der (reformierten) Theologie, die die Glaubenslehre auf der Unterscheidung von Werkbund und Gnadenbund Gottes mit den Menschen aufbaut.

Folklore (engl.) »Wissen des Volkes«, die volkhaften Überlieferungen und Brauchtümer (vor allem: Lied, Sage, Tanz, Tracht).

forensisch (lat.) das (jüngste) Gericht betreffend (forum »Gericht«); juristischer Denkweise entsprechend.

forensische Rechtfertigung die traditionell protestantische Form der Rechtfertigungslehre; kraft der richterlichen Vollmacht Gottes erfolgender Freispruch des im göttlichen Gericht für schuldig befundenen Sünders, der ein Sünder bleibt; der sündige Mensch wird nicht zunächst gerecht gemacht, sondern trotz seiner Sünde unter Anrechnung der Gerechtigkeit Christi für gerecht erklärt; Gg: → effektive Rechtfertigung. Man hat inzischen erkannt, daß Gerechterklärung und Gerechtmachung im rechtfertigenden Handeln Gottes wohl unterschieden werden müssen, aber nicht getrennt werden dürfen.

Formalismus (lat.) Überbetonung des rein Formalen.

Formalprinzip reformatorischer Grundsatz über die Bibel als das Gefäß (Form), das die seligmachende Lehre enthält (vgl. → Materialprinzip).

Formalstufen sinnvoller Fortgang einer Unterrichtsstunde: Vorbereitung, Darbietung, Verknüpfung, Zusammenfassung, Anwendung (auf die Pädagogen Herbart und Ziller zurückgehend).

Formgeschichte untersucht als Arbeitsweise der Exegese, welche literarischen Formen sich in der Bibel finden. Sie trennt die alten Überlieferungen von ihrer redaktionellen Einfügung in die uns vorliegenden Schriften und beschreibt den Weg dieser Überlieferungen von ihren vorliterarischen, mündlichen Zuständen bis zur literarischen Festlegung. Mündliche Überlieferungen und schriftliche Kleintexte werden dabei bestimmten Gattungen zugeordnet, die jeweils auch einen bestimmten »Sitz im Leben« haben (Gottesdienst, Missionspredigt, Lehre, Polemik u.ä.).

Formula Concordiae → Konkordienformel.

Forum (lat.) im alten Rom ein freier Platz, der für Gerichtsverhandlungen und Volksversammlungen bestimmt war; allgemein: zur Beurteilung befugter und befähigter Kreis von Menschen, vor denen eine Sache verantwortet wird.

Fragment (lat.) Bruchstück, Überrest.

Fragmentenhypothese Meinung, am Anfang der Evangelienschreibung habe eine Anzahl kleiner Schriftstücke gestanden, aus denen dann unsere Evangelien zusammengewachsen wären.

Franziskaner Ordo Fratrum Minorum = OFM, »Orden der Minderbrüder«; als römisch-katholischer Bettelorden von Franz von Assisi 1210 gegründet; verlangt völlige Armut, widmet sich besonders der Seelsorge und der Heidenmission; auch: Ordo Sancti Franzisci (OSF).

frater (lat.) »Bruder«, Klosterbruder.

Fraternität (lat.) Bruderschaft.

Fratres Minores → Franziskaner.

fraus (lat.) »Betrug«. Siehe auch → pia fraus.

Free Church (engl.) »Freikirche«.

Freidenker, Freigeist Personen, die den menschlichen Verstand zum obersten Gesetz allen Denkens erklären und jede göttliche Machtwirkung ablehnen; 1880 wurde in Brüssel ein Internationaler Freidenkerbund gegründet, 1906 der Deutsche Monistenbund.

Freikirchen evangelische Kirchen, die auf die Freiwilligkeit der Mitgliedschaft und auf die Freiheit der Kirche von staatlicher Beeinflussung Wert legen. Die Aufnahme in die Gemeinde erfordert eine bewußte Glaubensentscheidung und verpflichtet zu einem christlichen Lebensstil. Bürgergemeinde und Christengemeinde werden nicht als dekkungsgleich angesehen; daher ist die Kirche zur → Evangelisation und der Staat zur Gewährung von Glaubensfreiheit aufgerufen. Die Freikirchen wurden in ihren Anfängen von den → Volkskirchen zu Unrecht als »Sekten« behandelt; sie selbst verstehen ihre Gestalt von Kirche als dem Neuen Testament entsprechend. Die zahlenmäßig stärksten Freikirchen in den deutschsprachigen Ländern sind die → Baptisten, die → Methodisten, die Freien Evangelischen Gemeinden und die verschiedenen Zweige der → Pfingstbewegung.

Freimaurer über die ganze Erde verbreitete, einflußreiche überstaatliche Gesellschaft mit dem Ziel »gemeinsamen Strebens nach sittlicher und geistiger Veredelung und nach Förderung der Glückseligkeit bei sich und den Mitmenschen durch gute Taten in rein menschlicher und weltbürgerlicher Weise«. Sie ist 1717 in London aus den »Bauhütten« (mittelalterliche Genossenschaften der Bauhandwerker) entstanden; die einzelnen Gemeinschaften, die besonders in England und Amerika zahlreich vorhanden sind, heißen »Logen«. Innerer Aufbau: Lehrlinge, Gesellen, Meister, Hochgrade, Meister vom Stuhl. Es gibt streng geheime Gebräuche und Anweisungen, die bisweilen der christlichen Lehre widersprechen; die römisch-katholische Kirche erklärte Freimaurerei für unvereinbar mit der Zugehörigkeit zur Kirche.

Freireligiöse Anhänger einer ausgesprochenen Vernunftsreligion, losgelöst von jeder Offenbarung und jeglicher zentralen christlichen Lehre; darum auch getrennt von den Kirchen; 1859 im »Bund freireligiöser Gemeinden« organisiert; fordern »freie Selbstbestimmung in allen religiösen Angelegenheiten«.

Fresko (ital.) eine auch in vielen Kirchen verwendete Art der Malerei mit Wasserfarben auf einen noch feuchten Kalkputz.

Fronleichnam (vom mittelhochdeutschen fron »zum Herrn gehörig«) römisch-katholisches Kirchenfest »Christi heiliger Leib«, seit 1264 jeweils am Donnerstag nach Trinitatis zur Bekräftigung des Dogmas von der → Transsubstantiation gefeiert; mit großen Prozessionen (= Umzügen) verbunden, die ursprünglich auf die Bekehrung der Abgefallenen und Ungläubigen abzielten.

Frontale (lat.) nach vorne herunterhängendes, die ganze Vorderseite des Altars bedeckendes → Antependium.

Frühjudentum → Spätjudentum.

Frühkatholizismus Bezeichnung für das nachapostolische Zeitalter, in dem sich die Bewegung der Urchristenheit zur Institution der altkatholischen Kirche um 180 n.Chr. (mit neutestamentlichem Kanon, ordiniertem Bischofsamt und fest formuliertem Bekenntnis) entwickelt haben soll. Der Begriff entstand im Protestantismus des 19. Jh.s, der die abweichende Gestalt des Katholizismus nicht als das geschichtlich Ursprüngliche gelten lassen wollte, sondern aus einem Abfall vom Christentum der apostolischen Zeit erklärte. Er dient weithin als Sammelbegriff für alle Entwicklungen im späten 1. und im 2. Jh., die man als negativ ansieht, und beruht auf einem modernen Vorverständnis, das man an die Alte Kirche heranträgt.

fruitio Dei (lat.) »das Genießen Gottes«.

Fuge (lat.) »Flucht«; eine hochentwickelte Form polyphoner Musik, bei der das melodische Thema als Idee des Ganzen erklingt und dann nacheinander von allen Stimmen aufgenommen wird.

Fulltrui bei den Germanen der zu besonderem Vertrauen erwählte Gott.

Fundamentalartikel (lat.) die Haupt- und Grundartikel christlicher Lehre (z.B. die Rechtfertigungslehre), von denen man Nebenartikel (z.B. die Engellehre) unterschied; seit 1626 gebräuchlich.

Fundamentalismus 1. Eine zu Beginn des 20. Jh.s im Protestantismus der USA entstandene Bewegung, die im theologischen Liberalismus eine für die Gemeinde existenzgefährdende Gefahr erkennt und ihm gegenüber die »unaufgebbaren Fundamentallehren« des Glaubens verteidigt: Irrtumslosigkeit der Bibel, Gottheit Jesu Christi und Jungfrauengeburt, stellvertretendes Sühnopfer, leibliche Auferstehung und persönliche Wiederkunft Christi. Sie tut sich außerdem auf dem Gebiet der Mission und Evangelisation und im Kampf gegen die naturwissenschaftliche Evolutionstheorie hervor. Seit den 80er Jahren bemüht sie sich auch um politischen Einfluß (»religiöse Rechte«).
2. Seit den 80er Jahren des 20. Jh.s wird mit F. nicht nur die unter 1. beschriebene protestantische Bewegung bezeichnet, sondern generell eine prinzipienstarre oder gar extremistische und militant-gewalttätige Haltung in allen Religionen, gesellschaftlichen Bewegungen und Parteien.

Fundamentaltheologie (lat.) im Katholizismus Bezeichnung für die Apologetik, die bereits in der frühesten Geschichte des Christentums in der Auseinandersetzung mit den nichtchristlichen Wissenschaften entwickelt wurde. Aus der frühen

Gestalt einer Apologie gegen das Heidentum wurde mehr und mehr eine systematische Apologetik, die nicht mehr ausschließlich gegen Leugner der christlichen Offenbarung gerichtet war, sondern »fundamentale« Fragen für das Selbstverständnis der Kirche klären wollte.

Funktion (lat.) Tätigkeit, Wirksamkeit, Dienststellung; Ausdruck für gegenseitige Abhängigkeit von Vorgängen.

Furie Rachegöttin im alten Rom; wütende Frau.

futurisch (lat.) der Zukunft zugehörend.

G

Gallikanismus Theorie und Praxis des französischen katholischen Staatskirchentums; vom Spätmittelalter bis zum 19. Jh. beherrschte der französische Staat die dortige katholische Kirche und grenzte sie gegen die Autorität des Papstes ab. Das 1. Vatikanische Konzil 1870 beendete diesen Sonderweg.

Galut (hebr.) »Exil«, gewaltsame Verbannung aus dem Heimatland. Soweit Galut als räumliche Verbannung verstanden wird, sehen die Juden sie als überwunden an (durch die Neugründung des Staates Israel).

Gattung Bezeichnung für die Merkmale, die einer Reihe von kleinsten literarischen Einheiten biblischer Texte gemeinsam sind (Lieder, Sprüche, Erzählungen, priesterliche Orakel, Predigten, Logien, Gleichnisse, Wundererzählungen, Glaubensformeln, Hymnen u.a.).

Gattungsgeschichte → Formgeschichte.

Gegenreformation Kampf der römisch-katholischen Kirche gegen die in der Reformation gewonnene evangelische Lehre; ihre schärfste Zuspitzung erfuhr die G. im Dreißigjährigen Krieg 1618-1648.

Gehenna (hebr.) ein frühjüdischer Name für die Hölle, abgeleitet von Hinnomstal, einem Tal südlich von Jerusalem, in dem in alter Zeit Kinder geopfert wurden (Mark. 9,43; Matth. 23,15); vgl. → Moloch.

Gemạra (aram.) »Lernstoff«; Zweiter Teil des Talmud, Erläuterung der Mischna.

Gematrịa (gr.-hebr.) Deutung von Wörtern mit Hilfe des Zahlenwerts ihrer Buchstaben (vor allem in der → Kabbala).

Gemeindebildung Jesusworte in den Evangelien, die nach Meinung einiger historisch-kritisch arbeitender Ausleger auf unbekannte Propheten und Lehrer der Urgemeinde zurückgehen und Jesus erst nachträglich in den Mund gelegt wurden; sie sollen also nicht von Jesus selbst, sondern erst von der nachösterlichen Gemeinde gebildet worden sein.

Gemeinschaftsbewegung Zusammenschluß von evangelischen Christen zu besonderen »Gemeinschaften« innerhalb der Landeskirchen mit dem Ziel der Belebung der Frömmigkeit und dem ernsten Streben nach persönlicher Heiligung. Sie stammt aus der Zeit des Pietismus (18. Jh.) und führte häufig zu einer organisatorischen Loslösung vom Pfarramt. Im 19. Jh. empfing sie starke Impulse von England (Oxford-Bewegung) und Amerika (Massenevangelisationen von Moody). Sie betont die innere und äußere Mission, die Evangelisation, Blaukreuzarbeit (Kampf gegen Alkohol) und pflegt die persönliche Frömmigkeit aufgrund einer erlebten Bekehrung. Seit 1945 weithin fruchtbare Zusammenarbeit mit den Gemeinden der Landeskirche.

gemina praedestinatio (lat.) »die doppelte Vorherbestimmung« (zum Heil und zur Verwerfung).

Generalsuperintendent (lat.) Bezeichnung für den leitenden Geistlichen eines größeren evangelischen Kirchengebiets (Sprengels), heute nur noch in der Kirche von Berlin-Brandenburg gebräuchlich.

Generalsynode nach Einführung der Kirchengemeinde- und Synodalordnung der Unierten Kirche traten ab 1879 Generalsynoden der Unionskirchen zusammen; gesetzgebendes Organ der VELKD mit 78 Mitgliedern.

Generalvikar ständiger Stellvertreter des römisch-katholischen Bischofs in der Verwaltung seines Kirchengebietes (→ Diözese).

Gẹnesis (gr.) »Entstehung«; das 1. Buch Mose, so benannt nach der am Anfang stehenden Schöpfungsgeschichte.

genetisch (gr.) erblich bedingt, die Vererbung betreffend, entwicklungsgeschichtlich.

Genitivtheologien neuere theologische Richtungen, die sich durch einen Genitiv näher bezeichnen (etwa »Theologie der Revolution«, »Theologie der Hoffnung«, »Theologie der Befreiung«).

Geniza, Genisa (hebr.) Raum in der Synagoge zur Aufbewahrung alter Handschriften und Kultgegenstände.

genuin (lat.) angeboren, echt, ursprünglich.

Geonịm (hebr.) »Hoheiten«, Bezeichnung der jüdischen Lehrhäupter in Mesopotamien unter islamischer Herrschaft (589-1038 n.Chr.). Einzahl: Gaon.

geozentrisch (gr.) auf die Erde als Mittelpunkt bezogen.

Gerusie (gr.) der Rat der Alten (in Sparta).

geschichtlich bezeichnet seit M. Kähler und R. Bultmann oft den Teil des Vergangenen, der nicht bloß geschehen, sondern weiterwirkend und noch heute existentiell bedeutsam ist (Gg: → historisch).

Gesetz und Evangelium die lutherische Zentrallehre vom notwendigen Doppelcharakter der Offenbarung und des christlichen Lebens: Gott begegnet uns sowohl als fordernder und verklagender wie auch als schenkender und vergebender Wille; der Christ lebt sowohl unter dem Zorn als auch unter der Gnade Gottes.

Gesprächspsychotherapie die von Carl Rogers (1902–1987) in den USA entwickelte und von Annemarie und Reinhard Tausch in Deutschland eingeführte Behandlungsmethode seelischer Störungen, die sich weniger als Heilkunst denn als »Therapie für Gesunde« versteht. Als wesentliche Voraussetzung für eine günstige Änderung des Ratsuchenden wird die Haltung des Therapeuten angesehen. Er soll sich um ein einfühlendes Verstehen der Gedanken und Empfindungen des Klienten bemühen (→ Empathie), ihm in bedingungslos wertschätzender, nicht wertender und nicht dirigierender Weise begegnen und eine Echtheit erstreben, die frei von berufsmäßigem Gehabe ist. Auf eine Interpretation des Unbewußten wird verzichtet. Ihre Erkenntnisse haben großen Einfluß auf die Gesprächsführung in vielen Bereichen ausgeübt (z.B. Telefonseelsorge, Sterbebegleitung). Sie gehört zu den wissenschaftlich am besten erforschten Therapieformen und ist auch unter den Bezeichnungen »Klientenzentrierte« oder »Person(en)zentrierte Psychotherapie« bekannt.

Getto, Ghetto (hebr.-ital.) abgetrennter Stadtteil, in dem – anfangs freiwillig, später zwangsweise – die Juden lebten (»Judengasse«). Übertragen: Absonderung von der Allgemeinheit.

Gilgamesch-Epos Babylonisches Nationalepos, benannt nach dem sagenhaften König von Uruk.

Ginza «der Schatz«, heilige Schrift der mandäischen Religion (→ Mandäer).

Gloria (lat.) »Ehre«, »Herrlichkeit«, ein Lobgesang, der aus der römischen Messe in den evangelischen Gottesdienst übernommen wurde (vgl. → Doxologie).

Gloria in excelsis Deo (lat.) »Ehre (sei) Gott in der Höhe« (Luk. 2,14).

Gloria patri (lat.) »Ehre (sei) dem Vater«.

Glorie (lat.) Heiligenschein.

Glossa, Glosse (gr.-lat.) »Zunge«; anfangs: erklärungsbedürftiger Ausdruck, später: Erläuterung; auch: kurzer Kommentar in Tageszeitungen.

glossa marginalis (gr.-lat.) Marginalglosse, Erläuterung am Rande.

Glossa ordinaria (lat.) »gewöhnliche Erläuterung«; eine Sammlung von Exzerpten aus lateinischen und griechischen Kirchenvätern sowie aus Autoren des Frühmittelalters, die Anselm von Laon im frühen 12. Jh. zusammenstellte und die zum Standardkommentar des Mittelalters zur Bibel wurde.

Glossator (gr.-lat.) Verfasser von Erläuterungen.

Glossolalie (gr.) »Zungenreden«, ein verzücktes Reden in fremden oder unirdischen Lauten (1. Kor. 14).

Gnadenwahl → Prädestination.

Gnesiolutheraner «echte Lutheraner«, Selbstbenennung jener Theologen, die nach Luthers Tod seine Lehre unverfälscht vertreten wollten und sich gegen Philipp Melanchthon und dessen Anhänger (»Philippisten«) wandten.

Gnomon (gr.) Zeiger der Sonnenuhr; Richtschnur; Titel eines weitverbreiteten Kommentars zum NT von J.A. Bengel (1687-1752).

gnorisma Christianorum (gr.-lat.) Erkennungszeichen der Christen (= die Liebe).

Gnoseologie (gr.) Lehre von der Erkenntnis.

Gnosis, Gnostizismus (gr.) »Erkenntnis«; eine häretische Bewegung vor allem im 2. Jh. n.Chr., die die im Glauben verborgenen Geheimnisse durch mythologische Spekulationen zu erkennen und durch diese Erkenntnis zur Erlösung vorzudringen suchte. Die Gnostiker meinten, auf diesem Weg zu einer Gotteserkenntnis zu gelangen, die über den einfältigen Glauben der Kirchenchristen hinausreiche und den Menschen zum »Geistmenschen« erhebe. Stark dualistisch bestimmt. Man verachtete alles Irdisch-Dingliche. Der Weltschöpfer sei ein dem wahren Erlöser-Gott unterlegenes Geistwesen. Im Gebrauch der Begriffe wird »Gnosis« neuerdings weiter gefaßt als »Gnostizismus«: Während Gnostizismus auf die synkretistische Theosophie des 2. Jh.s n.Chr. beschränkt bleibt, bezeichnet Gnosis ein immer wiederkehrendes Daseinsverständnis, dem ein pessimistisches Weltbild eigen ist.

Golem (hebr.) »Halbfertiges«; in der jüdischen Sage eine menschliche Tonfigur, die zum Leben erweckt wurde.

Golgatha, Golgota (aram. gulgultha »Schädel«) schädelförmig gewölbte Anhöhe unmittelbar vor der alten Stadtmauer Jerusalems; Ort der Kreuzigung Jesu, heute mit der Grabeskirche überbaut.

Gotik Baustil der letzten Epoche des Mittelalters, der sich ab 1150 von Frankreich kommend über fast ganz Europa ausbreitete. Er schließt an die Romanik an, löst jedoch deren Mauermassen weitgehend in Pfeiler auf, auf die die Kräfte übertragen werden. Auf diese Weise wird der Spitzbogen entwickelt, der die Gotik prägt und mit der dadurch möglich gewordenen nach oben strebenden Architektur zum Ausdruck der tiefen Sehnsucht des Menschen nach Gottesnähe wird. Die Gotik wurde im

15. Jh. von der Renaissance abgelöst. Aus der italienischen Renaissance stammt auch der Name, der ursprünglich als Schimpfwort gemeint war (Goten = Germanen = Barbaren), weil man den mittelalterlichen Baustil während der Renaissance als roh und barbarisch empfand und auf die Germanen zurückführte.

gotisch die Kunst (Baukunst, Bildhauerei, Malerei) der Gotik betreffend; den Volksstamm der Goten betreffend (g. Schrift; g. Sprache).

Graduale (lat.) »Stufenlied« aus der römischen Messe, ein Gesang, der auf einer Altarstufe ausgeführt wurde; er steht zwischen Epistel und Evangelium und endet mit einem Halleluja.

Graduallied (lat.) Lied oder Psalmengesang nach der Epistellesung (heute zumeist das Wochenlied).

Gral in der mittelalterlichen Sage eine wundertätige Schale mit dem Blut Christi.

gratia (lat.) »Gnade«, »Dank«, Huld.

gratia efficax (lat.) »die wirksame Gnade«.

gratia gratis data (lat.) »die frei geschenkte (kein menschliches Verdienst voraussetzende) Gnade (Gottes)«; in der Scholastik der älteren Franziskanerschule Bezeichnung für die dem sündigen Menschen geschenkte Vorbereitungs- oder Anregungsgnade, die es ihm ermöglicht, sich Gott zuzuwenden, ihn aber noch nicht rechtfertigt (mittlerer Zustand zwischen vollkommener Gottesferne und voller Gottesgemeinschaft); bei Thomas von Aquin Bezeichnung für die Geistesgaben oder Charismen nach Röm. 12 und 1. Kor. 12.

gratia gratum faciens (lat.) »die willkommen machende Gnade (Gottes)«, auch »heiligmachende« oder »rechtfertigende Gnade« genannt; in der Scholastik die durch die Sakramente sich vollziehende Eingießung der göttlichen Gnade, durch die der Mensch die Befähigung zur Gerechtigkeit vor Gott erhält.

gratia infusa (lat.) »die (dem Menschen) eingegossene Gnade«.

gratia irresistibilis (lat.) »die unwiderstehliche Gnade«.

gratia naturalis (lat.) »die natürliche Gnade«; bei Augustin die Schöpfungsgnade, die darin besteht, daß der Mensch seine ganze Existenz einem Gnadenakt Gottes, der Schöpfung, verdankt; diese Naturgnade ist die Voraussetzung der Heilsgnade (→ gratia supernaturalis).

gratia praeveniens (lat.) »die (dem menschlichen Willen) zuvorkommende Gnade (Gottes)«.

gratia subsequens (lat.) »die nachfolgende Gnade«, die der willensmäßigen Hinwendung des Menschen zu Gott folgende, seinen Willen stärkende, sein Reden und Tun begleitende Gnade Gottes.

gratia supernaturalis (lat.) »die übernatürliche Gnade«, Gnade im streng theologischen Sinn als eine nicht zur Naturordnung gehörende, sondern die Natur aufhebende Selbstmitteilung Gottes an den Menschen in Jesus Christus, die dem von Natur aus keiner Gottesbeziehung fähigen Menschen die Gottesgemeinschaft schenkt.

Gratias (lat.) Dank; Anfangswort (Gratias agimus Deo) und Bezeichnung des Dankgebets nach Tisch.

Gravạmina (lat.) Vorwürfe, Beschwerden.

gravierend (lat.) erschwerend, belastend, wichtig.

Gregorianik, Gregorianischer Gesang der einstimmige liturgische Gesang der katholischen Kirche, von Papst Gregor I. (590–604) geordnet. In den evangelischen Kirchen wird oft in Nebengottesdiensten (→ Mette, → Vesper) gregorianisch gesungen.

griechisch-katholisch Bezeichnung für die in der österreich-ungarischen Monarchie mit der römisch-katholischen Kirche vereinigten Christen der Ostkirche, die jedoch die byzantinische Liturgie beibehielten (auch griechisch-unierte Kirche genannt); früher allgemeine Bezeichnung für die orthodoxen Kirchen Ost- und Südosteuropas sowie des Orients (Morgenländische Kirche).

griechisch-orthodox Bezeichnung für die orthodoxe Kirche Griechenlands, die seit dem 9. Jh. dem ökumenischen Patriarchat unterstellt, 1850 aber → autokephal wurde.

Gründonnerstag kirchlicher Gedenktag der Einsetzung des heiligen Abendmahls in der Karwoche. Die seit dem 12. Jh. übliche Bezeichnung »Gründonnerstag« ist in ihrem Ursprung und ihrer Bedeutung nicht geklärt (möglich wäre die Ableitung des »Grün« vom althochdeutschen »grinen« = klagen oder von der Sitte, an diesem Tag die Büßer als »grünende Zweige« wieder in die Gemeinschaft der Kirche aufzunehmen).

Gruppendynamik von K. Lewin (1890–1947) begründeter Forschungsbereich der Sozialwissenschaft, der die Wechselwirkungen zwischen Einzelpersonen, Gruppen und Organisationen erhellt. In → Encounter-Gruppen und ähnlichen Arbeitsformen werden die wissenschaftlich erforschten Gesetze praktisch angewandt. Durch Entwicklung eines Wir-Bewußtseins soll eine Atmosphäre des Vertrauens entstehen, die eine angstfreie Kommunikation ermöglicht. Gruppendynamische Methoden wurden auch in die kirchliche Seelsorge (»Seelsorge durch die Gruppe«) und Seelsorgeausbildung übernommen. Kritiker haben besonders auf die normierende Funktion der Gruppe und die Gefahr der Manipulation hingewiesen.

gubernatio (lat.) »Lenkung« der Weltgeschicke durch Gott.

Guru (hindustan.) religiöser Lehrer im Hinduismus, oft als Verkörperung eines göttlichen Wesens verehrt.

H

Habilitation (lat.) Erwerb der Lehrberechtigung an Universitäten.

habituell (lat.-franz.) gewohnheitsmäßig, zuständlich.

Habitus (lat.) Befähigung; Beschaffenheit, bleibender Zustand; Aussehen.

Haddsch (arab.) die Wallfahrt nach Mekka, die jeder volljährige Moslem einmal unternehmen soll.

Hades Unterwelt, Totenreich (nach dem griechischen Gott der Unterwelt).

Häresiarch (gr. hairesis »Sekte«, »Ketzerei«; archôn »Anführer«) Ketzerführer, Sektenhaupt.

Häresie (gr. hairein »wählen, vorziehen«) im kirchlichen Sprachgebrauch Bezeichnung für eine Lehre, die den Glaubenssätzen der Kirche widerspricht; Ketzerei; Adj. häretisch.

Häretiker jeder, der eine von der offiziellen kirchlichen Lehrmeinung abweichende Auffassung vertritt (→ Häresie, Irrlehre, Ketzerei).

Haggada (hebr.) »Erzählung«; die erbaulich-belehrende Fortbildung biblischer Stoffe in der talmudischen Literatur (vgl. → Halacha).

Hagia Sophia (gr.) »heilige Weisheit«, Name der Sophienkirche in Istanbul. Erbaut unter Kaiser Justinian 532–537 n.Chr. mit einer prächtigen Innenausstattung in Mosaiken, Gold, Marmor, ist sie das bedeutendste Werk byzantinischer Baukunst. 1453 wurde sie von den Türken in eine Moschee verwandelt; seit 1934 Museum.

Hagiographen (gr.) Bezeichnung des dritten (vor allem poetischen) Teiles des AT (→ Kethubim).

Hagiolatrie (gr.) Verehrung der Heiligen.

Hagiologie (gr.) »Lehre von den Heiligen«.

Halacha (hebr.) »Richtschnur«; verbindliche Auslegung der Tora, in Einzelsatzungen formuliert.

Halleluja (hebr.) »Lobet Jahwe«; eine oft in den Psalmen gebrauchte Formel, die zum Lobpreis auffordert.

Halljahr → Jubeljahr.

Halluzination (lat.) Sinnestäuschung, Trugwahrnehmung.

Hamartiologie (gr.) »Lehre von der Sünde«.

hamartiozentrisch (gr.) die Sünde in den Mittelpunkt der Glaubenslehre stellend.

Hapaxlegomenon (gr.) nur einmal vorkommendes Wort (bei einem Schriftsteller, im NT).

Haplographie (gr.) falsche »Einfachschreibung« eines Doppellauts.

Harklensis Revision des syrischen Neuen Testaments durch Thomas von Harqel 616 n.Chr.

Harmonie (gr.-lat.) Übereinstimmung, Zusammenklang → Prästabilierte Harmonie.

harmonisieren in Einklang bringen. In der Musik: eine Melodie mit Begleitakkorden versehen.

Haskalạh (hebr.) »Aufklärung«; die Zeit der jüdischen Emanzipation nach 1800.

Hasmonäer eine in der Makkabäerzeit zur Macht gekommene jüdische Dynastie.

Hauptsünden (nicht zu verwechseln mit → Todsünden) sündige Grundeinstellungen oder Laster, die nach katholischer Tradition zu Tatsünden führen. Weil sie als die Wurzeln böser Taten angesehen werden, nennt man sie auch »Wurzelsünden«. Der ebenfalls verwendete Begriff »Kapitalsünden« stammt vom lat. caput »Haupt« ab (hat also nicht unmittelbar mit Finanzen zu tun). Als Gegenstück zu den sieben Tugenden zählt man seit Papst Gregor dem Großen (590–604) sieben H., nämlich Hochmut, Neid, Zorn, geistliche Trägheit (oder Traurigkeit), Habgier, Unmäßigkeit (oder Völlerei) und Unkeuschheit (oder Wollust).

Haustafeln Ermahnungen an die verschiedenen Familienmitglieder und Stände des Hauses (Frau, Mann, Kinder, Sklaven, Herren) in neutestamentlichen Briefen (Eph. 5,22-6,9; Kol. 3,18-4,1; 1. Petr. 2,18-3,7).

Havamal (altnord.) »Sprüche des Hohen«; Sammlung weiser Lebensregeln in der Edda.

h.c. (lat.) Abkürzung für honoris causa »ehrenhalber«. An einen Doktortitel angefügt, ist h.c. der Hinweis darauf, daß es sich um einen Grad handelt, der nicht durch eine Prüfung erworben, sondern verliehen wurde.

hebdomas (gr.) die Woche.

Hedonismus (gr.-lat.) Lehre der griechischen Philosophie, wonach das Glück des Menschen im Gefühl der Lust besteht (vgl. → Epikureismus).

Hedschra (arab.) »Loslösung«; Umzug Mohammeds und seiner Anhänger von Mekka nach Medina (622 n.Chr., Beginn der islamischen Zeitrechnung).

Heidelberger Katechismus 1563 in Heidelberg erschienener Katechismus evangelisch-reformierter Prägung, entstanden durch die Arbeit einer Kommission unter Kurfürst Friedrich III. aufgrund von Vorarbeiten des Dogmatikprofessors Z. Ursinus. Zunächst nur für die Kirchen und Schulen der kurfürstlichen Pfalz bestimmt, wurde er im Laufe der Zeit zur wichtigsten Bekenntnisschrift der reformierten Kirchen überhaupt.

Heiland althochdeutscher Begriff für das lat. »salvator« = »Erlöser«, »Erretter«, Heilbringer; Bezeichnung für Jesus Christus.

Heiligenverehrung hervorgegangen aus der Verehrung von Märtyrern in den ersten Jahrhunderten der Kirchengeschichte, von denen man annahm, daß sie als Blutzeugen Christi und Nachfolger in seinen Leiden unmittelbar in den Himmel aufgenommen wurden; aus dieser Verehrung entstand die Anrufung der Heiligen als Fürbitter vor Gott und Vertreter für besondere Anliegen der Menschen (Nothelfer).

Heiliges Römisches Reich (Übersetzung des lat. Sacrum Romanum Imperium) seit 1254 offizielle Bezeichnung für den Herrschaftsbereich des abendländischen Römischen Kaisers und der drei darin zusammengeschlossenen Territorien Deutschland, Italien und Burgund. Das Beiwort »heilig« gründet in der Idee der → sakralen Herrschaft. Das Reich entstand in Nachfolge des antiken Römischen Reiches und in Konkurrenz zum oströmischen Kaiserreich von Byzanz durch die Kaiserkrönung des Frankenkönigs Karls des Großen in Rom 800 n.Chr. Seit der Krönung Ottos des Großen 962 bestand ein Gewohnheitsrecht des deutschen Königs auf die Kaiserwürde (daher auch gelegentlich der Name »Heiliges Römisches Reich Deutscher Nation«). Das Reich endete 1806, als der Habsburger Franz II. in Wien die römische Kaiserwürde niederlegte.

Heiligsprechung in der römisch-katholischen Kirche die feierliche päpstliche, unfehlbare Erklärung, daß ein Verstorbener heilig ist (Kanonisation); Aufnahme in das Verzeichnis der Heiligen; öffentliche kirchliche Verehrung und Anrufung (Vorstufe dazu ist → Seligsprechung«).

Heilsarmee durch W. Booth 1879 in England gegründete evangelische → Freikirche, die militärisch organisiert ist und sich vor allem dem Kampf gegen Ungerechtigkeit, soziale Übel und Gottlosigkeit verschrieben hat. Evangelisation, Seelsorge und diakonisches Handeln sind eng miteinander verbunden; die Mitglieder enthalten sich in der Regel von Alkohol und Tabak. Taufe und Abendmahl werden nicht praktiziert.

Heilsgeschichte sich in der Geschichte vollziehende, schrittweise Verwirklichung des Heils, die nach dem Plan Gottes von der Schöpfung angefangen bis zum kommenden Reich Gottes verschiedene Epochen durchläuft.

Heilstatsachen Bezeichnung für die geschichtlichen Ereignisse, in denen Gott zu unserem Heil gehandelt hat (vor allem Jungfrauengeburt, Kreuzestod, Auferstehung und Himmelfahrt Christi); sie unterstreicht die historische Tatsächlichkeit dieser Ereignisse, deren objektives Geschehensein die notwendige Voraussetzung dafür bildet, daß sie in Verkündigung und Glaube uns gegenwärtig werden können.

Heimarmẹne (gr.) Verhängnis, Schicksal.

Hekatombe (gr.-lat.) großes Opfer (ursprünglich: 100 Stiere), auch Bezeichnung für große Menschenverluste.

Heliand altsächsisches Evangeliengedicht aus dem 9. Jh., das Leben und Lehre Christi den eben bekehrten Sachsen nahebringen will, wobei Christus als mächtiger germanischer Volkskönig, seine Jünger als Adlige erscheinen.

Helios (gr.) der Sonnengott der Griechen.

heliozentrisch (gr.) die Sonne als Weltmittelpunkt betrachtend.

Hellenismus die Kulturepoche von Alexander dem Gr. bis Augustus, in der das griechische mit dem orientalischen Wesen verschmolz.

Helvetisches Bekenntnis → Confessio Helvetica.

Hemerobaptisten (gr. hemera »Tag«; baptizein »taufen«) jüdische Sekte, deren Glieder täglich kultische Waschungen vollzogen.

Hendiadyoin (gr.) »eins durch zwei«: das Nebeneinander zweier gleichbedeutender Wörter (z.B. bitten und flehen).

Henotheismus (gr.) Hingabe an einen Gott ohne Leugnung des Daseins anderer Götter.

Hermeneutik (gr.) Verstehenslehre; Verfahren der Auslegung und Erklärung von Texten, Kunstwerken oder Musikstücken; Lehre von der Methode der rechten Bibelauslegung.

Hermetica abkürzende Bezeichnung für die »Hermetischen Schriften«, eine Gruppe nichtchristlicher Erbauungsschriften des 2. und 3. Jh.s n.Chr., in denen der Gott Hermes Trismegistos eine gnostische Heilslehre offenbart; nach ihrer ersten Schrift heißen sie auch Poimandres.

Hermetische Schriften → Hermetica.

Heros Held, Halbgott.

Hesychasmus (gr. hêsychia »Ruhe«) eine im byzantinischen Mönchtum des 10. bis 14. Jhs. vor allem auf dem Berg Athos entwickelte Frömmigkeitsrichtung, die eine Schau des ungeschaffenen göttlichen Lichts schon diesseitig auf Grund ständiger Konzentrationsübungen zur Erfahrung bringen will. Die bedeutendsten Vertreter sind Symeon der Neue Theologe (949–1022) und Gregor Palamas (1296–1359).

Hesychiustext ägyptische Bibelrezension um 300 n.Chr., die auf den Bischof Hesychius zurückgeführt wird.

Hetäre (gr.) »Gefährtin«, Buhlerin, Freundin.

Hetärien (gr.-lat.) »Kameradschaften«; im antiken Griechenland Bezeichnung für Abteilungen der Bürgerschaft und private Vereinigungen, insbesondere für organisierte politische Kampfgruppen der athenischen Opposition im 5. Jh. v.Chr.

heterodox (gr.) andersgläubig, häretisch (Gg: → orthodox).

Heterodoxie (gr.) Abweichung von der kirchlichen Lehre.

heterogen (gr.) ungleichartig, aus Ungleichartigem zusammengesetzt (Gg: → homogen).

heteronom (gr.) fremdgesetzlich, von anderen Gesetzen abhängig, sich einem von anderswoher kommenden Gesetz beugend (Gg: → autonom).

heterosexuell (gr.-lat.) zum anderen Geschlecht neigend, sexuell auf das andere Geschlecht bezogen (Gg: → homosexuell).

Heuristik (gr.) Erfindungskunst; methodische Anleitung, Neues zu finden.

heuristisches Verfahren vorläufige (probeweise) Annahme zum Zweck des besseren Verständnisses eines Sachverhalts.

Hexaëmeron (gr.-lat.) das »Sechstagewerk« der Schöpfung.

Hexapla (gr.) »die Sechsfache«; Name für das Bibelwerk des Origenes (gest. 254 n.Chr.), in dem sechs Textfassungen und Übersetzungen nebeneinander stehen.

Hexateuch (gr.) Bezeichnung für die ersten sechs Bücher des AT (1.-5. Mose und Josua), die möglicherweise von gemeinsamen Quellenschriften ausgehen.

Hiatus (lat.) »Kluft, Schlund«, Lücke in einer Entwicklungskette, Gedankensprung.

hic et nunc (lat.) »hier und jetzt«; Bezeichnung für die räumliche und zeitliche Bestimmtheit eines Gegenstandes.

Hierarchie (gr.) Priesterherrschaft; Rangordnung der geistlichen Würdenträger.

Hierodulen (gr.) Tempelsklaven und -sklavinnen.

Hieroglyphen (gr.) »heilige Schriftzeichen«; Bilderschrift der Ägypter und anderer orientalischer Völker des Altertums.

High Church (engl.) »Hochkirche«, eine der drei Richtungen in der Anglikanischen Kirche (→ Broad Church, → Low Church), die die Apostolische Sukzession, die Tradition und den Kultus betont.

Hinayana (sanskr.) »kleines Fahrzeug« (der Erlösung), mönchische Bewegung im Buddhismus, die die Erlösung durch Selbstverneinung erstrebt (Gg: → Mahayana).

Hinduismus die eigentliche Volksreligion Indiens, ohne Stifterpersönlichkeit, als ein religiös-soziales System Gestalt gewinnend. Der H. läßt in den meisten Glaubensfragen vollkommene Freiheit, hat aber ein doppeltes Identifikationsprinzip: formal die Anerkennung des Veda als Kanon und inhaltlich den Glauben an das ewige, sittliche Weltgesetz, d.h. an das Vergeltungsgesetz des Karma und die kosmische Kastengliederung. Der H. treibt keine eigentliche Mission, denn man kann in eine Hindukaste nicht durch Bekehrung, sondern nur durch Geburt kommen. Seit seiner klassischen Zeit (500 vor bis 1000 nach Chr.) werden drei Hauptgötter verehrt: Shiva, Vishnu und Brahmâ; alle drei umgeben von einem Kreis von Familienangehörigen. Drei Heilswege stehen dem Gläubigen offen: der Weg der Taten, der Weg der Erkenntnis und der Weg der Hingabe an die Gottheit.

Hiobsbotschaft Unglücksnachricht (nach Hiob 1,13-19).

Hirtenbrief Bezeichnung für ein bischöfliches Schreiben mit Ermahnung und Belehrung über aktuelle Fragen, gerichtet an die Geistlichen und Gläubigen.

historisch (gr.) geschichtlich, der Geschichte gemäß. Auch im Gegensatz zu »geschichtlich« gebraucht, wobei »historisch« das bloß Geschehene meint, während »geschichtlich« das in der Geschichte Weiterwirkende ist.

historischer Jesus Bezeichnung entweder für den irdischen Jesus im Unterschied zum präexistenten und gen Himmel gefahrenen oder für den durch die → historisch-kritische Forschung entdeckten Jesus, »wie er wirklich war«. Im zweiten Fall bildet der Begriff einen Gegensatz zum »dogmatischen Christus«, wie er in den Dogmen und Bekenntnissen der Kirche bezeugt wird.

historisch-kritische Forschung Anwendung der neuzeitlichen Methoden historischer Untersuchung auf die biblischen Schriften (Textkritik, Literarkritik, Formgeschichte, Redaktionsgeschichte, Traditionsgeschichte) mit dem Ziel, das geschichtliche Werden dieser Schriften und ihrer Inhalte nachzuzeichnen. Sie wird seit ihren Anfängen in der Aufklärungszeit (J.S. Semler, 1725–1791) von vielen ihrer Vertreter als Widerlegung des Offenbarungsanspruchs der Bibel verstanden und neigt zu übertriebener Skepsis in Bezug auf die historische Verläßlichkeit des in der Bibel Berichteten. Andere gebrauchen dieselben Methoden, um die wesentliche historische Vertrauenswürdigkeit der Bibel nachzuweisen und im Interesse der biblischen Autorität die ursprünglichen Aussageabsichten der Schriften herauszuarbeiten.

Historismus (gr. historia »Geschichte«) schillernder Begriff zur Bezeichnung einer bestimmten Geisteshaltung im 19. und frühen 20. Jh. Folgende Elemente lassen sich unterscheiden: Geschichtsforschung nur um ihrer selbst willen, ohne Bezug zur Gegenwart; Beschränkung historischer Aussagen auf einfache Tatsachenfeststellung ohne Beurteilung, Verallgemeinerung oder philosophische Reflexion; Betrachtung aller Größen (wie Staat, Recht, Moral, Religion und Kunst) als Bestandteil geschichtlicher Entwicklungen, d.h. als geschichtlich geworden, veränderlich und relativ.

Hochamt in der katholischen Kirche die vom Priester mit einem Chor und unter Assistenz von Diakon und Subdiakon gehaltene Messe, auch → missa solemnis genannt.

Hochkirche in der evangelischen Kirche fordert die »Hochkirchliche Vereinigung« (seit 1918) auf der Grundlage des Augsburgischen Bekenntnisses »entschlossene Rückkehr zur vollen biblischen Wahrheit in Lehre und Verkündigung, zum apostolischen Amt der Kirche, zu bekenntnisgemäßem sakramentalen Leben und zum Bewußtsein der ökumenischen Einheit«; Wiederherstellung des »Voll-Gottesdienstes« mit Wort und Sakrament unter der Bezeichnung »Evangelische Messe« (nach Artikel XXIV des Augsburgischen Bekenntnisses) und des Gemeindegebets als Stundengebet (Mette, Vesper, Komplet); Eintreten für die Existenzberechtigung von evangelischen Orden und Bruderschaften; vgl. → High Church.

Hohepriesterliches Gebet krönender Abschluß der Abschiedsreden Jesu im Johannes-Evangelium in Form eines Gebets für seine Jünger und die Gemeinde (Joh. 17).

Hoherpriester der oberste jüdische Priester, der im Jerusalemer Tempel amtierte und nach dem Ende des davidischen Königtums der Repräsentant seines Landes auch in politischen Fragen war. Er hatte bestimmte, nur für ihn geltende Gesetze zu beachten, durfte aber als einziger am Versöhnungstage mit verhülltem Haupt das Allerheiligste des Tempels betreten. Mit der Zerstörung des Tempels (70 n.Chr.) erlosch auch das Amt des Hohenpriesters.

Holocaust anglisierte Form des gr. holokautôma »Brandopfer« (von gr. holos und kaiô »ein Opfer ganz verbrennen«), bezeichnet die versuchte Judenvernichtung durch das Dritte Deutsche Reich.

Homiletik Lehre von der Predigt, ihrem Wesen, ihrer Form und Darbietung.

Homilie (gr.) Ansprache, Predigt; eine Predigtweise, die am Text entlangführt und Vers für Vers auslegt (im Gegensatz zur Themapredigt, die den Inhalt eines Abschnitts unter einem Hauptthema darbietet).

Homöer (gr. homoios »ähnlich«) Theologen des 4. Jh.s um die Bischöfe Ursacius und Valens, die im Streit um das Nicaenum die Formel vertraten, der Sohn Gottes sei dem Vater »ähnlich gemäß den Schriften«, und damit eine theologische Wesenserkenntnis Christi ausschlossen (auch Arianer [→ Arianismus] genannt, zu unterscheiden von → Homöusianern, → Anhomöern und → Homousianern).

Homöusianer (gr. homoios »ähnlich«, usia »Wesen«) vermittelnde Theologen des 4. Jh.s, die im Unterschied sowohl zu den Homöern als auch zu den Homousianern von einer »Ähnlichkeit des Wesens« zwischen Gott dem Vater und dem Sohn sprachen und damit eine Wesensgleichheit statt einer Wesenseinheit lehren wollten (auch Semiarianer genannt).

homogen (gr.) gleichartig, gleichstoffig (Gg: → heterogen).

Homologie (gr. »Übereinstimmung, Übereinkunft«) Bekenntnis zu Jesus Christus ohne jeden erläuternden Zusatz, etwa: »Jesus ist der Messias« oder »Jesus ist der Herr«, auch: »Ich bin ein Christ« o.ä.

Homologumena (gr.) »die Übereinstimmenden«, die bereits im 2. und 3. Jh. in allen Kirchen zum Kanon des NT gehörenden Schriften (Gg: → Antilegomena).

Homophonie (gr.) »Gleichklang«, eine mehrstimmige Musik, bei der eine Melodiestimme führt und die übrigen Stimmen nur die Harmonie auffüllen.

homosexuell (gr.-lat.) gleichgeschlechtlich gerichtet (Gg: → heterosexuell).

Homousie (gr.) die Wesenseinheit des Gottessohnes mit dem Vater; abgeleitet vom gr. adjektiv homousios »wesenseins«, mit dem das Erste Ökumenische Konzil in Nizäa 325 n.Chr. die Gemeinschaft von Gottvater und -sohn bezeichnete.

Homousianer (gr. homos »gemeinsam, dasselbe«, usia »Wesen«) von Bischof Athanasius im 4. Jh. angeführte theologische Richtung, die die im Nicaenum formulierte ewige Wesenseinheit oder Einwesentlichkeit des Gottessohnes mit dem Vater verteidigte (auch Nicäner genannt).

Honoriusfrage Begriff für die grundsätzliche Frage, ob ein Papst in einer Glaubensfrage irren und zum → Häretiker werden kann. Er bezieht sich auf Papst Honorius I. (625–638), der lehrte, daß der Gottmensch Christus nur einen und nicht etwa zwei Willen gehabt habe (→ Monotheletismus). Das 6. Ökumenische Konzil von Konstantinopel 680/81 erhob dagegen die Zweiwillenlehre (→ Dyotheletismus) zum Dogma und verurteilte unter anderen auch Papst Honorius als Irrlehrer.

honoraris causa (lat.) der Vergütung wegen.

honoris causa (lat.) ehrenhalber; s.a. → h.c.

Hore (lat.) »Stunde«; Bezeichnung der den katholischen Geistlichen vorgeschriebenen 7 Gebetsstunden, in denen bestimmte Breviergebete zu beten sind (→ Stundengebet).

Horos (gr.) »Grenze«, Grenzstein, Termin, Ziel, Definition, Richtschnur, Verhältnis.

hortulus animae (lat.) »Seelengärtlein«; Titel von mittelalterlichen Gebetsbüchern.

Hosianna (hebr.) »Hilf doch!«, Anruf Gottes aus Psalm 118,25; Heilruf, mit dem Jesus beim Einzug in Jerusalem begrüßt wurde (Mark. 11,9).

Hospiz (lat.) Gästehaus; früher eine Bezeichnung für evangelische Unterkunftshäuser, heute für Häuser, in denen Todkranken Sterbebeistand (nicht: Sterbehilfe!) geleistet wird.

hostes generis humani (lat.) »Feinde des Menschengeschlechts«.

Hostie (lat.) »Opfertier«, »Sühnopfer«; Bezeichnung für das bei der Eucharistie verwendete ungesäuerte Brot in Form einer → Oblate.

Hugenotten Selbstbezeichnung der im 16. und 17. Jh. aus Frankreich kommenden Emigranten, die um ihres evangelischen Glaubens willen ihre Heimat verließen und vor allem in Gebieten von Glaubensverwandten im Ausland (u.a. in Preußen) Zuflucht fanden; allgemein: die Anhänger des reformierten Protestantismus in Frankreich.

Hugenottenstil Baustil in der Art eines strengeren, in den Schmuckformen einfacheren Barocks; von den aus Frankreich vertriebenen Hugenotten in Holland und in evangelischen Gebieten Deutschlands verbreitet.

Humanismus (lat. humanus »menschlich«) Anfang des 19. Jh. in Anknüpfung an Cicero in der deutschen Pädagogik geprägter Begriff für das Bildungsprogramm des am klassischen Altertum mit seinen Sprachen Latein und Griechisch orientierten Gymnasiums im Unterschied zu der von der Aufklärung propagierten Realschule. Die Antike sollte zum Bildungsmittel werden, d.h. den Prozeß anregen, durch den der Mensch sein Wesen aus sich selbst hervorbringt. Seit Mitte des 19. Jh.s wurde der Begriff H. auch auf die mit der Renaissance in Verbindung stehende kulturelle, philosophische und theologische Bewegung im 14.–16. Jh. angewandt, die in Italien entstand und sich in ganz Europa ausbreitete. Diese Bewegung wollte die mittelalterliche Scholastik durch Menschenbildung im Sinne der antiken griechischen und römischen Tugenden ersetzen. Das Streben nach Selbstvervollkommnung des Menschen verband sie mit philologischer und kritisch-historischer Arbeit an den Quellenschriften aus dem Altertum (»Zurück zu den Quellen!«).

Humanistische Psychologie Bezeichnung für verschiedene Richtungen der Psychotherapie, die sich seit den 50er Jahren des 20. Jh.s von Nordamerika aus in der ganzen westlichen Welt verbreiteten und sich neben der → Psychoanalyse und dem → Behaviorismus als »dritte Kraft« der Psychologie verstehen. Bekannte Vertreter sind Carl Rogers und Fritz Perls. Der Name erklärt sich aus der Zielsetzung, die Einzigartigkeit des Menschen, seine Wahlfreiheit und seine Fähigkeit zur Selbstverwirklichung zu betonen. So unterschiedlich ihre Vertreter auch sind, stimmen sie doch in dem Ziel überein, das Wachstum der Persönlichkeit zu fördern.

Humanität (lat.) »Menschlichkeit«; eine menschenfreundliche Haltung, Achtung vor Würde und Recht des Menschen. Adj. humanitär.

Humiliaten (lat.) Orden des 12. Jh.s n.Chr., der sich die Wiedergewinnung der → Waldenser für die Kirche zum Ziel gesetzt hatte.

Hussiten Nachfolger des am 6. Juli 1415 von der römisch-katholischen Kirche verbrannten tschechischen Reformators Johannes Hus, die aus Protest gegen seine Hinrichtung und die Unterdrückung seiner Anhänger zum organisierten offenen Kampf gegen kirchliche Einrichtungen übergingen und mit ihren Feldzügen bis nach Bayern, Österreich, Sachsen und Brandenburg drangen (1419–1436).

Hybris (gr.) »Übermut«, frevelhafte Selbstüberhebung des Menschen gegenüber Gott.

Hyliker (gr.) die unterste, stoffverhaftete Menschenklasse in der Gnosis, zur Erlösung unfähig.

Hylozoismus (gr. hylê »Stoff, Materie«; zôê »Leben«) die Lehre, daß alle Materie lebendig ist, weil es sie ohne Seele oder Geist gar nicht gäbe (auch Hylopsychismus oder Panpsychismus »Allbeseeltheitslehre« genannt).

Hymnologie (gr.) Wissenschaft von den (christlichen) Hymnen; Gesangbuchkunde.

Hymnus (gr.) »Lobgesang«, besonders zu Ehren der Gottheit.

Hyperbel (gr.) Gleichnis mit überhöhtem, unwirklichem Bild, Adj.: hyperbolisch.

Hyperdulie (gr.) gesteigerte Verehrung; Verehrung Marias als Mutter Gottes (kath.).

hypertroph, hypertrophisch (gr.) übermäßig vergrößert; überspannt, überzogen.

Hypnose (gr.) schlafähnlicher Zustand, der durch Suggestion künstlich hervorgerufen wird.

Hypostase (gr.-lat.) schillernder Begriff aus der Dogmengeschichte. Ursprünglich: Substanz, Wesenheit, ein für sich bestehendes Einzelnes. Dann: ein aus göttlichen Eigenschaften oder religiösen Vorstellungen personifiziertes göttliches Wesen. Heute eher Wechselbegriff für »Person« (»drei Personen in einer« bei der Trinität).

hypostatische Union Lehre, daß die Einheit der göttlichen und der menschlichen Natur in Christus eine Einheit weder der Natur noch bloß den Worten nach ist, sondern eine Einheit in der Person; vgl. → Hypostase.

Hypothese (gr.) »Unterlage«; Annahme eines Sachverhalts oder Zusammenhangs, die zunächst als Vermutung an das Geschehen herangetragen wird, wobei man auch von einer »Arbeitshypothese« spricht.

hypothetisch nur angenommen; nur unter gewissen Bedingungen gültig (Gg: → kategorisch); zweifelhaft.

I

ib. (lat.) ibidem = »ebenda« (um sich die wiederholte volle Angabe eines zitierten Buches zu ersparen).

id. (lat.) idem = »derselbe« (um sich die wiederholte Angabe des Verfassernamens zu ersparen).

idea innata (lat.) »eingeborene Idee«, Gg: idea a me ipso facta = »von mir selbst (auf Grund von Erfahrung) gebildete Idee«.

ideal (gr.-lat.) dem Urbild entsprechend, vollkommen; geistig; nur gedacht, nur der Vorstellung vorhanden (Gg: → real).

Ideal (gr.-lat.) Vorbild, Urbild, Inbegriff der Vollkommenheit, Hochziel.

Idealismus eine weltanschauliche Position, die dem Geistigen einen Vorrang vor dem Materiellen einräumt. Der subjektive I. bestreitet, daß eine vom denkenden Subjekt unabhängige Realität existiert. Der objektive I. betrachtet die Materie als Erscheinungsform des Geistes. Der transzendentale I. Kants besagt, daß wir die außersubjektive Realität nicht an sich, sondern nur als Erscheinungen erfassen können. Der ethische I. will das menschliche Verhalten an moralischen Idealen statt an persönlichen Interessen orientieren.

Idealität das Sein als Idee oder Vorstellung, im Gegensatz zur Realität.

Idee (gr.) »Schau«, die Schau des inneren Wesens, der Begriff; nach Plato das Urbild der Dinge, die nur geistig geschaut werden können. Kennzeichnend für die »Idee« im philosophischen Sinn: sie ist ein Geistiges, Immaterielles – und: sie bietet irgendwie vollkommene Erkenntnis oder wenigstens den Wegweiser dazu.

ideell französische Entsprechung zu → ideal; auf einer → Idee beruhend, nur geistig.

Identität vollkommene Gleichheit, Wesensgleichheit (Begriffe sind identisch, wenn sie in Inhalt und Umfang übereinstimmen).

Ideogramm (gr.) Zeichen einer Bilderschrift.

Ideologie (gr.) die Gesamtanschauung, die einer politischen, sozialen oder wirtschaftlichen Bewegung zugrundeliegt. Auch abwertend: wirklichkeitsfremdes, kritisches Denken ausschaltendes geschlossenes Weltbild.

id est (lat.) »das ist«, das heißt.

Idiolatrie (gr.) Selbstvergötterung, Selbstanbetung.

Idiom (gr.-lat.) Sprechweise, die einem einzelnen oder einer Gruppe eigentümlich ist. In der Theologie: die Wesenseigentümlichkeiten der zwei Naturen Christi (Mehrzahl: Idiomata).

Idiomenkommunikation → communicatio idiomatum.

Idol (gr.-lat.) »Abbild«; Götzenbild, Abgott, falsches Ideal.

Idololatrie, Idolatrie (gr.) Bilderverehrung, Götzendienst.

ignoramus et ignorabimus (lat.) »wir wissen nicht, und wir werden nicht wissen«.

IHS (lat.) Abkürzung für Jesus (im Griechischen ist H die Buchstabenform für langes e); oder für Jesus hominum salvator (»Jesus, Heiland der Menschen«); oder für in hoc salus (»in diesem ist Heil«); oder für Jesus habemus socium (»wir haben Jesus zum Genossen«); oder für → in hoc signo (vinces) »in diesem Zeichen (wirst du siegen)«.

Ikon, Ikone (gr.) »Bild«, geweihtes Tafelbild der orthodoxen Kirche, meist mit typenhaften Darstellungen Christi, der Maria und der Heiligen.

Ikonodule (gr.) Bilderverehrer, Verehrer von → Ikonen (Gg: → Ikonoklast).

Ikonographie (gr.) Beschreibung und Inhaltsdeutung von alten Bildwerken.

Ikonoklast (gr.) Bilderstürmer, Zerstörer von Heiligenbildern, Anhänger der Bilderabschaffung (Gg: → Ikonodule).

Ikonostase (gr.) dreitürige Bilderwand zwischen Gemeinde und Altarraum in den Ostkirchen.

Illokution, illokutiver Akt (lat. in locutione »im Reden«) gemäß der → Sprechakttheorie diejenige Dimension einer sprachlichen Äußerung, die im Sprechen zugleich eine Handlung vollzieht (z.B. ein Versprechen, ein Befehl, eine Warnung, eine Wette).

Illuminatenorden aufklärerisch-freimaurerische geheime Gesellschaft zur Verbreitung des → Deismus, 1776 gegründet.

illuminatio (lat.) »die Erleuchtung«; nach Augustin die Einstrahlung ewiger Wahrheiten in den erkennenden menschlichen Geist.

illuminatio spiritus sancti (lat.) die durch den heiligen Geist bewirkte Erleuchtung.

illuminieren Handschriften ausmalen, Buchmalereien herstellen.

Illusion (lat.) Täuschung, Selbsttäuschung, Schein.

Illusionismus (lat.) die Auflösung der Wirklichkeit in Selbsttäuschung und Schein.

illusorisch trügerisch, vergeblich, sich erübrigend.

Imagination (lat.) »Einbildung«, Phantasie, Einbildungskraft.

imago Dei (lat.) »Bild Gottes«; die Lehre von der Gottebenbildlichkeit des Menschen.

Imam (arab.) »Vorsteher«, Vorbeter in der Moschee, Titel für verdiente Gelehrte des Islam. Im schiitischen

Islam ein Nachkomme Alis, der von Allah zum religiösen Führer des Islam und Mittler göttlicher Offenbarung bestimmt wurde.

imitatio Christi (lat.) »Nachahmung Christi«, sachlich richtiger: Nachfolge Christi; Kennzeichnung christlichen Lebens im Gehorsam gegenüber Jesus Christus.

Imitation (lat.) »Nachahmung«. In der Musik: genaue Wiederholung eines Themas in anderer Tonlage.

immaculata conceptio (lat.) römisch-katholische Lehre von der »unbefleckten Empfängnis« der Maria, d.h. ihrer Bewahrung vor der Erbsünde im Augenblick der Empfängnis durch ihre Mutter Anna (1854 dogmatisiert).

Immakulateneid katholisch: eidliche Bekräftigung des Satzes von der unbefleckten Empfängnis Mariens.

immanent (lat. »darin bleibend«) was innerhalb eines klar abgegrenzten Bereichs ist, diesen nicht überschreitet (transzendiert) und nicht von außen (aus der Transzendenz) als Beurteilungsmaßstab herangetragen wird. Auf die Welt als ganze bezogen heißt immanent: innerweltlich, menschlicher Erfahrung und Erkenntnis zugänglich.

immanente Trinität → Trinität.

Immanenz (lat.) das Drinnensein, Eingeschlossensein innerhalb eines Bereichs. Das Immanenz-Denken ist eine Haltung, die zur Erklärung der Welt ausschließlich das für uns Erfahrbare heranzieht und die Frage nach einer Ursache der Welt oder nach ihrem Schöpfer grundsätzlich ablehnt (Gg: → Transzendenz).

Immanuel (hebr.) »Gott mit uns«, im AT symbolischer Name des Jungfrauensohnes (Jes 7,14; 8,8), im NT auf Jesus angewendet (Matth. 1,23).

immateriell (lat.) unstofflich, unkörperlich.

Immatrikulation (lat.) Einschreibung in die Liste (»Matrikel«) der Studierenden.

Immoral (lat.) Unmoral, Unsittlichkeit.

Immortalität (lat.) »Unsterblichkeit«.

Imperativ (lat.) Befehl, Gebot. In der Grammatik: Befehlsform (Gg: → Indikativ).

Imperialismus (lat.) Machterweiterungsdrang der Großmächte.

Imperium Romanum (lat.) das Römische Kaiser- und Weltreich.

implịcite, implizịt (lat.) eingeschlossen, mitgemeint, inbegriffen (Gg: → explicite).

Impotenz (lat.) »Unvermögen«, Unfähigkeit, Zeugungsschwäche.

Imprimatur (lat.) »es mag gedruckt werden«; im Katholizismus eine vom Bischof oder von Ordensoberen erteilte Druckerlaubnis für kirchliche Schriften.

imputative Gerechtigkeit (lat. imputare »zuschreiben, anrechnen«)

reformatorische Lehre von der unverdienten Rechtfertigung des Sünders, die dadurch geschieht, daß ihm seine Sünde nicht angerechnet wird, dafür aber die Verdienste Christi zugeschrieben werden; vgl. → forensische Rechtfertigung.

In dulci jubilo (lat.) »in süßem Jubel«, Anfang eines lat.-deutschen Mischliedes aus dem 14. Jh.

in extremis (lat.) »in den letzten (Zügen)«.

in hoc signo vinces (lat.) »in diesem Zeichen wirst du siegen« (Kreuzesvision Kaiser Konstantins 312 n.Chr.).

in memoriam → memoria

in partibus infidelium (lat.) »im Gebiet der Ungläubigen«, ehemals Titelzusatz bei Bischöfen, die auf Bischofssitze geweiht wurden, die im Lauf der Geschichte verlorengegangen waren.

in periculo mortis (lat.) in Todesgefahr.

inadäquat (lat.) nicht entsprechend, nicht angemessen.

Inauguraldissertation (lat.) wissenschaftliche Arbeit zur Erlangung eines akademischen Grades.

incurvạtus in seipsum (lat.) in sich selbst hineinverkrümmt (Bezeichnung Luthers für das auf sich selbst statt auf Gott bezogene Streben des Sünders, die Eigenliebe).

I.N.D. (lat.) Abkürzung für In Nomine Domini, »Im Namen des Herrn«.

Indefektibilität (neulat.) die zeitliche Unvergänglichkeit und wesentliche Unveränderlichkeit, die nach römisch-katholischer Lehre der Kirche eigen ist.

Independenten (lat.-engl.) »Unabhängige«; Vorläufer der Dissenters in England, die das biblische Recht einer von Priestern unabhängigen Schriftauslegung und Sakramentsverwaltung betonen. Richtung des 17. Jh.s, die die völlige Unabhängigkeit der Einzelgemeinde vertrat (→ Kongregationalismus).

Indeterminismus (lat.) »Nichtbestimmtheit«; Lehre von der Unbestimmtheit, vor allem die Anschauung, die den menschlichen Willen als nicht bestimmt, also frei ansieht (Gg: → Determinismus).

Index librorum prohibitorum (lat.) »Verzeichnis verbotener Bücher«, eine Aufstellung der für Katholiken verbotenen Druckwerke, erstmals 1559 erschienen, heute über 6000 Titel enthaltend.

indifferent (lat.) unbestimmt, gleichgültig, teilnahmslos.

Indikativ (lat.) Aussage, Anzeige. In der Grammatik: Aussageform, Wirklichkeitsform des Verbs (Gg: → Imperativ).

Indikativ und Imperativ zwei Weisen der Ansprache der neutestamentlichen Briefe an ihre christlichen Leser; einerseits wird ihnen die Erlösung als bereits geschehen zugesagt, andererseits werden sie aufgefordert, sich in ihrem Verhalten darauf einzustellen (etwa Röm. 6,11f: Ihr seid der Sünde gestorben. Laßt nun die Sünde nicht herrschen in eurem sterblichen Leibe. Oder Kol. 3,8f: Legt alles ab von euch ..., denn ihr habt den alten Menschen mit seinen Werken ausgezogen). Darin spiegelt sich die spannungsvolle Situation des christlichen Lebens zwischen dem Anbruch des Reiches Gottes schon jetzt und der noch nicht erschienenen Vollendung.

Individualethik (lat.); dasjenige Gebiet der christlichen Ethik, das sich mit dem sittlichen Verhalten des Einzelmenschen beschäftigt; Gg: → Sozialethik.

Individualismus (lat.) Anschauung, nach der das Einzelwesen (Individuum) dem Allgemeinen und Ganzen übergeordnet ist; betont darum das Vorrecht des Einzelwesens. Neigung des einzelnen zu ausgesprochener Selbständigkeit und Unabhängigkeit u.U. bis hin zum Egoismus.

Individualität (lat.) Einzelpersönlichkeit, persönliche Eigenart; der Inbegriff von Eigenschaften, durch die sich jemand als eigenartiges, einmaliges Individuum bekundet.

Individualpsychologie Bezeichnung für die auf den Wiener Nervenarzt Alfred Adler (1870–1937) zurückgehende Richtung der Tiefenpsychologie, welche besonders die Einheit und Ganzheit der Person (lat. individuum »das Unteilbare«) betont. Als entscheidender Beweggrund menschlichen Handelns wird das Streben nach Anerkennung sowie das Gemeinschaftsgefühl erkannt. Um das Gefühl der Minderwertigkeit auszugleichen, strebt der Mensch nach Überlegenheit. Symptome wie Ängste, Zwangsverhalten, seelisch bedingte körperliche Beschwerden werden weniger von ihrer Ursache als von ihrer Zweckhaftigkeit her betrachtet (Was will der Betroffene damit erreichen?). Besondere Bedeutung hat die I. für die Pädagogik.

Individuum (lat.) »das Unteilbare«, das Einzelwesen; der Mensch als Einzelwesen (auch in verächtlichem Sinne gebraucht).

Induktion (lat.) »Heranführung«; Erkenntnisverfahren, das von der genauen Beobachtung eines oder mehrerer Einzelfälle ausgeht und daraus auf ein allgemeines Gesetz schließt (Gg: → Deduktion; vgl. → Abduktion).

Indulgenz (lat.) Nachsicht, → Ablaß der zeitlichen Sündenstrafen.

Infallibilität (lat.) Unfehlbarkeit des Papstes in Fragen der Glaubens- und Sittenlehre (→ ex cathedra).

Inferiorität (lat.) Minderwertigkeit, Rückständigkeit, untergeordnete Stellung.

Inferno (ital.) Unterwelt; christlich: »Hölle«; Titel des ersten Teils von Dantes »Göttlicher Komödie«.

Infernum (lat.) Hölle, Unterwelt (ital. → Inferno).

infernalisch höllisch, teuflisch.

infinitum capax finiti (lat.) das Unendliche besitzt die Fähigkeit, das Endliche zu umgreifen.

Infralapsarismus (lat.) reformierte Theorie, wonach die göttliche Prädestination der bereits in Sünde gefallenen Menschheit gilt (Gg: → Supralapsarismus).

Inful (lat.) »Kopfbinde«; in altrömischer Zeit Zeichen der Immunität von Priestern und Schutzbefohlenen, in der römisch-katholischen Kirche gleichbedeutend mit → Mitra.

Infusionstaufe Taufe durch Begießen (vgl. → Submersionstaufe).

ingens miraculum (lat.) »ein gewaltiges Wunder«.

Ingressus (lat.) Einleitung (des Beichtgottesdienstes).

Inhabitation (lat.) Einwohnung (Gottes).

Inhärenz (lat.) »Anhaften« der Eigenschaften an den Dingen.

Initialen (lat.) Anfangsbuchstaben eines neuen Kapitels, in alten Handschriften durch Größe und kunstvolle Ausmalung herausgehoben; Namenszeichen.

Initiation (lat.) Einführung, »Einweihung« (etwa durch »Initiationsriten«) in einen höheren Stand, zur Erlangung höherer Erkenntnisse (spez. in den Mysterienreligionen).

Inkarnation (lat.) Fleischwerdung, Menschwerdung Christi (Joh. 1,14).

Inkunabeln (lat. incunabula »Windeln«) Wiegendrucke, Bezeichnung der frühesten Drucke bis etwa 1500, als die Buchdruckerkunst »noch in den Windeln lag«.

Inquisition (lat.) »Untersuchung«, Nachforschung, insbesondere: ein geistliches Gericht der katholischen Kirche, das zur Aufspürung und Bestrafung von Ketzern eingerichtet wurde (seit 1215).

INRI (lat.) Abkürzung für JESUS NAZARENUS REX JUDAEORUM, »Jesus von Nazareth, König der Juden« (Überschrift über Jesu Kreuz).

Insignien (lat.) Ehrenzeichen, Kennzeichen von hochgestellten Amtsträgern.

Inspiration (lat.) »Eingebung«, »Einhauchung«, speziell: der göttliche Ursprung der Bibel (2. Tim. 3,16; 2. Petr. 1,20-21); vgl. → Personalinspiration, → Realinspiration, → Verbalinspiration.

Installation (lat.) ursprünglich die Einweisung eines Kapitulars (= Mitglied eines Domkapitels) auf seinen Platz im Chorgestühl (stallum = Chorstuhl), heute: feierliche Amtseinführung.

Instauration (lat.) Wiederaufrichtung, Erneuerung.

institutio (lat.) »Einrichtung«, Anordnung, Unterricht.

Institutio Christianae religionis (lat.) »Unterricht in der christlichen Religion« (Titel der wichtigsten Schrift des Genfer Reformators Johannes Calvin, 1536–1559 in verschiedenen Fassungen entstanden).

Institution in der Soziologie die geschichtlich gewordene, durch ein bestimmtes Verhaltensmuster (Rollenverteilung) gekennzeichnete Lebensform einer sozialen Gruppe. Die Institution ist zwar auf Dauer angelegt, aber nicht auf unverändertes Fortbestehen; sie wandelt sich, ist kein Zustand, sondern ein Vorgang (Ehe, Staat).

Integralismus (lat. integer »unversehrt, rein«) streng konservative und stark päpstlich orientierte Richtung des Katholizismus, die ihre Blütezeit Ende des 19. und Anfang des 20. Jahrhunderts hatte. Sie verfolgt das Ziel, die katholische Kirche von den jeweiligen Zeitströmungen (→ Modernismus) rein zu halten, und wird heute oft als → Fundamentalismus bezeichnet.

Integration (lat.) Prozeß des Zusammenwachsens zu einer organischen und heilen Einheit, Eingliederung in ein bestehendes Größeres.

integrierend einen notwendigen Bestandteil einer Sache bildend, unerläßlich zu ihr gehörend.

Integrität Unversehrtheit, Unbescholtenheit, Vollkommenheit.

Intellekt (lat.) Verstand, Denkfähigkeit im Gegensatz zu Gemüt und Willen; auch der Verstand im Gegensatz zur Vernunft.

Intellektualismus (lat.) einseitige Heranziehung des Intellekts unter Vernachlässigung von Fühlen, Wollen und Tun.

intellektuell (lat.) rein verstandesmäßig, geistig.

intelligibel (lat.) einsehbar, begreifbar, denkbar; bei Kant das, was nicht der sinnenhaften Erfahrung, sondern allein der Vernunft zugänglich ist.

intelligo ut credam (lat.) ich benütze den Verstand, um zum Glauben zu kommen (Formel des Abälard, gest. 1142. Gg: → credo ut intelligam).

Intention (lat.) Absicht (nach römisch-katholischer Lehre verlangen die Sakramente eine positive »Intention« des Spenders, um wirksam zu werden).

Intentionalismus (lat.) Anschauung, daß die »Absicht« bei einer Handlung über ihre Gültigkeit oder ihren sittlichen Wert entscheidet.

Interdikt (lat.) »Verbot«; kirchenrechtliche Strafmaßnahme des Papstes gegen einzelne, Gemeinschaften, Länder (Verbot, den Gottesdienst abzuhalten und das Abendmahl zu spenden).

Interim (lat.) Zwischenzustand.

Augsburger Interim Reichsgesetz vom Mai 1548, das nach dem Siege Kaiser Karls V. über die protestantischen Fürsten bei Mühlberg (1547) den konfessionellen Frieden wiederherstellen sollte; den Protestanten wurden dabei Laienkelch und Priesterehe zugestanden, hingegen sollte der Gottesdienst wieder katholisch werden; in den übrigen strittigen Fragen bemühte man sich um Kompromißformeln; Katholiken und norddeutsche Lutheraner lehnten das Augsburger Interim gleichermaßen ab.

Leipziger Interim unter Mitarbeit Melanchthons zustandegekommenes Sondergesetz des Kurfürsten Moritz für Kursachsen (Dezember 1548), in dem zwar die lutherische Rechtfertigungslehre festgehalten, aber eine Vielzahl katholischer Riten, die mit dieser unvereinbar waren, zu Adiaphora erklärt wurden; die Folge war der Ausbruch eines heftigen Streites zwischen den Lutherschülern und Melanchthon (→ adiaphoristischer Streit).

Interimsethik Kennzeichnung der neutestamentlichen Ethik, die eine durch die Erwartung der baldigen Wiederkunft Christi grundlegend beeinflußte Ordnung annimmt, also nicht mit unveränderlichen Verhältnissen auf Erden rechnet (vgl. 1. Kor. 7,29).

Interkommunion (lat.) volle Abendmahlsgemeinschaft zwischen verschiedenen Kirchen.

interkonfessionell (lat.) die Grenzen der Konfession überschreitend.

Interpolation (lat.) Einschaltung, Texteinschaltung.

Interpretament (lat.) interpretierender Zusatz, der überlieferten Texten zugefügt wird; so gilt z.B. »im Geiste« als Interpretament des Matthäus zum überlieferten Wort Jesu: »Selig sind die Armen« (Matth. 5,3). Auch: Deutungsmittel; nach W. Marxsen ist z.B. die Rede vom Geschehen-Sein der Auferstehung Jesu ein Interpretament der subjektiven Jesusvisionen der ältesten Jüngergemeinde.

interpretatio romana (lat.) Deutung germanisch-heidnischer Bräuche und Kultgegenstände im Sinne der römischen Kirche.

interpretieren (lat.) auslegen, erklären.

Interregnum (lat.) »Zwischenherrschaft« (nach dem Abgang eines Herrschers bis zur Amtsübernahme des neuen).

Interzession (lat. intercessio »Vermittlung, Fürsprache«) Jesu Fürbitte für seine Gemeinde beim Vater, Teil des hohenpriesterlichen Amtes Jesu.

Inthronisation Thronerhebung, feierliche Einsetzung eines neuen Bischofs oder Papstes.

Intinctio (lat.) in der Ostkirche übliche Praxis, die Hostie bei der Feier des heiligen Abendmahls vor der Austeilung in den Kelch zu tauchen.

Intoleranz (lat.) Unduldsamkeit gegenüber einem anderen Glauben, einer anderen Weltanschauung.

Intonation (lat.) »Einstimmung«; Tonansatz, der vom Priester oder Kantor vorzusingende Anfang eines liturgischen Gesanges.

intrinsisch (lat.) »von innen her«, aus eigenem Antrieb oder aus in der Sache selbst liegenden Gründen erfolgend (Gg: → extrinsisch).

Introitus (lat.) »Eingang«, Einleitung des Gottesdienstes, bestehend aus einem Psalm, schließend mit »Ehre sei dem Vater ...«

introvertiert (lat.) nach innen gewandt, zur inneren Verarbeitung von Erlebnissen fähig und bereit (Gg: extrovertiert).

Intuition (lat. intueri »hinblicken, anschauen«) Schau; eine rein geistige Schau, die ein unmittelbares Erfassen vermittelt und den Umweg über Begriffe vermeidet.

intuitiv geistig erschauend, einer Eingebung folgend.

Invariata (lat.) die »Unveränderte (Augsburger Konfession)«.

Investitur (lat.) »Einkleidung«, Einsetzung eines Bischofs, Einweisung in ein Pfarramt.

Investiturstreit die Auseinandersetzung zwischen dem Papsttum und der weltlichen Macht (besonders dem Kaiser) um das Recht weltlicher Fürsten, geistliche Ämter zu besetzen (Laieninvestitur). Er brach Mitte des 11. Jh.s etwa gleichzeitig in Deutschland, England und Frankreich aus und endete im Wormser Konkordat 1122 mit einem weitgehenden Erfolg der Kurie. Der Kaiser behielt lediglich in Deutschland ein gewisses Einspruchsrecht.

Invokavit (lat.) »Er rief (mich) an«, Bezeichnung des 1. Sonntags der Passionszeit (nach Psalm 91,15).

involvieren (lat.) einschließen, in sich begreifen, enthalten.

Inzest (lat.) Blutschande; Geschlechtsverkehr mit Verwandten, mit denen die Ehe untersagt ist.

ipsissima vox Jesu (lat.) die ureigene Stimme Jesu (im Unterschied zu Formulierungen, die in den Evangelien Jesus zugeschrieben werden, aber erst im apostolischen Zeitalter entstanden sind; → Gemeindebildung).

irenisch (gr.) »friedlich«, auf Versöhnung bedacht.

Ironie (gr.) Redeweise, bei der mit verstecktem oder unverhohlenem Spott das Gegenteil des Gemeinten gesagt wird.

irrational (lat.) dem Verstand zuwiderlaufend; mit Begriffen nicht zu erschöpfen (Gg: → rational).

irreal (lat.) nicht wirklich, unwirklich (Gg: → real).

irreligiös (lat.) religionslos.

irresistịbilis (lat.) unwiderstehlich.

Irrlehre Bezeichnung einer Lehre, die dem Verständnis der Heiligen Schrift oder den verbindlichen Lehrsätzen (= Dogmen) einer Kirche widerspricht (auch → Häresie genannt).

Isagogik → Einleitungswissenschaft.

Islam (arab.) »Unterwerfung (unter Allah)«, Name der von Mohammed (570–632 n.Chr.) gestifteten Religion, deren Anhänger »Muslim« heißen. Der Islam ist eine monotheistische Religion und gründet sich auf das Glaubensbekenntnis »Es gibt keine Gottheit außer Allah, und Mohammed ist sein Apostel«. Abraham, Mose, Jesus und andere biblische Personen werden als Propheten anerkannt, es heißt jedoch, daß die von ihnen empfangenen Offenbarungen von ihren Anhängern (Juden und Christen) verzerrt worden seien. Mohammed war der letzte der Propheten, dem Gott sein heiliges Wort, den Koran, wörtlich diktierte. Im Zentrum des Islam steht das göttliche Gesetz (»Scharia«), das im Koran und durch das Vorbild Mohammeds offenbart wurde. Üblicherweise wird kein Unterschied gemacht zwischen Religion und Politik. Das gesamte private und öffentliche Leben soll soweit wie möglich durch das göttliche Gesetz regiert werden. Dessen Auslegung liegt in der Hand der Rechtsgelehrten. Heute gibt es ca. 1 Milliarde Muslime in der Welt.

Israel (hebr.) »Gottesstreiter«. Im Alten Testament: Name des Stämmeverbandes, der als »auserwähltes Volk« von Moses aus der ägyptischen Knechtschaft ins Land Kanaan geführt worden war und sich dort niederließ (vgl. 2. Mose ff); nach 1. Mose 32,29 hatte Jakob diesen Namen von Gott erhalten und war später mit seinen Söhnen von Josef im Gebiet von Goschen angesiedelt worden. Seit der Teilung des Reiches nach Salomos Tod (926 v.Chr.) unter Rehabeam und Jerobeam I. führte das Nordreich die Bezeichnung »Israel« im Gegensatz zum Südreich Juda. Im Neuen Testament: Bezeichnung für das gesamte jüdische Volk in seiner Eigenschaft als Volk Gottes und Träger seiner Verheißung (vgl. besonders Römer 9-11). In der neuesten Geschichte Name des am 15.5.1948 in Palästina gegründeten jüdischen Staates.

Itala auf Augustin zurückgehende herkömmliche Bezeichnung für die lateinischen Bibelübersetzungen, die der Vulgata des Hieronymus (gest. 420) vorausgingen; auch → Vetus Latina.

Itazismus bereits im frühen Hellenismus einsetzende Aussprache des griechischen Eta wie Ita, der altgriechischen E-Laute wie langes I. Erasmus führte wieder die E-Aussprache ein.

Ite, missa est (lat.) »Geht, (die Versammlung) ist entlassen!«; alte Entlassungsformel im römisch-katholischen Gottesdienst, ursprünglich zur Entlassung der Katechumenen vor dem Abendmahl, woraus das Wort Messe entstand.

J

Jähtaufe → Nottaufe.

Jahve, Jahwe hebräischer Name des Gottes Israels; vgl. → Tetragramm.

Jahvist, Jahwist (hebr.-lat.) Verfasser einer angenommenen Quellenschrift des → Hexateuch, der für Gott den Namen Jahve (Jahwe) gebraucht (vgl. → Elohist).

Jakobiten Anhänger der syrischen monophysitischen Nationalkirche nach dem Bischof Jakob Baradai von Edessa (541–578 n.Chr.).

Jambus (gr.) Versfuß, der aus einer Kürze und einer Länge besteht (z.B. »Erhalt uns, Herr, bei deinem Wort«). Mehrzahl: Jamben.

Jansenismus romfeindliche, auf Augustin zurückgreifende theologische Richtung des 17./18. Jh.s in Frankreich, Belgien und Holland (nach dem niederländischen Theologen Cornelius Jansen, gest. 1638), die gekennzeichnet war durch Abneigung gegen die Philosophie, starke Betonung der Schrift, sittliche Strenge und eine mystische Frömmigkeit. Von Rom 1656 und 1713 verurteilt.

Jehova alte, aber unrichtige Lesung für → »Jahve«; entstanden durch Vermischung mit den im hebräischen Text beigeschriebenen Vokalzeichen von → Adonai.

Jehovist der unbekannte Redaktor, der nach Meinung zahlreicher Bibelausleger das Buch des Jahvisten mit dem des Elohisten zusammenfaßte.

Jesuit Angehöriger der Societas Jesu, des von Ignatius von Loyola 1540 gegründeten katholischen Ordens.

JHWH in der Theologie heute oft verwendete Schreibweise des alttestamentlichen Gottesnamens; s.a. → Jahve, → Jehova, → Tetragramm

jiddisch mittelhochdeutsch-jüdisch-slawische Sprache oder Sprechart der Ostjuden, in der auch literarische Werke erschienen sind und die heute noch von Gruppen im Staat Israel gesprochen wird.

Job lateinische Form des Namens Hiob/Ijob.

Jobeljahr (hebr.) »Jahr des Widderhorns«, → Jubeljahr.

Johannespassion Vertonung der Leidensgeschichte (Passion) Christi nach dem Zeugnis des Johannesevangeliums; bedeutendste Werke dieser Art sind die Johannespassion von H. Schütz (1665) und die 1723 erstaufgeführte Johannespassion von J.S. Bach.

Jom Kippụr (hebr.) Versöhnungstag; höchstes jüdisches Fest am 10. Tischri = Ende September (3. Mose 16).

jonisch (gr.-lat.) altgriechische Tonart; in der alten Kirchenmusik die dem heutigen C-Dur entsprechende Tonart.

Josephinismus aufgeklärte katholische Staatskirchenpolitik im Österreich des 18./19. Jh.s (nach Kaiser Joseph II., gest. 1790).

Jubeljahr nach 3. Mose 25 war in Israel jedes 50. Jahr als Erlaßjahr zu begehen; es heißt auch Jobeljahr (nach hebr. jobel »Widderhorn«) oder Halljahr, weil es durch das Blasen der Widderhörner eröffnet wurde. Die lat. Übersetzung annus jubileus hat zum deutschen Wort Jubeljahr geführt. Es war ein Jahr des Schulderlasses und der Pfandrückgabe sowie der Befreiung der Sklaven.

Jubiläumsjahr Heiliges Jahr (Anno Santo) der römisch-katholischen Kirche, von Papst Bonifatius VIII. im Jahr 1300 mit der Stiftung eines vollkommenen Ablasses eingeführt. Seit 1475 wird es alle 25 Jahre wiederholt, seit 1500 mit dem feierlichen Aufbruch des »Jubeltores« (Goldenes Tor) der St.-Peters-Kirche in Rom vor der ersten Vesper des betreffenden Weihnachtsfestes verbunden; am Ende des Jubiläumsjahres (Weihnachten des folgenden Jahres) wird das Tor wieder zugemauert.

Jubilate (lat.) Bezeichnung des 3. Sonntags nach Ostern nach dem alten Eingangsvers des Gottesdienstes aus Psalm 66,1 »Jubelt!« »Jauchzet!«.

Judaika Bücher über das Judentum.

Judaisten judenchristliche Richtung im frühen Christentum, die die Treue zum mosaischen Gesetz auch von den Heidenchristen verlangte; von Paulus bekämpft.

Judenchristen geborene Juden, die sich zu Christus bekehrt haben, aber auch als Glieder der christlichen Gemeinde weiterhin auf dem Boden des Judentums stehen. Heute werden sie auch »messianische Juden« genannt.

Judicum (lat.) Buch der Richter (im AT).

Judika (lat.) Bezeichnung des 5. Sonntags in der Passionszeit nach dem altkirchlichen Eingangsvers aus Psalm 43,1.

Jugendreligionen durch F.-W. Haack eingeführte Sammelbezeichnung für neue religiöse Bewegungen wie Transzendentale Meditation, Scientology Church, Kinder Gottes, Vereinigungskirche u.a., deren Hauptzielgruppe allerdings nicht Jugendliche unter 18 Jahren, sondern die 18- bis 45jährigen sind. Ihr Hintergrund ist teils hinduistisch, teils christlich, teils therapeutisch; gemeinsames Kennzeichen ist jedoch die vollständige Hörigkeit der Mitglieder gegenüber dem Willen eines »heiligen Meisters«.

Junge Kirchen (engl. younger churches) seit 1927/28 im Arbeitsbereich der evangelischen Heidenmission Bezeichnung für die aus der Missionsarbeit hervorgegangenen und zu eigenständiger Kirchenbildung herangewachsenen Gemeinden in Übersee im Unterschied zu den »alten Kirchen«, von denen die Mission ausgegangen ist.

juridisch (lat.) der Rechtswissenschaft entsprechend.

Jurisdiktion (lat.) Gerichtsbarkeit (weltliche und geistliche), Rechtsprechung.

jus canonicum (lat.) das in der römisch-katholischen Kirche gültige Kirchenrecht (→ Codex Iuris Canonici = CIC).

jus circa sacra (lat.) »Recht in bezug auf heilige Dinge«; im protestantischen Verständnis die Rechte der weltlichen Gewalt in Kirchensachen. Sie betreffen nicht die geistliche Leitung der Kirche (Glaube und Kultus), sondern die äußere kirchliche Ordnung (siehe auch → jus in sacra).

jus divinum (lat.) »göttliches Recht«.

jus humanum (lat.) »menschliches Recht«.

jus in sacra (lat.) »Recht in heiligen Dingen«; im protestantischen Verständnis zunächst allgemein die Rechte der weltlichen Gewalt in der äußeren Ordnung der Kirche, also gleichbedeutend mit → jus circa sacra. Im 19. Jh. wurde die allgemeine Kirchenhoheit des konfessionell paritätischen Staates als jus circa sacra vom Kirchenregiment der evangelischen Landesherrn in ihrer eigenen Kirche als jus in sacra unterschieden.

jus reformandi (lat.) das Recht des Fürsten, eine bestimmte Konfession in seinem Land zuzulassen oder auszuschließen.

jus talionis (lat.) das Recht gleicher Vergeltung, »Auge um Auge, Zahn um Zahn« (2.Mose 21,23-25).

justificatio (lat.) »Rechtfertigung«, Gerechtsprechung, Gerechtmachung.

justificatio effectiva → »effektive Rechtfertigung«.

justificatio forensis → »forensische Rechtfertigung«.

justificatio impii (lat.) »Rechtfertigung des Gottlosen«.

justitia civilis (lat.) »bürgerliche Gerechtigkeit«, Ehrbarkeit.

justitia originalis (lat.) »ursprüngliche Gerechtigkeit« (= Zustand des Menschen vor dem Sündenfall).

K

Kaaba (arab.) »Würfel«; würfelförmiges Hauptheiligtum des Islam in Mekka mit dem in die Mauer eingebauten schwarzen Stein. Wurde schon vor Mohammed von den heidnischen Arabern religiös verehrt.

Kạbbala (arab.) »Überlieferung«; überlieferte jüdische Geheimlehre des Mittelalters mit allegorischer Deutung des AT und stark magischem Einschlag.

kabọd (hebr.) Ehre, Herrlichkeit.

Kadavergehorsam meint einen blinden Gehorsam unter völliger Aufgabe des eigenen Willens (geht zurück auf den von den → Jesuiten geforderten Gehorsam gegen Gott und den Vorgesetzten; die Untergebenen sollten so willenlos sein, als wären sie ein Leichnam, lat. si cadaver essent).

kahạl (hebr.) »Versammlung«, Gemeinde.

Kainsmal, Kainszeichen nach 1. Mose 4,15 eine Art »Schutzzeichen« Gottes auf der Stirn des Kain bei seiner Vertreibung aus der Heimat nach dem Brudermord an Abel; oft fälschlich verwendet, um die Spur einer bösen Tat zu bezeichnen, die am Täter erkennbar ist.

Kairọs (gr.) die erfüllte Zeit (Mark. 1,15; Gal. 4,4), der Augenblick wesentlicher Entscheidungen, der günstige Augenblick.

Kalif (arab.) »Stellvertreter«; Titel des politisch-religiösen Oberhaupts des islamischen Reiches, Nachfolger Mohammeds.

Kalifat Amtsbereich oder Regierungszeit eines Kalifen.

Kalixtiner (lat. calix »Kelch«) gemäßigte Richtung der Hussiten, die 1420 den Laienkelch forderten (auch → Utraquisten genannt).

Kalkant (lat.) der Bälgetreter an der Orgel (heute fast allerorts durch elektrisches Orgelgebläse abgelöst).

Kalokagathie (gr. kalos »schön«, agathos »gut«) das Ideal des edlen Menschen (bei Sokrates und Plato).

Kalvạria (lat.) Schädelstätte, Ort der Kreuzigung Jesu (= Golgatha).

Kalvarienberg (lat.) Nachahmung der biblischen Kreuzigungsstätte an Wallfahrtsorten.

Kamerar (lat.) Verwalter der Kapitelskasse des Dekanats (Superintendentur).

Kamisarden hugenottische Bauern in den französischen Cevennen, die sich gegen Ludwig XIV. erhoben.

Kandidat (lat. candidatus »weißgekleidet«) in der Prüfung Stehender, auch Bewerber um ein Amt.

Kanon (gr.-lat.) Maßstab, Richtschnur, Regel, Tabelle; wurde auf die Bibel zunächst im Sinne von »Verzeichnis kirchlich angenommener Schriften« angewandt, dann auch, um sie als Norm kirchlichen Glaubens und Handelns zu bezeichnen. Wird heute oft gebraucht, um AT und NT als eindeutig abgegrenzte Sammlungen heiliger Schriften zu kennzeichnen. – In der Musik: Singrad, Kettengesang, das sich selbst notengetreu und in bestimmten Abständen begleitende Thema.

Kanoniker Domherr, Chorherr.

Kanon im Kanon Norm innerhalb der Bibel; ein einzelnes biblisches Konzept (etwa die Rechtfertigung des Gottlosen), das als kritischer Maßstab gegenüber anderen biblischen Aussagen gebraucht wird und zu deren Relativierung oder Ablehnung führt.

Kanonisation Heiligsprechung (= Aufnahme in den amtlichen Kanon der Heiligen, erstmals 993), der ein Heiligsprechungsprozeß vorausgeht.

kanonisch zum Kanon der Heiligen Schrift gehörend (Gg: → apokryph), dogmatisch verbindlich.

Kanonisches Recht → Codex Iuris Canonici.

Kanon Muratori → Canon Muratori.

Kantate (lat.-ital.) Kirchenmusikform, mehrteilige Komposition für Solisten und/oder Chor mit Instrumentalbegleitung. Bezeichnung des 4. Sonntags nach Ostern nach dem alten Eingangsvers Psalm 98,1.

Kantor (lat.) Vorsänger, Leiter eines Kirchenchors.

Kanzel erhöhter, mit einer Brüstung versehener Platz für den Prediger.

Kapelle kleines kirchliches Gebäude zu gelegentlichen gottesdienstlichen Handlungen, oft auch zu privatem Gebrauch erbaut; nicht bestimmt als regelmäßiger gottesdienstlicher Mittelpunkt einer Gemeinde, sondern etwa als Bet-, Tauf- und Grabkapelle; in einigen evangelischen Freikirchen werden traditionsgemäß auch die Gemeindehäuser und Kirchen so bezeichnet.

kapernaitisch, kapharnaitisch bezeichnet eine Auffassung vom Abendmahl, derzufolge nicht nur das Brot, sondern auch der Leib Christi real von den Zähnen der Gläubigen zermahlen wird (in Anknüpfung an die Frage der Bewohner Kapernaums Joh 6,52 »Wie kann der [Jesus] uns sein Fleisch zu essen geben?«).

Kapitäl, Kapitell (lat. capitellum »Köpfchen«) Kopfstück einer Säule, oberer Pfeilerabschluß.

Kapitale ursprünglich auf Felsen und Steinen eingemeißelte, gleich hohe und unverbundene römische Monumentalschrift.

Kapitalsünden → Hauptsünden.

Kapitel (lat.) Vereinigung der Geistlichen einer Kirche (Domkapitel); Versammlung eines Ordens; Hauptstück in einem Schriftwerk.

Kapitular Domherr, Mitglied eines Kapitels.

Kaplan (lat.) »Kapellengeistlicher«; katholischer Hilfsgeistlicher oder Geistlicher mit besonderen Aufgaben.

Kappadozier Benennung der drei Kirchenväter Basilius d.Gr. (gest. 379), Gregor von Nazianz (gest. etwa 390) und Gregor von Nyssa (gest. nach 394), die in der Region Kappadozien im Zentrum Kleinasiens zu Hause waren und sich lehrmäßig sehr nahestehen.

kappọreth (hebr.) Deckel der Bundeslade (= Sühnegerät).

Karäer (hebr.) »Schriftkundiger«; Anhänger einer ostjüdischen Sekte, seit dem 8. Jh., die den Talmud und die rabbinische Überlieferung verwirft.

Kapuziner 1525 aus dem Franziskanerorden hervorgegangener Bettelorden, zunächst als Einsiedler-, später durch besondere Betonung der Volks-und Heidenmission zu einem ausgesprochen volkstümlichen Missionsorden geworden; Kennzeichen: braunes Gewand, lange Kapuze, Bart.

Kardinal (lat. cardo »Türangel, Hauptpunkt, Hauptsache«) Bezeichnung für die höchsten Würdenträger der römisch-katholischen Kirche nach dem Papst, von diesem allein ernannt; sie bilden zusammen das »Heilige Kollegium«, das den Papst wählt.

Kardinaltugenden die vier Grundtugenden der altgriechischen Philosophie: Weisheit, Gerechtigkeit, Besonnenheit (oder Mäßigkeit), Tapferkeit. Auch Bezeichnung für die drei christlichen Tugenden: Glaube, Liebe, Hoffnung.

Karfreitag (altdeutsch karen »wehklagen«) Klagefreitag, Tag der Kreuzigung Jesu.

karitativ → caritativ.

Karma, Karman (sanskrit) »Werk«, »Tat«; in der indischen Religiosität die Summe der in einer Existenz erzeugten moralisch bedeutsamen Willensregungen oder das universale Gesetz von Ursache und Wirkung, nach dem alles Gute und Böse im menschlichen Leben angerechnet wird, was sich auf das Dasein nach dem Tode (im Himmel oder in der Hölle oder wiederverkörpert als Mensch, Tier oder Pflanze) auswirkt.

Karmeliter aus einer um die Mitte des 12. Jh.s auf dem Berge Karmel lebenden Einsiedlergemeinschaft entstandener Mönchsorden, der 1253 als Bettelorden bestätigt wurde. Er betrachtete die Verehrung der Gottesmutter als seine besondere Aufgabe; später übernahm er auch Missionen, die Pflege der Wissenschaften und der Mystik. Er spaltete sich in zwei Zweige: die »Beschuhten« (Ordo Fratrum Beatae Mariae Virginis de Monte Carmelo = OCarm) und die aus der Reformbewegung hervorgegangenen »Unbeschuhten« (Ordo Fratrum Carmelitarum Discalceatorum = OCD). Im 15. Jh. wurde der weibliche Orden der Karmelitinnen gegründet.

Karneval rheinische Bezeichnung für Fasching, abgeleitet von dem zum Umzug festlich geschmückten Schiffswagen (lat. carrus navalis) oder vom ital. carne vale »Fleisch lebe wohl«; wird zurückgeführt auf die am Niederrhein in der spätrömischen Zeit übliche Verehrung der Frühlingsgöttin Nehallenia und wurde ursprünglich zur Wiedereröffnung der Schiffahrt bei Frühjahrsbeginn gefeiert.

Kartäuser Ordo Cartusiensis (OCart), 1084 n.Chr. von Bruno von Köln im Tal von La Chartreuse (Carthusia) bei Grenoble gegründeter Einsiedlerorden; er fordert ständiges Schweigen, Gebet, Handarbeit und rein vegetarische Ernährung.

Karwoche Woche vor Ostern, die besonders dem Andenken des Leidens und Sterbens Jesu Christi gewidmet ist.

Kasel (lat.) das Meßgewand des katholischen Priesters in Form eines Überwurfs.

Kaste (lat. castus »rein«) geschlossene Gesellschaftsschicht, sich streng abschließender Stand.

Kasteiung (lat. castigare »züchtigen«) selbstauferlegte oder durch religiöse Regeln geforderte Leiden und Entbehrungen zum Zweck der Buße und als Ausdruck eines heiligstrengen Lebens.

Kastellan (lat. castellum »Festung«, »Schloß«) 1. Aufsichtsbeamter in Schlössern und öffentlichen Gebäuden. 2. In manchen evangelischen Freikirchen der Hausmeister des Kirchengebäudes (ähnlich dem → Küster oder → Mesner).

Kastration (lat.) Entmannung, Verschneidung.

Kasualien (lat.) »Vorfälle«; geistliche Amtshandlungen aus besonderem Anlaß (Taufe, Trauung, Beerdigung, Kirchweihe usw.).

Kasualismus altgriechische Anschauung, nach der die Welt durch Zufall entstanden sei und sich zufällig entwickelt habe.

Kasuistik Anwendung allgemeiner Moralsätze auf einen Einzelfall (= casus). Lehre von den »Gewissensfällen«. Teil der Sittenlehre (Ethik), der für mögliche Fälle des praktischen Lebens im voraus an Hand eines Systems von Geboten das rechte Verhalten bestimmt, was zur Entleerung der persönlich zu verantwortenden Entscheidung und zu einem unchristlichen Gesetzesdenken führen kann. Das Wort K. wird auch abwertend gebraucht: Wortverdrehung, Haarspalterei.

kasuistisch die Grundsätze der Kasuistik befolgend; übertragen: spitzfindig, sophistisch.

Katąbasis (gr.) das »Niedersteigen« Christi auf die Erde, in das Totenreich.

katabatisch (gr.) »absteigend«, abfallend (Gg: → anabatisch).

Katafalk (gr.-franz.-ital.) Gerüstbau für einen Sarg bei Beerdigungsfeiern.

Katakombe (gr.) unterirdische Begräbnisstätte der ersten Christen (besonders in Rom, Neapel, Sizilien).

Katechese (gr.) »Entgegentönen«; Religionsunterricht in Frage und Antwort.

Katechet (gr.) Bezeichnung der Person, die den kirchlichen Unterricht erteilt.

Katechetik Lehre von der rechten Form christlicher Unterweisung in Schule und Kirche.

Katechismus Lehrbuch, besonders: des christlichen Glaubens im Frage-Antwort-Schema.

Katechumenat ursprünglich: die Vorbereitung der Katechumenen, der Taufbewerber; heute: Gesamtbezeichnung für den kirchlichen Glaubensunterricht in Gemeinde, Schule und Elternhaus.

Katechumene (gr.) Taufschüler.

Katechumenenunterricht Taufunterricht.

kategorial die → Kategorien betreffend.

Kategorie (gr. kategorein »aussagen«) bei Aristoteles Seinsweise des Seienden und die Aussageweise davon; bei Kant sind die Kategorien Verstandesbegriffe a priori (Substanz, Qualität, Quantität usw.) und Grundformen der Erfahrung. Allgemeiner: Klasse, Gattung, Begriffsreihe.

kategorisch behauptend; ohne Bedingungen gültig (Gg: → hypothetisch); keinen Widerspruch duldend.

kategorischer Imperativ ein von Immanuel Kant geprägter Begriff: die unbedingte Verpflichtung zu einer sittlichen Haltung. »Handle so, daß die Maxime deines Willens jederzeit zugleich als Prinzip einer allgemeinen Gesetzgebung gelten könne« (Kritik der praktischen Vernunft § 7).

Katene (gr.) »Kette«, aneinandergereihte Exzerpte von Bibelauslegungen der Kirchenväter, Kettenkommentare.

kat' exochen (gr.) urbeispielhaft, im eigentlichen Sinne, dem Grundbegriff gleichkommend (ihn sozusagen verkörpernd).

Katharer (gr.) »die Reinen«; größte Sekte des Mittelalters, oft ungenau → Albigenser genannt. Sie verbreitete sich im 12. Jh. vom Balkan aus über Mittel-, West- und Südeuropa, wurde aber durch Kreuzzüge und päpstliche Inquisition im 13. Jh. fast vollständig ausgelöscht. Sie lehrte einen vom Manichäismus (→ Manichäer) geprägten Dualismus zwischen Gott und Satan, Geist und Materie und sah das Heil in der Befreiung aus der Körperlichkeit. Ehe, Eid, Kriegsdienst und Altes Testament wurden von ihr verworfen.

Katheder (gr.) Lehrstuhl, Pult.

Kathedrale (gr.) bischöfliche oder erzbischöfliche Hauptkirche in romanischen und angelsächsischen Ländern (in Deutschland Dom oder Münster genannt).

Kathedralentscheidung unfehlbare Lehrentscheidung des Papstes in Dingen des Glaubens und der Moral (→ ex cathedra).

Katholikos (gr.) Titel des Patriarchen der armenischen Kirche und anderer Ostkirchen.

katholisch (gr.) »allgemein«, die ganze Erde umfassend; im engeren Sinne: die römisch-katholische Kirche betreffend.

Katholische Briefe die allgemeinen, d.h. nicht an bestimmte Empfänger gerichteten Briefe des NT, auch »Kirchenbriefe« genannt (Petrus, Johannes, Jakobus und Judas).

Katholizität die allgemeine Verbreitung und umfassende Gültigkeit als Eigenschaft der einen, heiligen und apostolischen Kirche.

kausal (lat.) ursächlich, in ursächlichem Zusammenhang, dem Kausalgesetz entsprechend.

Kausalität gesetzmäßiger Zusammenhang von Ursache und Wirkung, der im Kausalgesetz so ausgedrückt wird: Gleiche Ursachen haben gleiche Wirkungen. Das Kennzeichen der physikalischen Kausalität wurde von Max Planck so formuliert: »Ein Ereignis ist dann kausal bedingt, wenn es mit Sicherheit vorausgesagt werden kann.« In der Makrophysik gilt die Kausalität als bewiesen; in der Mikrowelt bleibt die kausale Verknüpfung infolge des Wirkungsquantums gänzlich undurchsichtig.

Kausalnexus Ursache und Wirkung als eine aus der Vergangenheit kommende, durch die Gegenwart hindurchlaufende und in der Zukunft verschwindende Kette.

Kausalprinzip die Überzeugung, daß jedes Geschehen eine Ursache voraussetzt, daß jedes Seiende verursacht ist.

kausativ veranlassend, verursachend.

Kenosis (gr.-lat.) »Ausleerung«; Lehre, daß Christus (bzw. der Logos), um Mensch zu werden, sich in der Weise seiner göttlichen Gestalt entäußerte (Phil. 2,6), daß er auf seine göttlichen Majestätseigenschaften bzw. ihren Gebrauch ganz oder teilweise verzichtete.

Kenotaph (gr.) leeres Grab zur Erinnerung an einen anderwärts ruhenden Toten.

Kerygma (gr. keryx »Herold, Bote«) Verkündigung, Anrede, Predigt, speziell: des Evangeliums.

kerygmatisch zur Verkündigung gehörend, predigend; in der neueren Theologie Betonung des kerygmatischen Charakters der Hl. Schrift (→ Formgeschichte).

Kethubịm (hebr.) »die Schriften«, der dritte Teil des AT (Psalmen, Sprüche, Hiob, die fünf → Megilloth, Daniel, Esra, Nehemia, Chronik).

Ketịb (hebr.) »das Geschriebene«, im Text des AT weiterüberlieferte, weniger gute oder fehlerhafte Lesart im Unterschied zu der am Rand vermerkten Lesart (Qere = lies!).

Ketzer → Häretiker.

Kibbuz (hebr.) »Sammlung«; Arbeits- und Siedlungsgenossenschaften im Staate Israel, die der Kultivierung und dem Aufbau des Landes dienen; Mehrzahl: Kibbuzim.

Kirche Jesu Christi der Heiligen der letzten Tage → Mormonen.

Kirchenbriefe → Katholische Briefe.

Kirchenjahr alljährliche Reihenfolge der kirchlichen Feste und Zeiten vom 1. Advent bis zum Ewigkeitssonntag (Sonntag vom Jüngsten Tag, früher »Totensonntag« genannt).

Kirchenkampf die große Auseinandersetzung zwischen dem Nationalsozialismus und der Evangelischen Kirche Deutschlands, die sich in folgenden Phasen vollzog: vor der Machtergreifung im großen und ganzen ablehnende Haltung gegenüber der NSDAP; während der entscheidenden ersten Monate des noch ungefestigten Systems Zurückdrängung aller Besorgnisse im Sog der allgemeinen nationalen Hochstimmung; erst Ende 1933 Umschlag der Einstellung zu dem neuen Staat und massiver werdender kirchlicher Widerstand; bis 1935 Auseinandersetzungen mit den Deutschen Christen mit wechselndem Erfolg; Herbst 1935 bis Frühjahr 1937 Versuch einer Versöhnung der verschiedenen kirchlichen Gruppierungen durch die Kirchenausschüsse, darüber Auseinanderbrechen der Bekenntnisfront, aber auch Aufspaltung der Deutschen Christen; 1937 bis 1939 erhebliche staatliche Eingriffe, große Verhaftungswelle; zu Beginn des Zweiten Weltkrieges im Blick auf die nationale Notlage Zurückhaltung von beiden Seiten; von 1942 ab entschlossener und tapferer Widerstand seitens der Kirche, offener Terror seitens des Staates; fast alle Blutzeugen der evangelischen Kirche starben in den letzten drei Jahren der NS-Herrschaft (→ Bekennende Kirche).

Kirchenväter die rechtgläubigen Lehrer und Schriftsteller der Alten Kirche.

Kirchenzucht das äußerste seelsorgerliche Mittel, um ein Gemeindeglied, das nicht dem Evangelium entsprechend lebt, zurechtzuweisen und in die Gemeinschaft der Glaubenden zurückzuführen. Es ist geschichtlich in unterschiedlicher Weise angewandt worden; geübt wurde vor allem der Ausschluß vom Abendmahl, die Versagung kirchlicher Amtshandlungen, in den Freikirchen auch der gänzliche Ausschluß aus der Gemeinde. Siehe auch → Bann, → Exkommunikation.

Kismet (arab.) »Zugeteiltes«; unabwendbares, von Gott bestimmtes Schicksal, das hinzunehmen ist.

Klagemauer bei der Zerstörung des Jerusalemer Tempels 70 n.Chr. übriggebliebener westlicher Mauerteil des von Herodes dem Großen vergrößerten Tempels.

klasis tou artou (gr.) das Brechen des Brotes (beim Abendmahl).

Klausur (lat.) abgeschlossener Aufenthalts- und Arbeitsraum.

Kleinkirchenbewegung nach 1880 in Kopenhagen entstanden unter dem Einfluß der Inneren Mission und der Kritik Kierkegaards an der Massenkirche; Ziel: Aufgliederung der großstädtischen Riesengemeinden in kleinere Gemeinden mit höchstens 10 000 Gemeindegliedern. Die K. besaß eine innere Verwandtschaft zu Stoeckers »Kapellenverein« in Berlin; ähnliche Bestrebungen gab es auch in Norwegen und Schweden, besonders seit 1945, sowie in Deutschland in Form des 1957 gegründeten »Evang.-Luth. Kirchenbauvereins von Schleswig-Holstein« und gleichgerichteter Bestrebungen anderer Landeskirchen.

Klerikalismus politische Richtung, die für eindeutigen Einfluß der einen, heiligen und apostolischen Kirche im öffentlichen Leben eintritt.

Kleriker katholischer Geistlicher (Gg: → Laie).

Klerus (gr. »Los, Anteil«) Geistlichkeit, Priesterschaft.

klinisch (gr. klinê »Bett«) die Klinik (das Krankenhaus) betreffend; durch ärztliche Untersuchung feststellbar.

Klinische Psychologie die Arbeit von Psychologen in einer Klinik (einem Krankenhaus), die sich mit dem Erkennen, Behandeln und Vorbeugen seelischer Störungen befaßt. Klinische Psychologen arbeiten inzwischen aber auch außerhalb von Krankenhäusern in Beratungsstellen, Heimen und freien Praxen.

Klinische-Seelsorge-Ausbildung (KSA) in den USA in den 20er Jahren des 20. Jahrhunderts als »Clinical Pastoral Training (CPT)« entwickelte Methode zur Seelsorgeausbildung, die Theorie und Praxis eng miteinander verknüpft. Der Auszubildende beginnt sofort mit praktischer seelsorgerlicher Tätigkeit, in der Regel in einer Klinik (einem Krankenhaus). Von den dabei geführten Gesprächen mit Patienten erstellt er Protokolle aus dem Gedächtnis, in denen er auch seine eigenen Gefühle notiert. Diese Gesprächsprotokolle werden dann in einer festen Gruppe von etwa acht Auszubildenden analysiert. Das unterschiedliche Erleben in dieser Gruppe und dessen Verarbeitung wird als Möglichkeit zur Selbsterfahrung des einzelnen, zum therapeutischen Arbeiten an sich selbst und insofern als wichtiges

Element der Seelsorgeausbildung angesehen.

Klimax (gr.) »Treppe«; Steigerung in der Rede durch Verwendung sich steigernder Ausdrücke, meist dreigliedrig.

Kloster (lat. claustrum »Einfriedung«) Behausung von Ordensgemeinschaften, die nach einer bestimmten Regel ihr Leben führen, das sich in Wohn-, Gast-, Schul- und Wirtschaftsräumen mit der Kirche als Mittelpunkt abspielt. Je nach dem Ordenszweck beschäftigen sich die Mönche oder Nonnen mit Gebet, beschaulichem Leben, Bildung, Unterricht, Seelsorge, Mission u.a. Vor allem im Mittelalter galten die Klöster als Stätten besonderer Förderung der Wissenschaften und der Kultur; europäisches Musterbeispiel eines Klosters war St. Gallen.

Knecht Jahwes Gestalt des »Gottesknechtes« im zweiten Teil des Jesajabuches Kap. 40-55; in den Liedern vom Gottesknecht dargestellt: Kap. 42,1-4; 49,1-6; 50,4-9; 52,13-53,12.

Koadjutor (lat.) »Beihelfer«, Gehilfe, der einem (durch Alter oder Krankheit behinderten) kirchlichen Würdenträger beigeordnet ist.

Kodifikation (lat.) systematische Erfassung aller einzelnen Rechtsnormen eines Sachgebiets in einem Gesetzbuch.

Koëdukation (lat.) gemeinsame Erziehung von Jungen und Mädchen (außerhalb der Familie).

Köhlerglaube → fides carbonaria.

Koexistenz (lat.) »Zusammenbestehen«; gleichberechtigtes Nebeneinanderleben verschiedener Daseinsformen oder Gesellschaftssysteme.

Kognition (lat. »Erkenntnis, Vorstellung«) bezeichnet in der Psychologie die Gesamtheit der Informationsverarbeitung im Menschen: Wahrnehmen, Vorstellen, Erinnern, Denken und Urteilen.

kognitiv (lat.) die Erkenntnis betreffend, erkenntnismäßig. In Pädagogik und Psychologie auch die Wahrnehmung und das Denken im allgemeinen betreffend.

kognitive Dissonanz (lat. »erkenntnismäßiger Mißklang«) von dem Sozialpsychologen L. Festinger (1919–1989) beschriebenes Mißverhältnis zwischen den Überzeugungen einer Person und ihren Gefühlen oder ihrem Verhalten. Viele Menschen rauchen, obwohl sie um die gesundheitsschädigende Wirkung wissen, andere halten an religiösen Endzeiterwartungen oder politischen Ideologien fest trotz offensichtlicher Widerlegung durch Erfahrungen. Werden kognitive Dissonanzen unangenehm stark, werden sie reduziert, etwa durch Abwertung von Personen, die andere Überzeugungen vertreten, oder durch Hinzunehmen von solchen Informationen, die die eigene Überzeugung bestätigen.

Kognitive Therapie eine Behandlungsmethode seelischer Störungen, die darauf gründet, daß das Verhalten und Erleben von Menschen aufgrund stetiger Gewöhnung fast unwillkürlich von bestimmten Gedanken begleitet wird. Diese Gedanken können unangemessen sein (z.B. »Wenn der Haushalt nicht ordentlich ist, bin ich eine schlechte Mutter«; »Wenn ich morgens nicht in der Bibel lese, wird Gott meine Arbeit nicht segnen«) und dadurch die Entstehung seelischer Störungen wie Schuldgefühle, Ängste oder Depressionen fördern. Man hilft hier dem Ratsuchenden, sich andere, angemessene Gedanken und Überzeugungen anzueignen.

Kohälät, Kohelet (hebr.) ursprüngliche Bezeichnung des Buches »Prediger Salomo« (= Ecclesiastes).

Koimeterien (gr.) »Schlafstätten«; die altchristlichen Grabanlagen.

Koine (gr.) »die allgemeine (Sprache)«; die griechische Schrift- und Umgangssprache in der Zeit des Hellenismus, die sich vom klassischen Griechisch entfernt hatte. Ferner bezeichnet man mit »Koine« eine Textfassung des NT, die uns in Handschriften des 8.–10. Jh.s vorliegt (auch »Reichstext« genannt) und die Erasmus für seine Ausgaben (ab 1516) benutzte, welche Luther dann seiner Verdeutschung zugrunde legte.

kollationieren (lat.) eine Abschrift mit dem Urtext vergleichen; Korrekturfahnen mit dem Manuskript vergleichen.

Kollator (lat.) Inhaber der → Kollatur.

Kollatur (lat.) das Recht zur Verleihung eines Kirchenamtes.

Kollegialsystem Behörde, die so aufgebaut ist, daß nicht der einzelne, sondern das gesamte Kollegium der verantwortlichen Dezernenten oder Referenten die anstehenden Entscheidungen trifft.

Kollegium (lat.) Körperschaft von Angehörigen des gleichen Berufs oder Amts, Lehrkörper an Schulen, Unterrichtsanstalt.

Kollekte (lat.) Geldsammlung zu kirchlichen Zwecken. In der Liturgie: das kurze Gebet vor der Schriftlesung zur inneren Sammlung.

Kollektiv (lat.) Gemeinschaft, Arbeitsgemeinschaft, durch Interessengemeinschaft enstandene Gruppe.

kollektives Unbewußtes das der Gesamtseele innewohnende Unbewußte, die kollektive Gestimmtheit, das Gattungs-Gedächtnis, in dem unabhängig von der Erfahrung des einzelnen die Urerfahrungen der Menschheit ihren Niederschlag gefunden haben (nach C.G. Jung, gest. 1961).

Kollektivismus eine Weltanschauung, in der der einzelne nur noch Glied im gesellschaftlichen Ganzen ist und seine persönliche Eigenständigkeit verloren hat.

Kollision (lat.) »Zusammenstoß«,

Aufeinanderprall von unvereinbaren Gegensätzen.

Kollision der Pflichten Widerstreit zweier Pflichten, deren Erfüllung sich gegenseitig ausschließt (oft auch nur: nicht gleichzeitig erfüllbare Pflichten).

Kolloquium (lat.) »Gespräch«, wissenschaftliche Unterhaltung als Ersatz für eine Prüfung.

Kollusion (lat. colludere »spielen mit jemandem, ein geheimes Einverständnis mit jemandem unterhalten«) geheimes, unbewußtes Zusammenspiel; ein Konzept der Partnerwahl, das häufig zu Konflikten führt, da die Partner die Regeln ihres »Spiels« nicht erkennen. Waren z.B. »Versorgen – umsorgt werden« Motive der Partnerwahl, so beschuldigen sich die Partner später für die versorgende Haltung bzw. die Erwartung, umsorgt werden zu wollen.

Kolonialismus Ausdehnung der Herrschaft eines Staates auf entfernt gelegene Völker und Religionen, durch die ungleiche politische, wirtschaftliche und soziale Beziehungen zwischen der Kolonialmacht und der kolonialisierten Bevölkerung hergestellt oder erhalten werden. Der Begriff wird häufig gleichbedeutend mit »Imperialismus« verwendet und in der Regel auf die Phase der Ausdehnung europäischer Seemächte über die Grenzen Europas hinaus (vom 15. Jh. bis zur Mitte des 20 Jh.s) bezogen.

Kolophon (gr.) »Abschluß«; am Schluß früher Drucke stehende Nennung des Verfassers, Druckers, Druckortes usw.

Kolportage (franz.) Vertrieb von Druckwerken (zumeist als Kleinschrifttum) von Haus zu Haus.

Kommentar (lat.) wissenschaftliche Erläuterung, Auslegung mit Anmerkungen.

Kommunikant (lat.) Empfänger des Altarsakraments, Abendmahlsgast.

Kommunikation (lat. communicare »sich besprechen mit«) Verbindung, Mitteilung, Verkehr. Speziell: das hörende, anteilnehmende und verantwortlich tätige Geöffnetsein des Menschen für den anderen.

Kommunion (lat.) »Gemeinschaft«, Empfang des Altarsakraments.

Kommunität (lat.) »Gemeinschaft«, nach Regeln gestaltete verbindliche Lebens- und Wohngemeinschaft christlicher Brüder oder Schwestern.

Kompendium (lat.) knapp gefaßtes Hand- oder Lehrbuch.

Kompetenz (lat.) Zuständigkeit, Sachkunde, Maßgeblichkeit.

Kompilation (lat. compilo »ausplündern«) aus mehreren Werken zusammengetragene Darlegung ohne eigenständigen wissenschaftlichen Rang.

komplementär (lat.) ergänzend.

Komplet (lat.) liturgisches Abendschlußgebet.

Komplex (lat.) ein Ganzes, Zusammenhängendes. In der Psychoanalyse: Ängste oder Wünsche, die das Seelenleben eines Menschen beherrschen.

Komplexität Mehrsinnigkeit und Spannungsreichtum eines Begriffs; Vorgang, der mehrere Ursachen hat, so daß eine einlinige Begründung nicht ausreichend ist.

Komponente (lat.) Bestandteil eines Ganzen, Teilkraft, Teilursache.

komponieren (lat.) »zusammensetzen«; Musik schaffen.

Komtur (lat.) Ordensritter mit Verwaltungsauftrag.

Kondeszendenz (lat.) die gnädige Herablassung Gottes zu seinen Geschöpfen (etwa in der biblischen Offenbarung).

Kondolenz (lat.) Beileidserweisung.

Konfession (lat.) Bekenntnis, Glaubensbekenntnis, Kirchenzugehörigkeit.

Konfessionalismus übermäßige Betonung der eigenen Bekenntnisgemeinschaft.

Konfessionskunde Wissenschaft von den verschiedenen Kirchen und ihren Bekenntnissen.

Konfessionsschule eine Schule, deren Erziehung und Unterricht im Geist und nach den Grundsätzen einer bestimmten Konfession erfolgt; daher gehören Lehrer und Schüler in der Regel derselben Konfession an. Während die römisch-katholische Kirche die K. für die allein angemessene Schulform hält, ist man in den evangelischen Kirchen auch für → Simultanschulen offen.

Konfirmation (lat.) »Bestärkung (im Glauben)«; Aufnahme in die evangelisch-landeskirchliche Gemeinde mit Zulassung zum heiligen Abendmahl, Einsegnung.

Konfitent (lat.) Beichtender, Beichtkind.

Konfitentenregister Verzeichnis der Abendmahlsgäste.

Konformismus (lat.) Geisteshaltung, die stets auf Anpassung an die herrschende Meinung aus ist.

Konformist (lat.) Anhänger der anglikanischen Staatskirche; Vertreter des Konformismus (Gg: → Nonkonformisten).

Konfrater (lat.) Mitbruder, geistlicher Amtsbruder.

Konfuzianismus die auf dem Leben des Konfuzius oder Kungtse (gest. 479 v.Chr.) fußende ethische, weltanschauliche und staatspolitische Geisteshaltung Chinas und Ostasiens (eigentlich keine Religion).

Kongregation (lat.) Vereinigung, Genossenschaft. Im Katholizismus: kirchliche Gemeinschaft mit einfachen Gelübden; auch Vereinigung mehrerer Klöster desselben Ordens.

Kongregationalismus von der anglikanischen Kirche gelöste Kirchengemeinschaft calvinistisch-puritanischer Prägung, die sich auf selbständigen Einzelgemeinden aufbaut und die völlige Unabhängigkeit vom Staat vertritt. Vor ihrem Zusammenschluß 1891 wurden die Kongregationalisten auch Independenten genannt. Allgemeiner: Kirchenverständnis, das die Selbständigkeit der Ortsgemeinden gegenüber allen anderen kirchlichen Instanzen betont.

kongruieren (lat.) übereinstimmen, sich decken.

Konjektur (lat.) allgemein: Vermutung; speziell: vermutete Lesart für einen lückenhaften, verdorbenen oder unverständlichen Text.

Konklave (lat.) von der Außenwelt abgeschlossene Kardinalsversammlung bei einer Papstwahl.

Konkomitanz (lat.) »Begleitung«; katholische Anschauung, daß Fleisch und Blut Christi in jeder der beiden Gestalten der Eucharistie (Brot und Wein) enthalten seien, so daß die Kelchentziehung die Wirkung nicht mindere.

konkordant (lat.) »übereinstimmend«; Bezeichnung einer Übersetzung, bei der ein Wort der Ursprache stets mit dem gleichen deutschen Wort wiedergegeben wird.

Konkordanz (lat.) »Übereinstimmung«; alphabetische Übersicht über gleiche Begriffe enthaltende Stellen eines Schriftwerks (etwa der Bibel).

Konkordat (lat.) »Übereinkommen«; Vertrag zwischen einem Staat und der katholischen Kirche.

Konkordienbuch für das Luthertum maßgebende Sammlung der altkirchlichen Bekenntnisse und der lutherischen Bekenntnisschriften (1580).

Konkordienformel abschließende Bekenntnisformel des Luthertums der Reformation, 1577 im Kloster Bergen bei Magdeburg durch Zusammenarbeit namhafter lutherischer Theologen entstanden.

konkret (lat. concretus »geronnen, verdichtet«) das als Einzelnes wirklich Bestehende und Erfaßbare; anschaulich, greifbar (Gg: → abstrakt).

Konkubinat (lat.) dauernde außereheliche Lebensgemeinschaft; wilde Ehe.

Konkupiszẹnz (lat. concupiscare »eifrig begehren«, »trachten nach«) fehlgeleitete Liebe, d.h. ein Verlangen oder Begehren des Menschen, das nicht unter der Herrschaft der Vernunft steht und die von Gott gegebene Ordnung des Lebens umstößt. Während sie nach römisch-katholischem Verständnis nur Hinneigung zur Sünde ist, haben die Reformatoren sie schon als Sünde angesehen.

Konkurs (lat.) »Zusammentreffen«; Bewerbung mehrerer um die gleiche Stelle; Prüfung der Bewerber; betriebswirtschaftlich: Zahlungsunfähigkeit einer Firma.

Konnotation (lat.) zusätzliche Vorstellung, die die Grundbedeutung eines Wortes begleitet (beim Wort »Schwert« z.B. die Gedankenverbindungen »Ritter, Gewalt, Schärfe, Tod, Macht, Gericht, Henker«).

Konsekration (lat.) Einsegnung, Einweihung. Nach katholischer Lehre erfolgt die Verwandlung von Brot und Wein durch die Konsekration, d.h. das Sprechen der Einsetzungsworte.

Konsens (lat.) Einwilligung, Erlaubnis; Übereinstimmung.

Konsensus-Union Vereinigung von Konfessionskirchen auf Grund innerer Übereinstimmung, wobei die verbleibenden Unterschiede als nicht kirchentrennend beurteilt werden (Gg: Verwaltungs-Union, etwa in Lippe).

Konservatismus, Konservativismus (lat.) eine Grundhaltung, die auf Erhaltung des Überkommenen (in Kirche, Volk, Schulwesen usw.) bedacht ist und dabei oft das Hergebrachte als übereinstimmend mit dem Gottgewollten ansieht.

Konsistorium (lat.) In den evangelischen Kirchen oberste Kirchenbehörde (= Landeskirchenamt). In der römischen Kirche Kardinalsversammlung unter Vorsitz des Papstes.

konstantinisch die durch Kaiser Konstantin seit 313 n.Chr. geprägte Kirchenform, in der Staat und Kirche den Charakter eines Gegenüber verloren haben.

Konstitutionen (lat.) päpstliche Erlasse mit Gesetzeskraft.

konstitutiv (lat.) objektiv bestimmend, das Wesen einer Sache ausmachend.

Konstruktivismus (lat. construere »bauen«) Bezeichnung für unterschiedliche philosophische und wissenschaftstheoretische Schulen im 20. Jh., die alle die Auffassung vertreten, daß ein wissenschaftliches System oder ein Fachgebiet aus obersten theoretischen oder praktischen Sätzen aufgebaut sein muß. In der Erkenntnistheorie bezeichnet K. die Auffassung, daß unser gesamtes Wissen aus sprachlichen Beziehungen besteht und deshalb keinesfalls als Abbildung einer Realität verstanden werden darf. In der Psychologie und in der Literaturwissenschaft steht K. für ein Menschenbild, nach dem alle angeblichen Realitätsbezüge handelnder Menschen letztlich menschliche Schöpfungen sind; Verhaltensänderungen und Interpretationen von Texten ersetzen frühere durch neue Konstruktionen.

Konsubstantiation (lat.) Lehre Luthers, daß sich im Abendmahl Leib und Blut Christi mit Brot und Wein verbinden, ohne ihre Substanz zu verwandeln, so daß sie also mit den Substanzen von Brot und Wein koexistieren (Gg: → Transsubstantiation).

Kontemplation (lat.) Schauen, Betrachtung, anschauende Versenkung unter Ausschaltung allen Wollens (vor allem in der Mystik).

Kontext (lat.) der umgebende Text eines Wortes, die vorausgehenden und folgenden Sätze, die für die Auslegung bedeutungsvoll sind; allgemeiner: Zusammenhang, gesellschaftliches Umfeld.

Kontextualisierung die Beziehung theologischer Aussagen auf den gesellschaftlichen und kulturellen Zusammenhang, in dem sie gemacht und gehört werden.

Kontingenz (lat. contingens »zufällig, benachbart, sich berührend«) Zufälligkeit eines Geschehens, das weder notwendig noch unmöglich ist; in der scholastischen Philosophie die innere Endlichkeit eines Seienden: das Seiende ist nicht notwendig, sondern begründet von einem anderen, von dem es sein Sein »hat« (dem Schöpfer). So ist »Kontingenz« das philosophische Gegenstück zum theologischen Begriff der »Geschaffenheit«.

Kontinuität (lat.) Stetigkeit, lückenloser Zusammenhang, Ineinanderübergehen.

kontradiktorisch (lat.) »widersprüchlich«, gegensätzlich, einander ausschließend.

konträr (lat.) Begriffe, die auf einem bestimmten Sachgebiet inhaltlich entgegengesetzt sind. Zugespitzt: die entgegengesetzten Endglieder einer Reihe.

Kontrafakt (lat.) geistliche Umdichtung eines weltlichen Liedes (seltener umgekehrt) unter Beibehaltung der Melodie (Beispiel: »O Welt, ich muß dich lassen« nach »Innsbruck, ich muß dich lassen«).

Kontrapunkt (lat.) »Note gegen Note«; ein Tonsatz, bei dem sich melodisch selbständige Stimmen um eine gegebene Melodie bewegen.

Kontritionismus (lat.) römisch-katholische Lehre, daß ein Sünder das Bußsakrament im Normalfall nur mit → contritio, der vollkommenen Reue, empfangen darf (Gg: → Attritionismus).

Kontroverse (lat.) wissenschaftliche Streitfrage, Auseinandersetzung.

Kontroverstheologie Zweig der Theologie, der sich mit den durch benachbarte Konfessionen vertretenen Lehraussagen beschäftigt.

Konvenienz (lat.) Bequemlichkeit; das in der Gesellschaft Erlaubte.

Konvent (lat.) »Zusammenkunft«, Versammlung; Tagung von Mönchen, Studenten oder Geistlichen (z.B. Pfarrkonvent).

Konventikel (lat.) Zusammenkunft kleiner Kreise zur privaten Erbauung (außerhalb der Großkirche).

Konventualen (lat.) stimmberechtigte Klostermitglieder; im Bettelorden die weniger strenge Gruppe (Gg: → Observanten).

Konversion (lat.) Bekehrung, Glaubenswechsel.

Konvertit (lat.) ein zu einem anderen Glauben Übergetretener (früher nur von der Gemeinschaft gebraucht, welcher der Betreffende beitrat; einen Austretenden nannte man »Pervertit«).

Konvikt (lat.) Wohn- und Lebensgemeinschaft (von Studenten, Vikaren).

Konvolut (lat.) Band mit verschiedenen kleineren Drucksachen (vor allem in Bibliotheken üblich).

Konzelebration (lat.) die gemeinsam durch mehrere Priester vollzogene Eucharistiefeier.

Konzeption (lat.) Entwurf eines Werkes, Idee einer Ordnung, geistiger oder künstlerischer Einfall.

Konzil (lat.) »Versammlung«, Kirchenversammlung auf ökumenischer Grundlage (im Sinn der Frühzeit).

konziliant (ital.) umgänglich, verbindlich, freundlich.

Konziliarer Prozess kirchliches Bündnis zur gegenseitigen Verpflichtung für Gerechtigkeit, Frieden und Bewahrung der Schöpfung. Angeregt von der Vollversammlung des → ÖRK 1983 in Vancouver, vernetzte er Initiativgruppen und Kirchenleitungen. In der DDR trug er wesentlich zum Gelingen der friedlichen Revolution 1989-90 bei. Außerdem wurde er Wegbereiter für den Aufgabenkatalog Agenda 21, den die UN-Konferenz für Umwelt und Entwicklung 1992 in Rio beschloß.

Konziliarismus in der römischen Kirche die Theorie des 12./13. Jh.s, das Konzil stehe über dem Papst; vom I. Vatikanischen Konzil 1870 abschließend verurteilt.

Kooperation (lat.) Zusammenwirken.

Koptische Kirche christliche Kirche in Ägypten, die sich im 5. Jh. n.Chr. von der Morgenländischen (Ost-)Kirche getrennt hat, nach dem Vordringen des Islam im 7. Jh. jedoch viele ihrer Glieder an diesen verlor und seither in verschiedentlichen Auseinandersetzungen mit der jeweiligen Regierung eine wechselvolle Geschichte erlebt hat; ihre Zahl wird heute mit 6 Millionen (mit 30 Bistümern) angegeben.

Kopulation (lat. copula »Band«) Trauung, eheliche Verbindung.

Kopulationsregister Traubuch (Kirchenbuch zur Eintragung der Trauungen).

kopulieren trauen, ehelich zusammensprechen; heute fast nur noch gleichbedeutend mit koitieren »Geschlechtsverkehr vollziehen«.

Koran (arab. Alkoran »Lesung«) das heilige Buch der Moslems, nach islamischer Überlieferung auf unmittelbaren Eingebungen des Erzengels Gabriel an Mohammed beruhend, mit 114 Suren (Kapiteln).

Korban (hebr.) Opfer, Gabe (Mark. 7,11).

Korporale (lat.) »Leibtuch«; quadratisches Leinentuch als Unterlage für den Hostienteller.

Korrektiv (lat.) Besserungsmittel, Ausgleichsmittel.

Korrelat (lat.) Wechselbegriff, Ergänzung. Ein Wort, das ohne ein anderes nicht gedacht werden kann, das mit einem anderen in wechselseitiger Beziehung steht (z.B. Gatte – Gattin).

Korruption (lat.) Sittenverfall, Bestechlichkeit; Verfälschung, speziell: Textverderbnis.

koscher (hebr.) tauglich, rein im Sinn der jüdischen Speisegesetze.

Kosmogonie (gr.) »Welterzeugung«, Schöpfungsmythos, vorwissenschaftliche Lehre von der Weltentstehung.

Kosmologie (gr.) Lehre von der Weltordnung.

kosmologischer Gottesbeweis Beweis für das Dasein Gottes, der von der Existenz der Welt auf einen Urheber, von der Bedingtheit alles Seienden auf ein letztes, alles andere bedingendes, selber aber unbedingtes, absolutes Wesen schließt, das die nicht weiter zurückführbare Ursache von allem ist.

Kosmopolit (gr.) Weltbürger.

Kosmos (gr.-lat.) Weltall, Weltordnung, die Welt als ein geordnetes und harmonisches Ganzes (Gg: → Chaos).

kosmisch das Weltall betreffend, aus dem Weltall stammend.

Krankenkommunion Feier des heiligen Abendmahls bei kranken Gemeindegliedern. Obwohl sie auch Sterbenden, die noch bei Bewußtsein sind, gereicht wird, ist sie kein »Sterbesakrament der evangelischen Kirche«; sie will vielmehr auch in der Krankenstube ein Mahl christlicher Gemeinschaft sein, weshalb andere Familienglieder dazu eingeladen werden sollen. Nach Brenz (1536) hat aber auch der Kranke als einzelner, wenn er das Abendmahl gläubig empfängt, Anteil an der »Gemeinschaft der Heiligen«.

Krankensalbung → unctio extrema.

Krasis (gr.) Mischung, Verschmelzung zweier Wörter zu einem.

Kreatianismus (lat. creatio »Schöpfung«) »Schöpfungslehre«; scholastische Ansicht, daß durch die Zeugung nur der Leib entsteht, die Seele aber jeweils von Gott aus dem Nichts erschaffen und mit dem Leib vereinigt wird. Dabei wird betont, die Seele existiere nicht vor ihrer substantiellen Einheit mit dem Leib (Gg: → Traduzianismus, → Präexistentianismus).

Kreationismus aus dem amerikanischen → Fundamentalismus erwachsene Bewegung von Naturwissenschaftlern, Ingenieuren und Theologen zum Aufbau einer »wissenschaftlichen Schöpfungslehre«; sie vertritt die Überzeugung, daß die klar belegten wissenschaftlichen

Daten eine Entstehung der Welt und des Lebens im Sinne der (darwinistischen) Evolutionslehre ausschließen, stattdessen jedoch einen Schöpfungsvorgang nahelegen, wie er in 1. Mose 1f beschrieben wird.

Kreatur (lat.) Geschöpf, Lebewesen. Im abwertenden Sinn: abhängige Person, Günstling, gehorsames Werkzeug.

Krematorium (lat.) Einäscherungs-, Verbrennungsanstalt.

Kreuzchor Knabenchor des Kreuzgymnasiums in Dresden. 1220 gegründet.

Kreuzestheologie (lat. theologia crucis) Bezeichnung für eine Theologie, die die Erniedrigung Gottes im Kreuzestod Jesu Christi und dessen Bedeutung für die Erlösung von der Sünde in den Mittelpunkt ihrer Überlegungen stellt. Martin Luther hat seine Theologie so bezeichnet; s.a. → theologia crucis.

Kreuzfahrer Teilnehmer an den Kreuzzügen, wie sie vor allem von Adel und Rittertum des Mittelalters als »Glaubenskrieg« geführt wurden zur Befreiung Jerusalems und des Heiligen Landes von den Moslems. Unter dem gleichen Namen Kreuzzug wurden auch Heiden, Ketzer und unliebsame Gegner bekämpft.

Kreuzgang gedeckter Wandelgang meist in mittelalterlichen oder Renaissancebauten, wodurch ein üblicherweise quadratischer Klosterhof begrenzt wird. Seinen Namen erhielt er von den Prozessionen mit einem Kreuz, die dort häufig stattfanden.

Kreuzherren römisch-katholische Orden und Kongregationen vom heiligen Kreuz, deren Mitglieder nach der Regel des hl. Augustinus leben; sie widmen sich dem Chordienst, weshalb sie auch »Chorherren« genannt werden, ferner der Krankenpflege, caritativen Aufgaben und der Seelsorge.

Kreuzweg in der römisch-katholischen Kirche Bezeichnung für das andächtige Nachgehen des Leidensweges Christi vom Haus des Pilatus bis nach Golgatha anhand von 14 sogenannten Kreuzwegstationen, die meistens bildliche Darstellungen des Passionsweges enthalten; solche finden sich in fast allen katholischen Kirchen sowie häufig an Bergwegen, die zum Gipfel führen.

Krisis (lat.) Entscheidungssituation, Wendepunkt; Schwierigkeit, Klemme.

Kriterium (gr.-lat.) Kennzeichen, unterscheidendes Merkmal, Prüfstein.

Kritizismus (gr. krinein »richten, prüfen«) das von Kant eingeführte Verfahren, vor Aufbau einer Metaphysik die Möglichkeiten und Grenzen des menschlichen Erkenntnisvermögens zu erforschen. Kant unterscheidet es sowohl vom Dogmatismus, der die Geltung unserer Erkenntnis ohne Prüfung voraussetzt, als auch vom Skeptizismus, dem der Zweifel das letzte Wort bleibt. Oft hat das Wort auch den Nebensinn einer einseitigen Überbetonung der kritischen Haltung.

Kruzifix (lat.) plastische Darstellung des gekreuzigten Christus.

Krypta (gr.) »die Verborgene«; eine unter dem Chor liegende kleine Tiefkapelle, die oft als Beisetzungsstätte von Fürsten und Kirchenführern benutzt wurde (vor allem in romanischen Kirchen).

Kryptocalvinisten »verborgene Calvinisten«; Anhänger der Theologie Melanchthons, denen von den → Gnesiolutheranern vorgeworfen wurde, in der Abendmahlslehre den Calvinisten zuzuneigen.

Küster (lat. custos »Wächter«) Bezeichnung für Kirchendiener oder Kirchenpfleger.

Kult (lat. colere »pflegen, verehren«) Gottesverehrung, Gottesdienst.

kultisch auf den Gottesdienst bezogen, gottesdienstlich.

Kulturkampf Auseinandersetzung zwischen der römisch-katholischen Kirche (unter Pius IX. zusammen mit der deutschen »Zentrumspartei«) und dem neugegründeten Deutschen Reich (unter Bismarck) in den Jahren 1871 bis 1887, bei der es nach Ansicht Bismarcks um den uralten grundsätzlichen Machtstreit zwischen Kirche und Staat ging. Die wichtigsten staatlichen Bestimmungen in dieser Auseinandersetzung waren die Ausweisung der Jesuiten aus Deutschland, die Einführung der obligatorischen Zivilehe, ein staatliches Kulturexamen für jeden angehenden Geistlichen und eine Genehmigung des Staates zu seiner Anstellung in der Kirche sowie die Bindung der geistlichen Schulaufsicht an staatspolitische Zuverlässigkeit. Die angestrebte Schaffung einer romfreien, staatsabhängigen katholischen Kirche und die Zerschlagung der Zentrumspartei gelangen Bismarck jedoch nicht.

Kulturprotestantismus Bezeichnung für eine starke Tendenz innerhalb der evangelischen Kirchen um die Wende vom 19. zum 20. Jahrhundert, die von einem »freien Protestantismus« geprägt war und auf der Grundlage des Fortschrittsgedankens sowie eines Christentums »im Geiste protestantischer Wahrhaftigkeit und Freiheit« eine enge Verbindung und Durchdringung von religiös-ethischem, geistig-kulturellem und völkisch-staatlichem Leben befürwortete.

Kumulation (lat.) Anhäufung; Ämterhäufung in einer Hand.

Kurat (lat.) katholischer Geistlicher in der Seelsorge, speziell: Hilfspfarrer mit eigenem Seelsorgebezirk.

Kuratorium (lat.) Aufsichtsbehörde von öffentlichen Körperschaften oder privaten Institutionen.

Kurialismus Streben nach Steigerung der päpstlichen Macht; kirchenrechtliche Richtung, die der Kurie die oberste Gewalt zuspricht

(Gg: → Episkopalismus, → Konziliarismus).

Kurie (lat.) »Versammlung«; in der römisch-katholischen Kirche die päpstliche Behörde und Beamtenschaft zur Regierung und Verwaltung der Kirche.

Kurrende (lat.) früher: Schülerchor, der bei Beerdigungen und auf den Straßen und Plätzen sang. Heute: Chor, der geistliche Musik singt (Studenten-Kurrende, Jugend-Kurrende).

Kybernese, Kybernetik (gr.) Allgemein: Forschungsrichtung, die die Steuerungs- und Regelungsvorgänge in Technik, Biologie und Soziologie erforscht. Der Ausdruck »Kybernetik« wurde 1948 von Norbert Wiener geprägt. – In der Theologie: Lehre von der Kirchen- und Gemeindeleitung (1. Kor. 12,28).

Kyniker (gr.) altgriechische, auf dem athenischen Hügel Kynosarges gegründete Philosophenschule, die Bedürfnislosigkeit und Selbstgenügsamkeit forderte, was in römischer Zeit bis zur Verneinung aller Kulturwerte führte (»zynisch«).

Kyrie eleison (gr.) »Herr, erbarme dich!« (auch: Kyrieleis).

kyrillische Schrift ein kirchenslawisches Alphabet, das auf die griechischen Majuskeln zurückgeht (genannt nach dem Slawenapostel Kyrill).

Kyrios (gr.) »Herr«, »Gebieter«; in der griechischen Übersetzung des AT der Begriff für → »Jahwe« bzw. für Adonai, im Mund der Urgemeinde der rühmende und anbetende Name für Jesus Christus (schon aramäisch bezeugt 1. Kor. 16,22).

L

Labadisten eine auf den reformierten Pastor Jean de Labadie aus Holland (1610-1674) zurückgehende pietistische Gemeinschaft, die nach seinem Tod eine in Gütergemeinschaft lebende Gemeinde der wahren Gläubigen bilden wollte und Anfang des 18. Jh.s unterging.

Lade Jahwes nach 2. Mose 25,10-22 ein vergoldeter Kasten aus Akazienholz etwa 125 x 75 x 75 cm groß mit seitlich angebrachten Vorrichtungen zum Tragen; diente der Aufbewahrung der Gesetzestafeln im Allerheiligsten der Stiftshütte, später im Tempel.

Laetare (lat.) »Freuet euch!«, der 4. Sonntag der Passionszeit nach dem alten Eingangsspruch aus Jes. 66,10.

Laie (gr. laos »Volk«; laikos »zum Volk gehörig«) zumeist im negativen Sinn gebraucht: der Unkundige, der Nichttheologe (Gg: der »Geistliche«). Gegenwärtig versucht man, das Wort wieder mit positivem Inhalt zu füllen: Glied des Gottesvolkes.

Laienapostolat neuere Bewegung in der römisch-katholischen Kirche zur Aktivierung der Laien für kirchliche Dienste in den verschiedenen Lebensbereichen dieser Welt.

Laienkelch eine Forderung schon vorreformatorischer Bewegungen: beim Abendmahl den Laien nicht nur das Brot, sondern auch den Kelch zu reichen (der in der katholischen Kirche aus Sorge vor Entweihung durch Verschütten von Wein dem Priester vorbehalten ist). Vgl. → Kalixtiner, → Konkomitanz.

Laienspiel bereits aus dem 9. Jh. n.Chr. stammendes Bemühen der Kirche, Aussagen der christlichen Lehre durch das Spiel im Gotteshaus oder auf der Bühne anschaulich zu machen.

Lama (tibetan.) »der Obere«, »der Lehrmeister«; buddhistischer Mönch in Tibet und der Mongolei.

Lamaismus die besondere tibetanische Gestalt des → Buddhismus, geprägt durch die religiöse und politische Autorität der → Lamas, vor allem des Dalai-Lama (»ozeangleicher Lehrer«) und des Panchen-Lama (»großer Lehrer«).

Lambethkonferenz Weltkonferenz der anglikanischen Bischöfe, die seit 1867 alle 10 Jahre im Londoner Lambethpalast abgehalten wird.

Lambeth-Quadrilateral (engl.) »Lambeth-Viereck«; auf der 3. Lambethkonferenz 1888 in einem »Aufruf an die ganze Christenheit« formulierte vier Punkte als Grundlage für eine Wiedervereinigung der Kirchen, nämlich die Anerkennung, 1. daß die Hl. Schrift alles zum Heil Notwendige enthält, 2. des Nicaenums als ausreichendes Glaubensbekenntnis, 3. von Taufe und Abendmahl als Sakramente und 4. des historischen Bischofsamtes.

Lamentationes (lat.) Bezeichnung der »Klagelieder Jeremias« in der Vulgata.

Landeskirche seit dem 1918 eingetretenen Ende des »landesherrlichen Kirchenregiments«, in dem der Landesherr zugleich der oberste Bischof der in seinem Regierungsbereich existierenden evangelischen Kirche war, geschah vor allem nach 1945 ein Abbau der staatlichen Kirchenhoheit, wobei die Kirchen trotz selbständiger Kirchenverfassungen öffentlich-rechtliche Institutionen geblieben sind.

Landessynode gesetzgebende Versammlung der aus dem Bereich einer (Landes-)Kirche zu Synodalen gewählten Geistlichen und Laien (auch »Provinzsynode«).

Langhaus meist west-östlich orientiertes, längs gebautes Kirchenhauptschiff (ein- oder mehrschiffig), im Unterschied zum Querhaus und Chor.

Laodicenerbrief apokrypher Paulusbrief in lateinischer Sprache, spätestens im 4. Jh. aus Worten und Sätzen echter Paulusbriefe zusammengestellt.

lapsi (lat.) die (vom Glauben) Abgefallenen.

Lapsus (lat.) der (Sünden-)Fall.

latent (lat.) verborgen, unterschwellig wirksam.

Lateran ehemaliger Palast des Papstes in Rom, außerhalb der Vatikanstadt gelegen, Tagungsort mehrerer Konzilien der römisch-katholischen Kirche, vor allem des 4. Lateran-Konzils von 1215, das ein gegen die → Katharer gerichtetes Glaubensbekenntis annahm und die → Transsubstantiation der Abendmahlselemente dogmatisierte.

Laubhüttenfest bedeutendstes der drei israelitischen Wallfahrtsfeste, in seinem Ursprung auf das von den Kanaanäern zum Abschluß der Ernte gefeierte »Lesefest« (vgl. 2. Mose 23,16) zurückgehend; durch die Verbindung mit dem Auszug aus Ägypten (3. Mose 23,42f) bekommt das Fest, das sieben Tage lang in eigens dazu errichteten Laubhütten begangen wird, seine heilsgeschichtliche Bedeutung.

Laudamus (lat.) »wir loben (dich)«; die »große« Doxologie der Festtagsliturgie.

Laudes (lat.) »Lobgesänge«; das Morgengebet in der Reihe der → Stundengebete.

lax (lat.) »locker«, »schlaff«; gleichgültig in Glaubensfragen.

Laxismus eine Richtung innerhalb der katholischen Moraltheologie, die Handlungen auch dann für erlaubt hält, wenn nur eine geringe Wahrscheinlichkeit für das Erlaubtsein dieser Handlungen spricht (Gg: → Rigorismus).

l.c. Abkürzung für »loco citato«, am angegebenen Ort (a.a.O.).

lectio continua (lat.) fortlaufende Lesung der Bibel (etwa die Vierjahresbibellese der evangelischen Kirchen), auch »Bahnlesung« genannt.

lectio difficilior (lat.) die schwierigere Lesart in der Textkritik, die deshalb vorzuziehen ist, weil angenommen werden kann, daß die leichtere Textform (lectio facilior) bereits eine Korrektur ist.

lectio propria (lat.) eine biblische Leseordnung, die auf den alten Sonntagstexten und dem »Thema der Woche« aufgebaut ist, meist »Kirchjahrlese« genannt.

legal (lat.) gesetzlich, dem Gesetz entsprechend.

legalisieren rechtlich in Ordnung bringen; gesetzlich erlauben; amtlich beglaubigen (bei Urkunden).

Legalismus eine Anschauung, für die das Wesen der Religion in den Gesetzen und Vorschriften besteht, die der Mensch zu befolgen hat.

Legat (das) (lat.) Vermächtnis; Zuwendung einzelner Vermögensgegenstände durch letztwillige Verfügung.

Legat (der) (lat.) päpstlicher Gesandter bei besonderen Anlässen (meist ein Kardinal).

Legenda aurea (lat.) »die goldene Legende«; die von Jacobus de Voragine (gest. 1298) veranstaltete Sammlung von Heiligenlegenden.

Legende (lat.) »das Vorzulesende«; alte Bezeichnung für Heiligengeschichten, die im Gottesdienst am Fest des Heiligen verlesen wurden; sagenhafte, ausgeschmückte Geschichte; auf Landkarten: Erklärung der Zeichen.

Legislative (lat.) gesetzgebende Gewalt, gesetzgebende Versammlung (Parlament).

legitim (lat.) gesetzmäßig, rechtmäßig; ehelich.

Legitimation Beglaubigung; Ausweis über die Identität einer Person.

Leipziger Interim → Interim.

Leisen Kirchenlieder, die im Mittelalter aus dem Ruf »Kyrie eleison« entstanden sind und bei den Prozessionen gesungen wurden.

Lektion (lat.) Lesung (vgl. → Perikope); Unterrichtseinheit.

Lektionar Buch mit den biblischen Abschnitten, die im Sonntagsgottesdienst vorzulesen sind.

Lektor (lat.) »Vorleser«; altkirchliches Amt zur Vorlesung der Heiligen Schrift im Gottesdienst. Heute oft ein Laie, der den Auftrag hat, bei Verhinderung des Pfarrers Lesegottesdienst zu halten. Mitarbeiter eines Verlags, der Publikationen anregt, prüft und bearbeitet.

Lettner Abschlußwand in alten Kirchen zwischen Altarraum und Kirchenschiff.

Letzte Dinge die Ereignisse am Ende des individuellen Lebens und der Geschichte (Tod, Auferstehung, Wiederkunft Jesu, → Millenium, Gericht, Ewiges Leben). → Eschatologie.

Letzte Ölung → unctio extrema.

Leuenberger Konkordie auf dem Leuenberg bei Basel 1973 vor allem zwischen den lutherischen und reformierten Kirchen Europas gefaßte Lehrübereinkunft, in der u.a. gegenseitige Kanzel- und Abendmahlsgemeinschaft erklärt wurde.

Leutpriester → Säkularkleriker.

Leviratsehe (lat. levir »Schwager«) Schwager-Ehe; Ehe eines Mannes mit der Frau seines kinderlos verstorbenen Bruders, um ihm Erben zu zeugen (vgl. 5. Mose 25,5-10).

Levit Angehöriger des israelitischen Stammes Levi, dem während des Wüstenzugs das Priesteramt übertragen wurde (2. Mose 32,26-29; 5. Mose 33,8-11). Später ist der Levit ein untergeordneter Tempeldiener.

Levitation (lat.) »Leichtwerden«; im Spiritismus Bezeichnung für die

Aufhebung der Schwerkraft und das freie Schweben schwerer Gegenstände; das Schweben eines Fakirs.

Leviticus das 3. Buch Mose, so genannt, weil es weithin kultische Bestimmungen für die Priester und Leviten enthält.

lex ceremonialis (lat.) Zeremonialgesetz (kultische Regeln im Unterschied zum Moralgesetz).

lex naturalis (lat.) das natürliche Gesetz.

lex orandi, lex credendi (lat.) »Das Gesetz des Betens ist das Gesetz des Glaubens«; ein Satz, mit dem man die These, die Liturgie sei eine Norm für den Glauben, unterbauen wollte.

lex revelata (lat.) das geoffenbarte Gesetz.

Libation (lat.) Trankopfer.

liberal (lat.) im kirchlichen Raum: frei von Bindungen an die herkömmlichen Inhalte der Glaubenslehre und der Ethik.

Liberale Theologie breite theologische Strömung der letzten 150 Jahre, aus der Aufklärung hervorgegangen. Man will frei (lat. liber) sein von dogmatischer und kirchlicher Tradition, trennt Glauben und Wissen und ethisiert den Glauben. Vertreter: A. Ritschl (1822–1889), A. v. Harnack (1851–1930), auch die sog. »Religionsgeschichtler« H. Gunkel (1862–1932), W. Bousset (1865–1920), E. Troeltsch (1865–1923), A. Schweitzer (1875–1965). Bis zum Ersten Weltkrieg standen den »Liberalen« die »positiven«, d.h. die grundsätzlich an die geschichtlich gegebene Offenbarung gebundene Theologen gegenüber. Durch das Aufkommen der sog. dialektischen Theologie ist diese Gegenüberstellung aus dem Gebrauch gekommen. Vgl. → Neoliberale Theologie.

Liberalismus (lat. liber »frei«) freie Entfaltung der Fähigkeiten des einzelnen, Ablehnung von Bindungen. Politischer L. = Richtung, die dem einzelnen im Staat weitgehende Freiheit einräumen will. Religiöser L. = weitgehende Ablehnung dogmatischer Bindungen. Wirtschaftlicher L. = Wirtschaftssystem, in dem der Staat Produktion, Preisbildung etc. den einzelnen Wirtschaftspartnern überläßt.

Libertiner (lat.) »Freigelassener«; veraltete Bezeichnung für einen leichtsinnigen, zügellosen Menschen; im NT (Apg. 6,9) Juden, die aus der Sklaverei freigelassen wurden und nun in Jerusalem eine eigene Synagoge hatten.

Libertinismus (lat. libertinus »der Freigelassene«) eine sich fälschlicherweise auf die evangelische Freiheit berufende, ungebundene und oftmals zügellose Lebensweise.

liberum arbitrium (lat.) der freie Wille, die freie Entscheidung (Gg: → servum arbitrium).

Lic. Abkürzung für Licentiat (lat. licentia »Freiheit, Erlaubnis«); alte

Form des theologischen Doktortitels, heute ersetzt durch Dr. theol.

licentia concionandi (lat.) in einigen Kirchen Bezeichnung für das Recht zur Vornahme geistlicher Handlungen (Sakramentsspendung und Trauung ausgenommen), das durch die 1. kirchliche Dienstprüfung erworben wird.

licentia docendi (lat.) Lehrberechtigung an der Hochschule.

Liebesmahl gemeinsame Mahlfeier der ersten Christen, → Agape (gr. »Liebe«) genannt; entsprechend in der Herrnhuter Brüdergemeine Bezeichnung für eine feierliche Abendmahlzeit.

Life and Work (engl.) »Leben und Arbeit«; Bezeichnung der ersten Weltkirchenkonferenz »für praktisches Christentum« 1925 in Stockholm; seither in der ökumenischen Bewegung zum Begriff für die Zusammenarbeit der Kirchen auf diesem Gebiet geworden.

Lima-Texte, Lima-Erklärung, Lima-Dokument Konvergenzerklärung der Kommission des → Ökumenischen Rat der Kirchen für Glauben und Kirchenverfassung über Taufe, Eucharistie und Amt, verabschiedet auf deren Weltkonferenz 1982 in Lima.

Limbus (lat.) »Rand«, »Saum«; die Vorhölle als Aufenthaltsort der Frommen des Alten Testaments (limbus patrum) und der ungetauft gestorbenen Kinder (limbus infantium), also ein Ort oder Zustand, in dem Verstorbene zu denken sind, denen weder volle Seligkeit noch Verdammung zuteil wurde. Die Limbus-Lehre war vor allem in der Scholastik verbreitet.

limina apostolorum (lat.) »Schwellen (der Grabeskirchen) der Apostel (Petrus und Paulus in Rom)«.

visitatio ad limina apostolorum »Besuch an den Schwellen der Apostel«; pflichtmäßiger Besuch der Bischöfe beim Papst.

limitieren (lat.) begrenzen, einschränken.

lingua (lat.) Sprache.

Litanei im Wechsel gesungenes Bittgebet mit immer wiederkehrendem Anruf, z.B. »Erhöre uns, lieber Herre Gott!« Auch abschätzig: eintöniges Gerede, endlose Aufzählung.

literae pacis (lat.) Friedensbriefe (Stellungnahmen von inhaftierten Glaubensbekennern der alten Kirche, daß bestimmten Gemeindegliedern, die in der Verfolgung den Glauben verleugnet hatten, Vergebung und Wiederaufnahme in die Gemeinde zu gewähren sei).

Literalsinn der buchstäbliche oder historische Sinn einer biblischen Aussage im Unterschied zu ihrem geistlichen oder mystischen Sinn.

Literarkritik wissenschaftliche Beurteilung literarischer Werke (in bezug auf Entstehungszeit, Entstehungsort, Verfasser, Quellen etc.), speziell: des biblischen Textes.

Liturgie (gr.) »Dienst«; im engen Sinn: der Teil des Gottesdienstes, der zwischen dem Pfarrer und der Gemeinde mit Wechselgesängen, Lesungen und Gebeten verläuft.

Liturgik Theorie und Geschichte der Liturgie.

Liturgische Farben die Farben von → Antependien und liturgischen Gewändern, die den Charakter des jeweiligen Gottesdienstes anzeigen: weiß als Farbe des Lichtes bezeichnet die Christusfeste (Weihnachten, Epiphanias, Gründonnerstag, Ostern bis Himmelfahrt), aber auch Trinitatisfest, Johannis, Michaelis und Ewigkeitssonntag; rot als Farbe des Feuers und des Blutes signalisiert die Feste der Kirche (Pfingsten, Kirchweih, Reformationsfest, Apostel- und Märtyrergedenktage, Konfirmation und Ordination); violett als Farbe der Buße gehört zur Advents- und Passionszeit (mit Ausnahme des Gründonnerstags) sowie zu allen Buß- und Bettagen; Epiphanias- und Trinitatiszeit sind in grün, der Farbe des Lebens und der wachsenden Saat gehalten; schwarz ist streng genommen keine liturgische Farbe.

Lizentiat → Lic.

loci communes (lat.) allgemeine Gegenstände, Grundwahrheiten (ursprünglicher Titel von Melanchthons dogmatischem Hauptwerk).

loci theologici (lat.) die unter inhaltlichem Gesichtspunkt gegliederten Hauptstücke des Glaubens; Titel von Melanchthons dogmatischem Hauptwerk in seinen späteren Auflagen.

locus (lat.) Grundlehre, Grundsatz, Stelle.

Logia Jesu (gr.) Aussprüche Jesu (Einzahl: Logion).

Logienquelle eine aus der Textvergleichung zwischen Matthäus und Lukas erschlossene Quellenschrift, die eine Sammlung von Worten Jesu enthielt.

Logik (gr. logos »vernünftige Rede«) die Fähigkeit, richtig (= logisch) zu denken; die Lehre von der Folgerichtigkeit und von den Methoden des Denkens.

Logos (gr.) »Wort, Begriff, Vernunft«. Im NT wird Logos außer in der allgemeinen Bedeutung des Sprechens, Erwägens und Berechnens noch im Sinne des »Wortes Gottes« verwendet, das der Inhalt der christlichen Botschaft ist (Luk. 8,12; Mark. 2,2). In den Johannes-Schriften ist es die Bezeichnung für den überweltlichen Christus (Joh. 1,1-14; 1. Joh. 1,1; Offb. 19,13). Die johanneische Verwendung als Christustitel hat eine Ähnlichkeit mit der Personifizierung des »Wortes« Gottes beim jüdischen Philosophen Philo von Alexandrien (15 vor bis 45 nach Chr.): Der Logos, den er auch »erstgeborenen Gottessohn« und »zweiten Gott« nennt, ist für ihn der Inbegriff der ewigen Kräfte in Gott, die diese Welt geschaffen und geordnet haben, also göttliche Weltvernunft, Weisheit (Spr. 8,22-31) und Mittler zwischen Schöpfer und Geschöpf.

logos asarkos (gr.) »nicht-fleischlicher Logos«; der göttliche Logos vor der Menschwerdung.

logos ensarkos (gr.) der in Christus Mensch gewordene Logos.

logos spermatikos (gr.) »samenartiger Logos«; eine schon bei den Heiden als wirksam angenommene göttliche Offenbarung.

Logoschristologie Lehre von Christus als dem Logos, d.h. Ineinssetzung des geschichtlichen Jesus mit der philosophischen Weltvernunft und Betonung der wesenhaften Göttlichkeit Christi im Sinne seiner Präexistenz vor aller Schöpfung; Unterordnung des Logos unter Gottvater; von den Apologeten des 2. Jh.s entwickelt.

Logotherapie (gr.) »Sinnheilung«; von Viktor Frankl (1905–1997) entwickelte psychotherapeutische Richtung, die existentielle Probleme wie Sinn- und Wertfragen in die Therapie mit einbezieht. Von ihrem Menschenbild her steht die sinnzentrierte Psychotherapie der biblischen Anthropologie durchaus nahe.

Lollarden »die Unkrautsäer« (lat. lollium); Ketzername der Anhänger des englischen Vorreformators Wyclif (14. Jh.).

Losungen 1728 von Graf Zinzendorf ins Leben gerufene Übung, den Tag des Christen unter eine bestimmte Losung (aus Bibel oder Gesangbuch) zu stellen; erstes gedrucktes Losungsbuch 1731. Heute sind die Losungen der Herrnhuter Brüdergemeine in vielen Kirchen aller Erdteile verbreitet.

Los-von-Rom-Bewegung um 1897 beginnender, bereits 15 Jahre vorbereiteter Abfall österreichischer Katholiken von der römisch-katholischen Kirche aus politischen (»alldeutschen« und »deutschnationalen«) Beweggründen; seitdem Bezeichnung auch für anders begründete Bestrebungen, die in die gleiche Richtung gehen (z.B. Abfallbewegung infolge der Beschlüsse des ersten Vatikanischen Konzils von 1870 mit der Lehre von der »Unfehlbarkeit des Papstes«).

Low Church (engl.) »Niedrig-Kirche«; pietistische Richtung in der anglikanischen Kirche, hervorgegangen aus der Erweckungsbewegung.

lumen internum (lat.) »das innere Licht« (die vom Geiste Gottes bewirkte Erkenntnis).

lumen naturale (lat.) die Vernunft als das »natürliche Licht«; das Erkenntnisvermögen des Menschen im Unterschied zum übernatürlichen, göttlichen Licht.

Lustration (lat.) feierliche kultische Reinigung durch Sühnopfer u.ä.

lustrum (lat.) altrömisches Reinigungs- und Sühneopfer, das alle 5

Jahre stattfand; dementsprechend: Zeitraum von 5 Jahren.

Luzifer (lat.) »Lichtbringer«; ursprünglich Bezeichnung für den Morgenstern (Venus); im christlichen Sprachgebrauch Name für den Teufel, entstanden aus der Verbindung von Jesaja 14,12 mit Lukas 10,18.

luziferisch teuflisch (nach dem gestürzten Engel Luzifer).

LXX römische Schreibweise von 70, Abkürzung für die → Septuaginta.

lydisch Kirchentonart, auf f stehend (nach der Landschaft Lydien in Kleinasien).

M

M.A. Magister Artium. Englisch: Master of Arts (akademischer Titel).

Macabre, auch **danse macabre** (franz.) Totentanz, bildliche Darstellung des Totentanzes; makaber: totenähnlich.

Machiavellismus Bezeichnung für eine skrupellose Politik, die ihre Ziele auch mit verwerflichen Mitteln durchsetzt (nach dem italienischen Staatsmann Machiavelli, 1469–1527).

Madonna (ital.) »Meine Herrin«, Bezeichnung der Maria.

Madrigal (ital.) Hirtengesang. Mehrstimmiges (oft 5-stimm.) Kunstlied, vor allem im 16./17.Jh.

Mäeutik (gr.) die sokratische »Hebammenkunst«; Bezeichnung der Methode, durch geschicktes Fragen die im Menschen versteckten richtigen Antworten und Erkenntnisse ans Licht zu bringen.

Märtyrer (gr.) Blutzeuge des christlichen Glaubens; ein wegen seiner Überzeugung Verfolgter (katholische Form: Martyrer).

Magie (gr.-pers.) Zauberei; ein Denken und Handeln, das sich mit der Übertragung der Kraft von Menschen, Tieren usw. und mit der Bannung von Gegenkräften abgibt.

Magister (lat.) »Meister«; akademischer Grad, mit dem man in einigen Fächern das Studium abschließen kann.

Magister artium liberalium (lat.) Meister der freien Künste; akademische Würde (abgekürzt M.A.).

magna cum laude (lat.) »mit großem Lob« (die zweitbeste Note bei der Doktorprüfung); vgl. → summa cum laude.

Magna Mater (lat.) Große Mutter, Muttergottheit.

Magnificat (lat.) Bezeichnung des Lobgesangs der Maria aus Luk. 1,46-55 (nach dem Anfangswort).

Magnificus, Magnifizenz (lat.) »Erhabenheit«; Titel der Rektoren der Universitäten und Hochschulen.

Mahayana «großes Fahrzeug (der Erlösung)«; eine freiere Richtung im Buddhismus, die auch Laien einschließt (Gg: → Hinayana).

Mahomet andere (französische) Form für Mohammed.

Maiandacht römisch-katholische Volksandacht, die während des Monats Mai vor dem Marienaltar zu Ehren der Mutter Gottes gehalten wird.

Majoristischer Streit der zwischen dem Melanchthon-Schüler Georg Major und den Gnesiolutheranern 1552–1558 geführte Streit um Majors Meinung, gute Werke seien zu des Christen Seligkeit notwendig.

Majuskeln (lat.) Großbuchstaben. Bezeichnung der in → Unzialen geschriebenen Bibelhandschriften (Gg: → Minuskeln).

Makarismus (gr.-lat.) Seligpreisung, vor allem in der Bergpredigt (Mehrzahl: Makarismen).

Makedonianer → Pneumatomachen.

Makkabäer (hebr. makkab »Hammer«) die Heldenfamilie des Judas Makkabäus, der in der Nachfolge seines Vaters Mattatias die Herrschaft der Seleukiden über das jüdische Volk zu brechen suchte (142 v.Chr. Wiederherstellung des jüdischen Staates) und deren letzte männliche Glieder von Herodes d.Gr. getötet wurden.

Makrokosmos (gr.) die große Welt, das Weltall (Gg: → Mikrokosmos).

Malteserkreuz von den Malteserrittern im 12. Jh. getragenes achtspitziges Kreuz, heute Zeichen des Johanniterordens. In der Technik Bezeichnung für ein Schaltwerk, das im Kinoprojektor als Vorrichtung zum ruckartigen Bewegen des Filmbandes benutzt wird.

Malthusianismus von dem Engländer Th.R. Malthus (1766–1834) formulierte nationalökonomische Theorie, daß die Erdbevölkerung schneller wächst als die Ernährungsmöglichkeit und daß deshalb eine Geburtenbeschränkung erforderlich ist.

Mammon (aram.) Bezeichnung für die Macht des Reichtums, die den Menschen vom Gehorsam gegen Gott lösen will.

mammonistisch von der Geldgier angetrieben.

Mana polynesisch-melanesische Bezeichnung für eine außergewöhnliche, übernatürliche Kraft, die als eine Art »göttliche Lebenskraft« vorgestellt wird und zu wunderbaren Wirkungen fähig ist, die aber in Unterscheidung von einem persönlichen Gott als unpersönlich gedacht wird.

Mandäer gnostische-synkretistische Sekte, die einen Erlöser aus dem Lichtreich erwartet und die Taufe öfter wiederholt. Reste der Mandäer existieren noch heute im Iran und Irak.

Mandate von Dietrich Bonhoeffer geprägter Sammelbegriff für die Bereiche Arbeit, Ehe, Obrigkeit und Kirche. Er versteht sie als in der Christusoffenbarung begründete göttliche Aufträge, als Verleihung göttlicher Autorität an eine irdische Instanz.

mandatum (lat.) »Auftrag«, Amt.

mandatum divinum (lat.) von Gott erteilter Auftrag.

Mandorla (gr.-lat.-ital.) mandelförmiger Heiligenschein um die ganze Figur (vor allem bei Christus- und Mariendarstellungen).

manducatio indignorum (lat.) das Essen von Leib und Blut Christi beim Abendmahl auch durch Unwürdige (1. Kor. 11,27).

manducatio oralis (lat.) »die mündliche Nießung«; beim Abendmahl wird in Brot und Wein auch der Leib Christi mit dem Mund aufgenommen (Gg: → manducatio spiritualis).

manducatio spiritualis (lat.) »die geistliche Nießung«; beim Abendmahl wird Brot und Wein mit dem Mund, der Leib Christi aber durch Wirkung des Heiligen Geistes vom gläubigen Geist des Menschen aufgenommen (Gg: → manducatio oralis).

Manichäer Anhänger einer dualistischen Mischreligion, von dem Perser Mani, der sich für den letzten großen Propheten hielt, im 3. Jh. n.Chr. begründet.

Manie (gr.-lat.) schwer krankhafter Zustand (Psychose) mit gehobener, unbegründet optimistischer Stimmung, gesteigertem Antrieb, gestörtem Realitätsbezug und fehlender Krankheitseinsicht; umgangssprachlich die übertriebene Leidenschaft für etwas.

Manifestation (lat.) das Offenbar- und Sichtbarwerden.

manipulieren (lat.) bewerkstelligen, durch Tricks erreichen, »machen« im abschätzigen Sinn.

Manna (hebr.-gr.-lat.) »Himmelsbrot«, mit dem Gott das Volk Israel auf seiner Wanderung durch die Wüste speiste (vgl. 2. Mose 16 und 4. Mose 11); eine kleinkörnige, helle Speise, die wie Öl- bzw. Honigkuchen schmeckt. Noch heute ist unter den dortigen Beduinen das Manna besonders der Tamariske (Sekret von Schildläusen auf den Blättern der Tamariske) bekannt.

Mantik (gr.-lat.) Wahrsagekunst.

Manual (lat.) Handklaviatur der Orgel (Gg: → Pedal).

Maranatha (aram.) »Unser Herr, komm!«, zugleich: »Unser Herr ist gekommen!«; ein liturgischer Ruf in der urchristlichen Abendmahlsfeier (1. Kor. 16,22).

Marburger Religionsgespräch fand vom 1.–4. Oktober 1529 auf Veranlassung des Landgrafen Philipp von Hessen zwischen den führenden lutherischen und reformierten Theologen (u.a. Luther und Zwingli) statt mit dem Ziel, die Lehrunterschiede in der Auffassung vom heiligen Abendmahl zu diskutieren und möglichst zu bereinigen. Von den dort verfaßten »15 Marburger Artikeln« wurde in 14 Punkten Übereinstimmung festgestellt, in der Frage der realen Gegenwart Christi im Abendmahl jedoch der Lehrunterschied zugegeben, allerdings mit dem Zusatz, jeder Teil solle »dem andern christliche Liebe« erzeigen.

Marcioniten Anhänger des Ketzers Marcion, der 144 n.Chr. mit der Kirche brach und eine mächtige Gegenkirche gründete. Er lehnte das AT ab, »reinigte« entsprechend die Paulusbriefe und vereinigte sie mit dem Lukas-Ev. zu einem eigenen Kanon.

Marginalien (lat. margo »Rand«) Randbemerkungen.

Marianische Kongregationen römisch-katholische Vereinigungen (Bruderschaften), die nach Alter, Geschlecht und Ständen (z.B. Akademiker, Gymnasiasten, Bauern, Arbeiter usw.) gegliedert sind und bei besonderer Marienverehrung von einem ausgesprochenen Heiligungsbestreben für sich und ihre Mitmenschen erfüllt sind.

Mariologie Lehre von der Maria.

Maroniten eine mit Rom unierte syrische Kirche im Libanon (nach dem heiligen Maron, gest. 422).

Marranen (arab.-span.) »Schweinekerle«; Schimpfname für die im Spanien des 15. Jh.s unter Zwang getauften Juden, die zumeist heimlich ihrem Glauben treu blieben, aber der Verfolgung entgingen.

Martyrium (gr.) »Zeugnis«; Opfertod für den Glauben, Blutzeugnis; auch Bezeichnung für eine Denkmalskirche über dem Grab eines Märtyrers.

Martyrologium liturgisches Gedenkbuch mit Katalog der Märtyrer und Heiligen und ihrer Feste.

massa perditionis (lat.) die der Verlorenheit anheimgegebene Masse der nicht zum Heil Prädestinierten (Augustinus).

Masseben, Mazzeben (hebr.) aufgerichtete Malsteine im Jordanland zur Kennzeichnung kanaanäischer Kultstätten.

Massọra (oder Massorạ) (hebr.) »Überlieferung«; die Gesamtheit der von jüdischen Schriftgelehrten des 7.–10. Jh.s verfaßten textkritischen Bemerkungen zum hebräischen AT (auch: Masorạ).

Massoreten (hebr.) jüdische Schriftgelehrte, die sich um einen genauen und einheitlichen Bibeltext bemühten, den sie mit einem Punktationssystem vokalisierten, in Abschnitte und Verse einteilten usw. (auch: Masoreten).

Mater dolorosa (lat.) schmerzensreiche Mutter (nach Luk. 2,35).

mater lectionis (lat. »Mutter des Lesens«) in Konsonantenschriften ein den Vokal tragender Konsonant.

Materialisation (lat.) im Spiritismus: das angebliche Hervorbringen von Gegenständen aus rein geistigen Kräften durch ein sog. Medium. Physikalisch ungeklärt.

Materialismus (lat.) Anschauung, die in der Materie den Grund und die Substanz aller Wirklichkeit sieht, also nicht nur der stofflichen, sondern auch der seelisch-geistigen. Das Seelische ist für den M. nur ein Produkt der am höchsten organisierten Materie. – Der Grundgedanke des »dialektischen Materialismus« ist der Umschlag des Quantitativen in das Qualitative. – Unter »historischem Materialismus« versteht man die vom Marxismus vertretene Geschichtsphilosophie, nach der die Produktionsweisen des materiellen Lebens den sozialen, politischen und geistigen Lebensprozeß überhaupt bedingen.

Materialprinzip reformatorischer Grundsatz über den Inhalt der Heilslehre, der in der Rechtfertigung aus Gnaden besteht (daneben das → Formalprinzip).

Matriarchat (lat.-gr.) Mutterherrschaft, Mutterrecht.

Matrikel (lat.) Verzeichnis, Liste.

Matthäuspassion Vertonung der Leidensgeschichte Jesu nach den Berichten des Evangelisten Matthäus. Am bekanntesten ist die von Johann Sebastian Bach, 1729 in Leipzig entstanden; ebenfalls bedeutsam, jedoch in ihrer Art völlig anders, die 1666 von Heinrich Schütz geschaffene Matthäuspassion.

Matutin (lat. »morgendlich«) das Morgengebet in der Reihe der Stundengebete (→ Mette).

Mauriner die von französischen Benediktinern 1618 gegründete Reformkongregation des Hl. Maurus, deren Klosterleben durch Gebet, Betrachtung, Feier der Liturgie, Schweigen und häufiges Fasten geprägt ist. Weltruhm erlangte das Kloster Saint-Germain-des-Près (Paris), dessen Mönche im 17. Jh. durch umfangreiche und hervorragende Quelleneditionen (z.B. von Augustinus) die moderne Geschichtswissenschaft begründeten.

Mausoleum prächtiges Grabmal (nach dem König Mausolos in Halikarnaß).

Maxime Vorsatz für das eigene sittliche Handeln; Hauptgrundsatz (ähnlich Devise).

Mazze, Mazza (hebr.) das ungesäuerte Brot (azymon) der Juden, meist nur aus Wasser und Mehl bestehend (Mehrzahl: Mazzoth).

mea culpa! (lat.) meine Schuld! Spez.: Schuldbekenntnis.

mediäval mittelalterlich.

Media vita in morte sumus (lat.) »Mitten wir im Leben sind von dem Tod umfangen« (Gesang aus dem 13. Jh.).

Mediation (lat.) »Vermittlung«; Verfahren zur fairen Konfliktlösung und zum Ausgleich gegensätzlicher Interessen durch einen Vermittler (Mediator), z. B. bei Scheidungs-, Gemeinde- oder Arbeitskonflikten.

mediatrix omnium gratiarum (lat.) »Mittlerin aller Gnaden«, ein römisch-katholischer Titel für Maria.

Meditation (lat.) Nachdenken, Nachsinnen, Betrachtung im christlichen Sinn (ähnlich Kontemplation).

Medium (lat.) »Mitte«; Mittelglied, Mittler(in); im Spiritismus die mit Geistern in Verbindung tretende Person.

Medizinmann für das soziale und religiöse Leben von Naturvölkern bedeutsame Persönlichkeit, die in der Kraft außer- oder übermenschlicher Wesen oder mit unpersönlicher Kraft sowie auch mit Mitteln der Magie die Menschen in ihren verschiedensten Daseinsbereichen beeinflußt.

meeting (engl.) Treffen, Versammlung.

silent meeting (engl.) Schweigeversammlung der Quäker, die sich schweigend auf das Wirken des Heiligen Geistes rüsten.

Megilloṭh (hebr.) »Rollen«; Sammelbezeichnung der fünf biblischen Bücher Hoheslied, Rut, Klagelieder, Prediger, Ester. Diese Schriften gehören zu den Festtagslesungen im jüdischen Kult.

Melancholie (gr.) »Schwarzgalligkeit«; Schwermut, Trübsinn; ein seelischer Zustand, der durch Herabstimmung des Selbstgefühls und des Selbstvertrauens gekennzeichnet ist; wird auch gleichbedeutend mit → Depression gebraucht.

Melchiten, Melkiten (aram. »Königliche, Kaiserliche«) ursprünglich Schimpfname, dann Selbstbezeichnung jener im Osten des byzantinischen Reiches, die trotz der Proteste des → Monophysitismus am Zwei-Naturen-Dogma des Konzils von Chalcedon (451) und damit an der Konfession des Kaisers festhielten. Heute bezeichnet man so die aus der byzantinischen Reichskirche hervorgegangenen griechisch-orthodoxen Patriarchate des Orients sowie die von diesen 1724 abgespaltene, mit dem Papst in Rom unierte »griechisch-katholische« Kirche.

Melitianisches Schisma Spaltung der ägyptischen Kirche, die Bischof Melitius von Lykopolis in Oberägypten seit 305 n.Chr. verursachte, als er in die Visitations- und Ordinationsrechte des Bischofs von Alexandrien eingriff und dessen milde Behandlung der während der diokletianischen Verfolgung abgefallenen Christen scharf angriff.

memento mori! (lat.) Gedenke des Sterbens!

memoria (lat.) Gedächtnis, Andenken.

in memoriam zum Gedächtnis.

Memorie Bezeichnung für Grabstätte, auch Reliquie sowie Gedächtniskirche (etwa über dem Grab eines Märtyrers).

Mendikanten (lat. mendicare »betteln«) → Bettelorden, lat. ordines mendicantium.

Menetekel Abkürzung von mene mene tekel u-par-sin (pers.) aus Dan. 5,25, »gezählt, gezählt, gewogen und zerteilt«; auch allgemein ein unheilvolles Vorzeichen.

Menhir (kelt.-franz.) unbehauene Steinsäule aus vorgeschichtlicher Zeit (Götterstein der Kelten).

Mennoniten eine auf Menno Simons (1492–1559) zurückgehende Täuferbewegung im holländischen Friesland, heute in vielen Gebieten der Erde verbreitet. Charakteristische Merkmale: Gläubigentaufe, ernste Frömmigkeit, zuchtvolles Leben, Verwerfung des Waffendienstes und des Eides, Trennung von Staat und Kirche.

Menoṛa (hebr.) der siebenarmige Leuchter im Jerusalemer Tempel (vgl. 1. Makkabäer 4,49). Die Menora stellt heute das Symbol des Judentums dar (vgl. das israelische Staatswappen).

Mensa (lat.) »Tisch«; steinerne Deckplatte des Altars; Kantine an Hochschulen und Universitäten.

Menschensohn im Neuen Testament häufig vorkommender Hoheitstitel, Selbstbezeichnung Jesu; knüpft wahrscheinlich an Dan. 7,13f an.

Mentalität (lat.) Denkungsart, Sinnesweise, geistige Gesamteinstellung eines Menschen oder einer Gruppe.

meritum (lat.) »Verdienst« in Glaubensdingen.

meritum de condigno (lat.) »Würdigkeitsverdienst«; nach der → Scholastik das Verdienst vor Gott im eigentlichen Sinn, ein förmlicher Anspruch auf Lohn; nur wer schon im Stand der Gnade ist, kann es durch ein gutes Werk erwerben (Gg: → meritum de congruo).

meritum de congruo (lat.) »Angemessenheits-« oder »Billigkeitsverdienst«; nach der → Scholastik das Verdienst vor Gott im weiteren Sinn: Gott schuldet dem Menschen nichts, gewährt ihm aber aus Billigkeit, d.h. der göttlichen Güte angemessen, einen Lohn, der den Wert seiner Tat weit übersteigt. Durch die erste Zuwendung eines Menschen zu Gott wird ein solches Billigkeitsverdienst erworben, das Gott mit der Eingießung der heiligmachenden Gnade (der Rechtfertigungsgnade) belohnt.

Mesner (mittellat. mansionarius »Türhüter«) der Küster, der Kirchendiener.

Messalianer (syr. »Beter«; griech. Euchiten) syrisch-mesopotamische Mönchssekte des 4./5. Jh.s, derzufolge weder Taufe noch Askese, sondern nur anhaltendes Beten und ekstatischer Tanz den Teufel aus dem Menschen vertreiben könne.

Messe → missa.

Meßbuch liturgisches Buch der römisch-katholischen Kirche, das die Lesungen, Gebete und Gesänge für die Messe (→ missa) enthält.

Meßgewand vor allem bei der Messe getragenes, liturgisches Obergewand des römisch-katholischen Priesters, das aus zwei Stoffblättern, die Brust und Rücken bedecken, besteht.

Messias griechische Form der aramäischen Übersetzung des hebräischen Wortes Maschiach (aram. meschichah), zu deutsch: der Gesalbte. Dieser Titel wird neben dem Hohenpriester (vgl. 3. Mose 21,10) vor allem den Königen von Israel beigelegt (Saul, David und dessen Nachfolgern); aufgrund der prophetischen Verheißungen wird darunter auch der erwartete heilbringende König der Endzeit verstanden. Im Neuen Testament ist entsprechend das griechische Wort Christos der messianische Titel, den Jesus von Nazareth trägt.

messianisch mit dem (Kommen des) Messias verbunden.

Meßstipendium Geldspende (auch Stiftung), die den Priester verpflichtet, für ein Anliegen des Spenders Messen zu lesen.

metạbasis eis ạllo gẹnos (gr.) »Hinüberspringen in ein anderes Gebiet«; ein unzulässiger Denkschritt; eine Beweisführung, die auf ein fremdes Gebiet übergreift.

Metakritik (gr.) Kritik einer Kritik (meta »hinter, nächst«).

Metamorphose (gr.) Gestaltwandel, Umgestaltung.

Metạnoia (gr.) Umsinnen, Umkehr; Änderung der Auffassung des eigenen Lebenszieles; Buße.

Metạpher (gr.) »Vergleichung«; Übertragung, Bild; Vertauschung eines gewöhnlichen Ausdrucks mit einem bildlichen, z.B. »Ihr seid das Salz der Erde«.

metaphorisch im übertragenen Sinn, bildlich.

Metaphysik (gr.) Titel der Schriften des Aristoteles, die das erst nach den konkreten Naturdingen Erkennbare behandeln (meta ta physika »nach dem Physischen«). Lehre von den letzten Gründen und Zusammenhängen des Seins. Klassische Themen sind Gott, Freiheit und Unsterblichkeit, das Verhältnis von Leib und Seele, die Fragen um → Kausalität und → Teleologie in der Welt. (Da jede wirklich metaphysische Behauptung über das sinnlich Erfahrbare hinausgeht, wird die Metaphysik von der strengen Wissenschaft nicht verhandelt).

metaphysisch zur Metaphysik gehörend, transempirisch, über alle Erfahrung hinausgehend, transzendent.

Metempsychose (gr.) »Umseelung«; → Seelenwanderung.

Methode (gr.) »das Nachgehen«, »Verfolgen«; das planmäßige Verfahren zur Erreichung eines Ziels.

Methodisten Anhänger der durch die Brüder John und Charles Wesley und George Whitefield nach 1738 begründeten evangelischen Erweckungsbewegung, deren Führer zunächst Glieder der anglikanischen Kirche blieben, später jedoch eine eigene Freikirche gründeten. Kennzeichen: Sowohl Erwachsenen- als auch Kindertaufe, Bekehrung, Heiligung, soziale Verantwortung, straffe Gliederung der Gemeinde im Sinne der Verantwortung füreinander. Die deutsche Methodistenkirche ist bischöflich aufgebaut; sie schloß sich 1968 mit der »Evang. Gemeinschaft« zur Evangelisch-methodistischen Kirche zusammen.

Metonymie (gr.) »Namensvertauschung«, Verwendung eines Synonyms oder Wechselbegriffs, übertragener Gebrauch eines Wortes oder einer Wortfügung für einen verwandten Begriff (z.B. ›hier und heute‹ für ›sofort‹; ›Stunde‹ für ›Zeitpunkt‹).

Metrik (gr.) Verslehre.

Metropolit (gr.) »Hauptstadtbischof«; in der Ostkirche Bezeichnung des obersten Geistlichen einer Region (Metropolie).

Mette (lat. matutina »Morgengebet«) erstes Stundengebet, das ursprünglich kurz nach Mitternacht gehalten wurde.

Midrasch (hebr.) »Forschung«; Auslegung des AT nach den Regeln der jüdischen Schriftgelehrten (älteste Midraschim um 250 n.Chr.).

Migne Zitiertitel der von 1844–1866 erschienenen umfangreichsten Werkausgabe der griechischen und lateinischen Kirchenväter (insgesamt 382 Foliobände) nach ihrem Herausgeber Jacques Paul Migne.

Mikrokosmos (gr.) »Kleinwelt«; die kleine Welt (des Einzelmenschen, jedes Lebewesens, des Atoms) als verkleinertes Abbild der großen Welt (Gg: → Makrokosmos).

militia Christi (lat.) »christliche Ritterschaft«; Ausdruck für den Kampf der Christen in der Welt im Gehorsam unter Christus (Eph. 6,10).

Millenarismus → Millenialismus.

Millenialismus (lat.) Lehre vom → Millenium; die Erwartung, daß Jesus Christus gemäß Offb. 20,1-10 während einer besonderen Periode (1000 Jahre) am Ende der Weltgeschichte als messianischer Friedenskönig auf Erden herrschen wird; wird häufig auch → Chiliasmus genannt. Siehe auch → Postmillenialismus, → Prämillenialismus.

Millenium (lat.) das Tausendjährige Reich (Offb. 20,2f).

Mimesis (gr.) »Nachahmung«, »Darstellung«; nach Plato ist die

Philosophie M., weil sie eine Sache in dem, was sie ist, zur Sprache bringt. Von Aristoteles her wird der Begriff jedoch überwiegend in der Theorie der Kunst verwendet (Kunst als Nachahmung der Natur oder Darstellung des Wesentlichen an einer Sache); Adjektiv: mimetisch, »die M. betreffend«.

Mimik (gr.) Mienenspiel, Gebärdensprache.

Minarett (arab.-türk.) Moscheeturm, auf dem der → Muezzin die Gebetsstunden ausruft.

Mincha (hebr.) »Gabe«; das unblutige Speiseopfer; Nachmittagsgebet der Juden.

Miniatur (lat.-ital.) kleines Bild, speziell: Illustration einer alten Handschrift oder eines Buches.

minister verbi divini (lat.) »Diener des göttlichen Wortes«.

ministerium verbi divini (lat.) »Dienst des göttlichen Wortes«, Predigtamt.

Ministrant (lat.) Mesner, Kirchendiener; Jugendlicher, der dem Geistlichen bei der Messe zur Hand geht.

ministrieren bei der Messe dienen.

Minorität (lat.-franz.) Minderheit.

Minoriten (lat. minor »geringer«) Bezeichnung des katholischen Bettelordens der → Franziskaner, lateinisch: Ordo Fratrum Minorum (abgekürzt OFM), deutsch: Orden der minderen (= geringeren) Brüder.

Minuskeln (lat.) Kleinbuchstaben (Gg: → Majuskeln). Bezeichnung der in Kleinbuchstaben geschriebenen Bibelhandschriften.

Mirakel (lat.) wunderbare Begebenheit; ein auf vordergründigen Effekt abgezieltes Zauberkunststück, oft vom »Wunder« im biblischen Sinn unterschieden. Im mittelalterlichen Schrifttum Bezeichnung für die dramatisierten Heiligenlegenden (Mirakelspiele).

Misanthrop (gr.) Menschenfeind, Menschenhasser.

Mischehe weithin übliche Bezeichnung für die konfessionsverschiedene Ehe; auch rassenverschiedene Ehe.

Mischna (hebr.) »Wiederholung«; Sammlung der jüdischen Gesetzeslehre aus dem 2. Jh. n.Chr., Grundlage des Talmud.

Miserere (lat.) »Erbarme dich!«; speziell: Bezeichnung des 51. Psalms in der Vulgata, der in der katholischen Kirche vielfach als Bittgesang der Karwoche komponiert wurde.

Misericordias Domini (lat.) »Barmherzigkeit des Herrn«; der 2. Sonntag nach Ostern nach Psalm 89,2.

Miserikordie ein Vorsprung auf der Unterseite der Klappsitze des Chorgestühls (zum Anlehnen während des Stehens).

missa (lat.) Messe (vgl. → Ite, missa est); der Hauptgottesdienst mit

Wortverkündigung und Herrenmahl.

missa fidelium (lat.) »die Messe der Gläubigen«, jener Teil des altkirchlichen Gottesdienstes, der nur den Getauften zugänglich war.

missa pontificalis Pontifikalamt, eine vom Bischof gehaltene Messe.

missa pro defunctis Totenmesse, Seelenmesse.

missa sine nomine (lat.) »namenlose Messe«; eine Messe, in der nichtkirchliche Gesänge verwendet wurden.

missa solemnis (lat.) »festliche Messe«; Messe mit reicher musikalischer Ausgestaltung (Titel eines entsprechenden Werks von Beethoven); vgl. → Hochamt.

Missale Romanum (lat.) »Römisches Meßbuch«; das 1570 festgelegte Meßbuch der römisch-katholischen Kirche, das die Lesungen, Gebete und Gesänge für das Hochamt enthält.

Mission (lat.) »Sendung«; Auftrag, Bestimmung; speziell: die Sendung der Kirche zum Zeugendienst für Christus in der Welt, die Arbeit christlicher Kirchen in fremden, besonders in nicht christlich geprägten Kulturen.

Missionar Sendbote, Heidenprediger, Glaubensbote.

Mitra (gr.-lat.) »Kopfbinde«; Bischofsmütze.

Mitteldinge → Adiaphora.

mixolydisch (gr.) Kirchentonart des Mittelalters, auf g aufgebaut.

Modalismus (lat.) die von der alten Kirche verworfene Lehre, daß in Christus nicht der ewige Sohn Gottes oder → Logos, sondern der Vater selbst Mensch geworden, der »Sohn« also nur die irdische Erscheinungsform (modus) des »Vaters« sei; wurde im 2./3. Jh. von Noëtus, Praxeas und Sabellius vertreten; wird auch als modalistischer → Monarchianismus, → Patripassianismus oder → Sabellianismus bezeichnet.

Modalität (lat.) Art und Weise des Seins oder Geschehens (Möglichkeit, Wirklichkeit, Notwendigkeit).

Moderamen (lat.) »Lenkung«; leitendes Kollegium in reformierten Kirchen und Gemeinden.

Moderator geistlicher Amtsträger innerhalb eines Moderamens, Leiter der kirchlichen Körperschaften.

Modernismus im Katholizismus: eine liberale, wissenschaftliche Reformbewegung, 1907 von Pius X. verurteilt (→ Antimodernisteneid).

modifizieren (lat.) abwandeln, einschränken, auf das rechte Maß bringen.

Modus (lat.) »Art und Weise«; Daseinsweise, Art des Geschehens.

Mönch Mensch, der aus religiösen Beweggründen als Einsiedler oder in einer Gemeinschaft Gleichgesinnter (→ Kloster) ein enthaltsames und auf bestimmte Regeln verpflichtetes Leben führt.

Mohammedaner Anhänger der Lehre Mohammeds (→ Islam); sie selbst nennen sich Muslim (»die sich Gott Unterwerfenden«, »Gottergebene«).

Moira (gr.) das den Göttern und den Menschen zugeteilte Verhängnis.

Moiren Schicksalsgöttinnen der Griechen.

Molinismus ältere Richtung im Katholizismus, nach dem spanischen Jesuiten Luis de Molina (1535–1600) benannt, der lehrte, daß die göttliche Gnade die menschliche Willensfreiheit nicht ausschließe, da Gott die freie menschliche Entscheidung voraussieht und seine Mitwirkung zur Verfügung stellt.

Moloch eine aus dem Hebräischen stammende Bezeichnung, die neuerdings nicht auf einen Gott, sondern auf eine Opferart (Kinderopfer) gedeutet wird (vgl. 3. Mose 18,21; zur Stätte des Kinderopfers zu Tofet im Tal Ben-Hinnom südlich von Jerusalem vgl. 2. Kön. 23,10; Jer. 7,31f; 32,35); heute: Ausdruck für ein »menschenfressendes« Ungeheuer, z.B. »Moloch Krieg«.

monachium (lat.) Kloster.

Monade (gr. monas »Einheit«) das Einfache, Nichtzusammengesetzte, Unteilbare; die lebendige beseelte Individualität. Begründer der Monadenlehre ist Leibniz (1646-1716). Nach Leibniz sind die Monaden einfache Substanzen, voneinander unabhängig und für keinerlei Einwirkung von außen offen (»fensterlos«), die die Welt je von ihrem eigenem Standort aus vorstellen und widerspiegeln.

Monarchianismus (gr.-lat.) altkirchliche Anschauung, die gegen die → Logoschristologie die Einheit und Alleinherrschaft (Monarchie) Gottes betonte und Christus entweder als vergöttlichten Menschen (→ dynamistischer Monarchianismus, → Adoptianismus) oder als bloße Erscheinungsform Gottes auf Erden ansah (→ Modalismus).

monarchischer Episkopat hierarchische Gemeindeleitung durch einen einzelnen Bischof.

monastisch mönchisch.

Monenergismus (gr. enérgeia »Wirkung, Betätigung«, nicht etwa »Kraft« oder »Vermögen«) Formel von der einheitlichen gottmenschlichen »Betätigung« der zwei Naturen Christi (vom Patriarchen Sergius von Konstantinopel 633 n.Chr. als Unionsformel für Mono- und Dyophysiten aufgestellt, nach dem Widerspruch durch Sophronius von Jerusalem zugunsten des → Monotheletismus aufgegeben).

Monergismus (gr.) das Alleinwirken Gottes bei der Bekehrung des Menschen (Gg: → Synergismus).

Monismus (gr.) Einheitslehre; eine Lehre, die die gesamte Wirklichkeit aus einem einzigen Prinzip ableitet (Gg: → Dualismus).

Monistenbund 1906 in Jena gegründet, naturwissenschaftlich ausgerichtet, materialistisch geprägt, zum Teil kirchenfeindlich; geht auf Ernst Haeckel und seine Forderung einer einheitlichen Weltanschauung zurück, die auf Naturerkenntnis gründet; siehe auch → Materialismus.

Monodie (gr.) »Alleingesang«; einstimmiger Gesang, Arie.

Monogamie (gr.) Einehe (Gg: → Polygamie).

monogenes (gr.) eingeboren, einzigentsprossen.

Monogenismus (gr.) »Alleinabstammung«; die Lehre, daß alle Menschen auf Adam als gemeinsamen Stammvater zurückgehen (Gg: → Polygenismus).

Monogramm (gr.) Darstellung eines Namens oder Begriffs durch Abkürzung auf einen Buchstaben oder Zusammenziehung einiger Buchstaben zu einem Zeichen; in der christlichen Kirche bedeutsam für das sogenannte »Christusmonogramm« (auch »Christogramm« genannt), das in verschiedenen Formen Verwendung fand, am weitesten verbreitet in der Kreuz-und in der Sternform (letztere als Zusammenziehung von X und P, den beiden griechischen Anfangsbuchstaben des Wortes Christus). Als Abkürzung für den Namen Jesu hat das Zeichen IHS (ebenfalls die ersten griechischen Buchstaben des Wortes Jesus) besonders durch die Anbringung auf dem Ordenswappen der Jesuiten weite Verbreitung gefunden und Monogrammbedeutung erhalten (→ IHS).

Monographie (gr.) Einzeldarstellung; wissenschaftliche Untersuchung, die einem einzelnen Gegenstand gewidmet ist.

Monolatrie (gr.) Verehrung nur eines Gottes – ohne Leugnung der Existenz weiterer Götter.

Monophysitismus (gr. monê physis »eine einzige Natur«) die Lehre, daß in Christus nicht zwei Naturen (göttliche und menschliche) verbunden seien, sondern Christus vom Logos in eine einzige (= göttliche) Natur verwandelt worden sei. – Monophysiten sind die koptischen und armenischen Christen (Gg: → Dyophysitismus). Sie erkennen das Zwei-Naturen-Dogma des 4. ökumenischen Konzils in Chalcedon 451 nicht an.

Monotheismus (gr.-lat.) die Lehre von dem einen, persönlichen Gott. Glaube an einen einzigen Gott – unter ausdrücklicher Leugnung der Existenz anderer Götter. Vgl. → Henotheismus.

Monotheletismus (gr.-lat.) die auf dem 6. ökumenischen Konzil zu Konstantinopel 680–81 n.Chr. verurteilte Lehre, die zwei Naturen Christi hätten nur einen einzigen Willen (gr. thelema) gehabt (Gg: → Dyotheletismus, vgl. → Monenergismus).

Monstranz (lat. monstrare »zeigen«) das Gefäß, in dem in der Römisch-Katholischen Kirche die geweihte Hostie gezeigt und herumgetragen wird.

Montanismus schwärmerische, jedoch sittenstrenge Bewegung in Kleinasien (nach Montanus, um 155), der auch Tertullian angehörte. Wesenszüge: Zurückdrängen der kirchlichen Hierarchie zugunsten des charismatischen Prophetentums, strenges Fasten, Verbot einer zweiten Ehe, Ausrichtung auf das Weltende.

Moral (lat. moralis »sittlich«) Sitte, Sittenlehre, Ethik.

Moralismus allgemein: betont einseitige Betrachtung und Bewertung aller Dinge unter moralischen Gesichtspunkten; philosophisch: Lebensanschauung, daß das Sittliche (die Moral) der höchste Wert und Zweck des Lebens ist; theologisch: Überbetonung der Moral als Aufgabe menschlicher Gesinnung und Leistung unter Zurückdrängung des Gnadenhandelns Gottes in unserem Leben.

Moralist Moralphilosoph, Sittenlehrer. Auch abschätzig: liebloser Verurteiler und Sittenrichter.

Morganaticum (lat.) Morgengabe; im alten deutschen Recht das Geschenk des Mannes an die Ehefrau nach der Hochzeitsnacht.

morganatische Ehe (lat.) Ehe auf bloße Morgengabe; nicht standesgemäße Ehe, Ehe zur linken Hand.

Morgenländische Kirche → griechisch-katholisch und → orthodoxe Kirche.

moribundus (lat.) ein dem Tod Geweihter, im Tode Liegender.

Mormonen pseudochristliche religiöse Vereinigung, die 1830 durch den Amerikaner Joseph Smith begründet wurde. Sie hat ihren Namen von dem »Buch Mormon«, das Smith mit Hilfe des Engels Moroni durch Abschrift von einem aus dem 5. Jh. stammenden Manuskript geschaffen haben will und das als Hauptoffenbarungsurkunde dient. Selbstbezeichnung: Kirche Jesu Christi der Heiligen der letzten Tage. – Die Mormonen lehren einen biblisch verbrämten Fortschrittsweg, der auch im Jenseits weitergeht.

Morphologie (gr.) Gestaltlehre, Formenlehre.

mosaisch von Moses stammend; das »mosaische Gesetz« bezeichnet das auf Mose zurückgeführte, im sogenannten Pentateuch (1. bis 5. Buch Mose) vorliegende Gesetz.

Moschee (vom ital. moschea aus dem arab. masdschid = Anbetungsort) islamischer → Sakralbau, Versammlungsort der Gläubigen zu gemeinsamem Gebet und Stätte religiösen Unterrichts; er darf nur nach Ablegen des Schuhwerks am Eingang betreten werden. Von den kleineren Moscheen unterscheidet man die großen Hauptmoscheen, in denen das Freitagsgebet, auch die

Freitagspredigt stattfindet und die darum »Freitags-Moscheen« genannt werden.

Moslem, Muslim (arab.) »Gottergebene«; Selbstbezeichnung der Anhänger des Islam (→ Mohammedaner).

Motette (lat.-ital.) mehrstimmige Vertonung eines Bibeltextes ohne Instrumentalbegleitung.

Motiv (lat.) Beweggrund, Antrieb, zur Tat führende Lehre. Leitgedanke.

Motivation Gesamtheit der Beweggründe (Motive), die eine Person zu einer bestimmten Handlung führen, z.B. ein Bedürfnis zu stillen oder ein Ziel zu erreichen.

Motuproprio (lat.) »Aus eigenem Antrieb«; päpstlicher Erlaß.

Ms., MS Abkürzung für Manuskript = Handschrift (Mehrzahl: Mss., MSS).

Mozaraber (arab. musta'rib »arabisiert«) spanische Christen, die im vom 8. bis 15. Jh. moslemisch besetzten Teil der iberischen Halbinsel lebten und die arabische Kultur und Sprache angenommen hatten.

Münster (lat. monasterium »Kloster«) Stift, Kloster, große Stiftskirche, auch Dom genannt.

Muezzin (arab.) Gebetsrufer im Islam, der täglich fünfmal zum Gebet ruft.

mulier taceat in ecclesia (lat.) Das Weib schweige in der Gemeinde (1. Kor. 14,34).

Multiplikatoren (lat.) »Vervielfacher«; Menschen, die fähig sind, Gehörtes und Gelerntes an andere weiterzugeben (im Unterschied zum »Endverbraucher«).

munus triplex (lat.) das dreifache Amt Christi (König, Priester und Prophet).

Muratorisches Fragment → Canon Muratori.

Muselman → Moslem.

mutatis mutandis (lat.) unter Berücksichtigung der erforderlichen Abänderungen.

Mutterhaus Einrichtung zur Ausbildung von Diakonissen und anderen (Kranken-)Schwestern, von wo aus auch der spätere Einsatz der Schwestern geleitet wird und diese an ihrem Lebensabend versorgt werden. Im römisch-katholischen Ordensrecht Bezeichnung für das in der Regel älteste und Haupthaus einer Schwestern- oder Brüdergemeinschaft.

mutua consolatio fratrum (lat.) gegenseitige brüderliche Tröstung.

Myrrhe (arab.) »die Bittere«, Harz des südarabisch-abessinischen Balsambaumes, das als Riechmittel und Räucherstoff verwendet wird (vgl. u.a. Matth. 2,11 und Mark. 15,23).

Mystagog (gr.) Priester, der in die → Mysterien einführte.

Mysterien (lat.) »Geheimnisse«; antike Geheimkulte, in denen darstellende Handlungen, Waschungen, kultische Formeln usw. die Vereinigung des Menschen mit der Gottheit erwirken sollten.

Mysterienspiele abgekürzt auch als »Mysterien« bezeichnet, eigentlich »Ministerienspiele«; große geistliche Spiele des Mittelalters, die anhand biblischer Texte und teilweise auch Heiligenlegenden gestaltet sind und von zahlreichen Darstellern (Geistlichen und bis zu 300 Laien), die sich zu einer religiösen Bruderschaft zusammenschließen, in oft mehrtägigen Aufführungen in der Form eines Volksfestes meist nach Pfingsten dargeboten werden.

Mysterium (gr.) »Geheimnis«; eine Wahrheit, die Gott offenbart hat, die sich aber völligem Verstehen entzieht.

mysterium tremendum (lat.) erzittern machendes Geheimnis.

Mystik (gr. mystikos »geheimnisvoll«) ein Bemühen, das Übersinnliche und Göttliche durch Abkehr von der Sinnenwelt und Versenkung in die Tiefe des eigenen Seins zu erfassen, letztlich: mit Gott eins zu werden (→ unio mystica). Hauptvertreter der deutschen Mystik: Meister Eckhart (geb. um 1260), Tauler (gest. 1361), Jakob Böhme (1575–1624).

mystisch geheimnisvoll, der Art und dem Wesen der Mystik entsprechend.

Mystizismus übertriebene Vorliebe für das Mystische; Neigung zu verschwommenem, unscharfem Denken.

Mythologie Gesamtheit der Mythen eines Volkes; Wissenschaft von den Mythen.

Mythos (gr.) »Erzählung«, »Aussage«; Ursprungssage, Göttersage. Der Mythos ist in der Frühzeit der Völker die Form, in der sie das Heilige zu ergreifen suchen, eine Ausdrucksform fast aller Religionen. In ihm werden Götter im unmittelbaren Verkehr mit Menschen dargestellt; das Unanschauliche wird bildhaft konkret. – Die Beurteilung des M. ist heute sehr gegensätzlich. Die einen sehen in ihm eine unvermeidbare Ausdrucksform für ewige Wahrheiten (oder für rational nicht zu begreifende und doch ehrfürchtig hinzunehmende Wirklichkeiten). Die anderen halten ihn für eine geschichtlich überholte religiöse Ausdrucksform. Mehrzahl: Mythen.

N

Naassener (aram. »Schlangenanbeter«; griech. Ophiten) ein Zweig des Gnostizismus, der in der Weltschlange, die sich selber in den Schwanz beißt, ein Symbol kosmischer Selbstvernichtung erblickte.

Nabi (hebr.) Prophet, ekstatischer Seher.

Narthex (gr.-lat.) die Binnenvorhalle der altchristlichen und byzantinischen Basilika.

Narziß (pers.-gr.-lat.) Gestalt in der griechischen Mythologie: Der Jüngling Narzissos sah sein Spiegelbild im Wasser und verliebte sich darin.

Narzißmus in der Psychologie uneinheitlich verwendete Bezeichnung für die Liebe einer Person zu sich selbst, die gesund oder gestört sein kann; umgangssprachlich die Bezeichnung für die Haltung unangemessener Selbstverliebtheit.

narzißtische Kränkung Kränkung oder Verletzung eines Menschen in seinem Selbstwertgefühl.

Nasiräer (hebr.-gr.) »Geweihter«; Gruppe in Alt-Israel, deren Glieder besondere Enthaltsamkeit gelobt hatten (4. Mose 6).

Nationalkonzil Kirchenversammlung für die Kirchenvertreter einer Nation im Gegensatz zu → ökumenischen Konzilen.

natürliche Theologie (lat. theologia naturalis) Bezeichnung für eine Theologie, die ihre Lehren vor aller oder gegen alle geschichtliche Offenbarung auf der dem Menschen angeborenen, also »natürlich« vorhandenen Vernunft aufbaut. Im → Rationalismus wurde sie als Alternative zur → Offenbarungstheologie verstanden. Man kann sie aber auch im Sinne der → revelatio generalis in die Offenbarungstheologie integrieren.

natura naturans (lat.) »erzeugende Natur«; ein von Baruch Spinoza (1632-1677) gebrauchter Begriff, der die Natur als lebendige Einheit sieht, die in schöpferischer Tätigkeit die Einzeldinge aus sich hervorgehen läßt.

natura naturata (lat.) »geschaffene Natur« (= die Welt, der Inbegriff aller Einzeldinge); ein ebenfalls von Spinoza verwendeter Begriff.

Naturalismus Richtung, die die Natur als das Allumfassende, Einzige, allein Seiende betrachtet, oft auch ausdrücklich den Geist in den Begriff »Natur« einbezieht, so daß Geschichte und geistige Vorgänge eine bloße Fortsetzung des Physischen und Biologischen sind.

naturalistisch der Anschauung des Naturalismus entsprechend.

Naturoffenbarung → revelatio generalis.

Naturrecht Vernunftrecht; das in der stets gültigen Gleichartigkeit der Natur des Menschen begründete unveränderliche Recht, dessen Satzungen darum vernunftgemäß, absolut, unveräußerlich und allgemeingültig sein sollen, auch wenn sie gesetzlich nicht festgelegt sind. In der römisch-katholischen Kirche wesentliches Stück der kirchlichen Lehre; im Protestantismus sehr unterschiedlich und weitgehend kritisch beurteilt. Gg: das → positive, d.h. tatsächliche, dem Wandel ausgesetzte und deshalb nur bedingt geltende Recht.

Naturreligion religiöse Verehrung von Gegenständen oder Kräften der Natur als göttliche Wesen (zum Beispiel Bäume, Berge, Feuer, Gestirne u.a.m.).

Nazaräer, Nazoräer Beiname Jesu nach Matth. 2,23; nach Apg. 24,5 älteste Bezeichnung der Christen, die bald ausschließlich auf die syrischen Judenchristen Anwendung fand.

Nazarener (gr.-hebr.) »der von Nazareth«, Beiname Jesu in den Evangelien (Mark. 1,24; Luk. 4,34 u.ö.), auch Nazoräer geschrieben (Matth. 2,23; Luk. 18,37). N. war der älteste Name für die Christen (Apg. 24,5) und ging später auf syrische Judenchristen über. Auch: deutscher Malerbund, der sich 1810 in Rom auf christlicher Grundlage zusammenschloß (Overbeck, Cornelius, Schnorr von Carolsfeld u.a.).

Nazarenerevangelium apokryphes Evangelium der syrischen Judenchristen, um 125 n.Chr. in aramäischer oder syrischer Sprache abgefaßt; eng verwandt mit dem Matthäusevangelium.

necessitas (lat.) »Notwendigkeit«, Unentbehrlichkeit.

in necessariis unitas, in dubiis libertas, in omnibus autem caritas (lat.) im Notwendigen Einheit, in Zweifelsfällen Freiheit, in allem aber Liebe.

Negation (lat.) Verneinung, Ablehnung einer Aussage (Gg: → Affirmation).

negative Theologie theologische Richtung, die betont, daß Gott nicht vollständig erkannt werden kann und Aussagen über ihn daher nur über die → via negationis möglich sind; auch → apophatische Theologie genannt.

Nekrolog (gr.) Nachruf auf einen Verstorbenen (meist mit einem kurzen Lebensabriß verbunden).

Nekromantie (gr.-lat.) Totenbeschwörung, Weissagung mit Hilfe von Totengeistern.

Nekropole, Nekropolis (gr.) Totenstadt; großes Gräberfeld der Frühzeit.

neoliberale Theologie Bezeichnung für die theologische Richtung Rudolf Bultmanns (1884–1976) und seiner Schüler: → Entmythologisierung, → Existentiale Interpretation.

Neologie (gr.) zweite Phase der deutschen Aufklärungstheologie (seit 1750) zwischen → Physikotheologie und → Rationalismus; betonte die natürliche Theologie und praktische Frömmigkeit, übte historische Kritik an der Bibel.

Neo-Orthodoxie im angelsächsischen Raum anzutreffende Bezeichnung für die Theologie Karl Barths.

Neophyt (gr. »Neugewachsener«) Neuling, Neubekehrter, Neugetaufter.

Nepotismus (lat.) Vetternwirtschaft (vor allem bei den Päpsten der Renaissancezeit).

Nestorianer die persische Kirche, die im 3. Jh. n.Chr. durch chaldäisch sprechende Kriegsgefangene entstand und sich im 5. Jh. von der byzantinischen Reichskirche trennte, indem sie sich zur Christologie des Nestorius bekannte. Der Patriarch Nestorius von Konstantinopel nannte Maria nicht Theotokos »Gottesgebärerin«, sondern Christotokos »Christusgebärerin« und wurde dafür vom 3. ökumenischen Konzil in Ephesus 431 n.Chr. exkommuniziert. Die Nestorianer trieben eine weitreichende Missionsarbeit bis nach Indien und China hinein, wurden durch den Mongolensturm im 13. Jh. schwer gemindert, existieren aber noch heute als selbständige Kirche und sind Mitglied im → Ökumenischen Rat der Kirchen.

Neuapostolische Kirche aus den »katholisch-apostolischen« Gemeinden Englands und Schottlands hervorgegangen, die sich 1832 durch die lebendige Erfahrung der Geistesgaben gebildet und angeblich die göttliche Weisung empfangen hatten, zwölf Apostel aufzustellen und dadurch die Menschheit auf die Wiederkunft Christi vorzubereiten. Die Neuapostolischen werden autoritär geleitet von einem »Stammapostel« (erstmals 1896 Fritz Krebs), der neben den Aposteln in besonderer Weise als Offenbarer der Lehre Gottes gilt. Die Neuapostolische Kirche betont weniger die Gemeinde als vielmehr die Ämter, die in ihrer gegliederten Form eine gewisse Machtstellung bedeuten; für die Lehre ist das dritte Sakrament der »Versiegelung« wichtig, das die völlige Wiedergeburt bewirkt und die Wassertaufe durch die Geistestaufe ergänzt.

Neuplatonismus letzte Form der griechischen Philosophie vom 3. bis 6. Jh. n.Chr., gekennzeichnet durch Verschmelzung platonischer, aristotelischer und stoischer Lehren mit orientalischen und christlichen Elementen. Hauptvertreter: Plotin, 205-270 n.Chr.

Neuprotestantismus liberale Strömung im Protestantismus des 19. und beginnenden 20. Jh.s, die Freiheit von kirchenamtlicher Bevormundung und konfessioneller Abgrenzung erstrebte und den Protestantismus im Einklang mit der gesamten Kulturentwicklung in eine philosophische Bildungsreligion verwandeln wollte (auch → Kulturprotestantismus genannt).

New Age (engl.) »Neues Zeitalter«;

moderne synkretistische Weltanschauung, die sich von der christlich-abendländischen Rationalität löst und ein neues Denken aus der Kombination von evolutionärer Naturwissenschaft und östlicher Religiosität propagiert; das bisherige Zeitalter der Fische (Fisch als Symbol des Christentums) werde nun durch das Zeitalter des Wassermanns abgelöst.

Nicaenum altkirchliches Glaubensbekenntnis, benannt nach Nicäa, dem Ort des 1. ökumenischen Konzils 325 n.Chr. (heute: Isnik), das Christus gegen den → Arianismus »wahrhaftigen Gott« und »eines Wesens mit dem Vater« nennt. Das »Nicaenum« der lutherischen Bekenntnisschriften und Liturgie ist das Nicaeno-Constantinopolitanum.

Nicaeno-Constantinopolitanum das weitestverbreitete Glaubensbekenntnis der Christenheit; ursprünglich wohl als Unionsformel für die Lehrgespräche des 3. ökumenischen Konzils zu Konstantinopel 381 n.Chr. mit den → Pneumatomachen verfaßt, vom 4. ökumenischen Konzil zu Chalkedon 451 n.Chr. dann als das offizielle Bekenntnis des 3. Konzils anerkannt. In den lutherischen Bekenntnisschriften und der Abendmahlsagende wird es »Nizänisches Glaubensbekenntnis« genannt. Der im 17. Jh. aufgekommene Name Nicaeno-Constantinopolitanum entstand aus dem historischen Irrtum, daß es sich hier um eine zu Konstantinopel 381 n.Chr. erweiterte Fassung des Nicaenums handele. Inhaltlich sind beide Bekenntnisse in der Tat nahe miteinander verwandt. Im dritten Artikel fügte die lateinische Kirche später ein → filioque hinzu.

Nihilismus (lat.) Standpunkt der absoluten Verneinung. Der theoretische Nihilismus verneint die Möglichkeit einer Erkenntnis der Wahrheit (ähnlich dem → Agnostizismus). Der ethische Nihilismus leugnet die Werte und Normen des Handelns. Nietzsche bezeichnete mit dem Wort Nihilismus (das er bei dem russischen Schriftsteller Turgenjew gefunden hatte) die Erscheinung, daß die obersten Werte sich entwerten, daß es nichts mehr gibt, wofür zu leben oder zu sterben sich lohnt, daß das Bewußtsein aufkommt, es sei alles umsonst (»Der Wille zur Macht«).

nihil obstat (lat.) es steht nichts im Wege (Unbedenklichkeitsformel für die Erteilung der Druckerlaubnis in der römisch-katholischen Kirche).

Nikolaiten Anhänger einer kleinasiatischen gnostischen Bewegung der Frühzeit, denen die Offenbarung des Johannes (2,6.15) Unzucht und Teilnahme an Götzenopfermahlzeiten vorwirft. – Im Mittelalter wurden Priester, die nicht im Zölibat lebten, Nikolaiten genannt.

Nimbus (lat.) Heiligenschein, (unverdientes) Ansehen.

Nirvana, Nirwana (sanskr.) »Erlöschen«; Ausscheiden aus dem Kreislauf der → Reinkarnationen; der schon bei Lebzeiten durch Schwinden des Lebenstriebes erreichbare Zustand der Erlösung. Die Buddhisten verstehen unter »Nirwana« den Zustand der Seligkeit, in dem alle die Einzelexistenz bedingenden Daseinsfaktoren endgültig aufgehoben sind.

Nisan erster Monat des jüdischen Kalenders (März-April).

nizänisch → Nicaenum.

N.N. Abkürzung für nomen nescio (lat.) »den Namen weiß ich nicht« oder: nomen nominandum »der zu nennende Name (soll oder muß noch unbekannt bleiben)«.

noachitische Gebote sieben Gebote, die Gott nach jüdischer Auffassung Noah gegeben hat (vgl. 1. Mose 9,1ff) und die von allen Menschen verlangt werden müssen: die sechs Verbote der Gotteslästerung, des Götzendienstes, der Unzucht, des Blutvergießens, des Raubes und des Genusses eines Gliedes von einem lebenden Tier sowie das Gebot der Rechtspflege.

Noëtik (gr.) Denklehre, Erkenntnislehre; das Denken betreffende Grundsätze.

nolens volens (lat.) »nicht wollend und doch wollend«; wohl oder übel.

noli me tangere (lat.) »Rühre mich nicht an!« (Joh. 20,14-18); in der Kunst die Darstellung des der Maria Magdalena als Gärtner erscheinenden Christus.

Nominalismus (lat.) »Benennungsglaube«; spätscholastische Anschauung, daß dem Allgemeinbegriff außerhalb des Denkens nichts Wirkliches entspricht, unsere Begriffe also nur subjektive Bewußtseinsgebilde sind, Worte, Namen, die als Zeichen für die Dinge und ihre Eigenschaften dienen und außerhalb des Denkens nichts zu besagen haben, nichts objektiv Wirkliches bezeichnen. Die Nominalisten wenden sich gegen den Begriffsrealismus, wie Plato ihn entwickelt hat; Gg: → Realismus.

Nominierung (lat.) Benennung, Ernennung.

Nomismus (gr.-lat.) Gesetzlichkeit; die vom alttestamentlichen Gesetz bestimmte Haltung der strengen Juden oder auch Christen.

Nomos (gr.) Gesetz.

Nonkonformisten (lat.-engl.) Mitglieder englischer protestantischer Kirchen, die die Staatskirche ablehnen; Menschen, die mit der herrschenden Meinung nicht konform gehen; Einzelgänger, gegen den Strom Schwimmende.

non liquet (lat.) »es ist nicht geklärt«; Feststellung, daß ein Sachverhalt nicht durch Beweis oder Gegenbeweis erhellt ist.

non possumus (lat.) »wir können nicht«; Weigerungsformel der römischen Kirche gegenüber der weltlichen Macht.

norma normans (lat.) »maßgebende

Norm«; die Bibel als entscheidende Norm der kirchlichen Lehre.

norma normata (lat.) »genormte Norm«; die kirchlichen Bekenntnisschriften als an der Bibel ausgerichtete Lehrnorm.

normativ normgebend, Regeln aufstellend, beispielhaft.

notae ecclesiae (lat.) die Kennzeichen der (wahren) Kirche.

Nottaufe Taufe, die an ungetauften Personen, vor allem an Neugeborenen, in höchster Lebensgefahr durch ein nichtordiniertes Gemeindeglied vollzogen worden ist; bleibt der Täufling am Leben, so wird die Nottaufe vom Geistlichen nach einer bestimmten eigenen Ordnung bestätigt. N. werden in der katholischen und lutherischen Kirche praktiziert, nicht aber in der reformierten. Die N. ist zu unterscheiden von der Jähtaufe, die von einem ordinierten Geistlichen bei Lebensgefahr des Täuflings gespendet und möglicherweise nach gekürzter Ordnung vollzogen wurde; letztere bedarf keiner nachträglichen Bestätigung.

notorisch (lat.) anerkannt, offenkundig; auch: berüchtigt.

nous (gr.) Geist, Intellekt, Vermögen der geistigen Wahrnehmung.

nova lex (lat.) das »neue Gesetz« = das Evangelium.

nova vita (lat.) neues Leben, das Leben des durch den Heiligen Geist erneuerten Menschen.

Novatianer altkirchliche Sondergemeinschaft sittenstrenger, rechtgläubiger Christen (nach dem römischen Presbyter Novatian, um 250 n.Chr.), die von der Kirche lehrte, sie müsse den Abgefallenen und den Todsündern auch bei ihrer Umkehr die Absolution versagen, um sie allein der Gnade Gottes zu überlassen; sie nannten sich Katharoi »die Reinen«.

Novelle (lat.-ital.) In der Literatur: knappe, in Prosa geschriebene Erzählung. Im Rechtswesen: der abändernde Nachtrag zu einem Gesetz.

Novissima (lat.) die letzten (eigentlich die neuesten) Dinge; die mit dem »jüngsten Tag« zusammenhängenden Ereignisse, → Eschatologie.

Novize (lat.) Mönch oder Nonne während der Probezeit; Neuling.

Noviziat die vom römisch-katholischen Kirchenrecht geforderte Zeit der Erprobung vor dem Eintritt in den Ordensstand, die in der Regel ein Jahr, bei verschiedenen Orden auch zwei Jahre dauert.

numen (lat.) »der göttliche Wille«; das Walten der Gottheit, die göttliche Macht (ohne persönlichen Umriß gesehen).

Numeri (lat.) »Zahlen«; Bezeichnung des 4. Buches Mose, in dessen ersten Kapiteln Listen, Verzeichnisse und Zahlen der 12 Stämme mitgeteilt werden.

numerus clausus (lat.) zahlenmäßig beschränkte Zulassung (zum Studium, zu einem Beruf).

numinosum (lat.) das Göttliche als eine unbegreifliche, zugleich Vertrauen und Schauer erweckende Macht (vgl. Rudolf Otto, »Das Heilige«).

Numismatik (gr. nomisma »Geld, Münze«) Münzkunde; Auswertung von Prägungen in Geldmünzen für die geschichtliche Forschung.

Nunc dimittis (lat.) der Lobpreis des Simeon nach Luk. 2,29-32, nach den Anfangsworten »Nun entläßt du ...«

Nuntiatur Bezeichnung für Amt und Sitz eines Nuntius; die Nuntiaturen sind gleichzeitig mit dem modernen Gesandtschaftswesen zu Beginn der Neuzeit entstanden.

Nuntius (lat.) »Bote«; ständiger diplomatischer Vertreter des Papstes bei einer Staatsregierung.

O

Objekt (lat. objectum »das Entgegengeworfene«) der Gegenstand des Erkennens (im Gegensatz zum erkennenden Subjekt).

objektiv sachlich, unvoreingenommen; gegenständlich, tatsächlich, nicht bloß gedacht.

Objektivation Vergegenständlichung, Verwirklichung, das Zu-einem-Objekt-Werden.

Oblate (lat.) »das Dargebrachte«; Bezeichnung des scheibenförmigen Abendmahlsbrotes aus ungesäuertem Teig, auch → Hostie genannt; Laie, der sich an einen geistlichen Orden anschließt.

obligat (lat.) unerläßlich, unentbehrlich (Gg: → ad libitum).

oboedientia activa (lat.) »der tätige Gehorsam« Christi – durch vollkommene Gesetzeserfüllung.

oboedientia passiva (lat.) »der leidende Gehorsam« Christi – durch Hinnahme der göttlichen Strafe.

Obolus (gr.-lat.) Scherflein, kleiner Betrag.

Observanten (lat. observare »einhalten«) Angehörige der strengeren Richtung eines Mönchsordens, besonders bei den Franziskanern.

Observanz (lat.) Herkommen, Gewohnheitsrecht, Befolgung der strengen Regeln eines Ordens.

Obskurantismus (lat.) Denkart der Dunkelmänner, Verdummungseifer, Angst vor Aufklärung.

obszön (lat.) unanständig, schamlos.

Occasionalismus → Okkasionalismus.

Ockhamismus Lehre des englischen Scholastikers Wilhelm von Ockham (gest. 1349 in München), der nur die Einzeldinge und -wesen als real-wirklich anerkennt, während das Allgemeine bloß als Begriff des Geistes existiert (→ Nominalismus), ferner Glaube und Wissen scharf trennt, auch eine Begründung des Glaubens durch die Vernunft für unmöglich erklärt und Gottes freie Gnadenwahl als von menschlichen Verdiensten unabhängig bezeugt.

Oculi (lat.) Bezeichnung des 3. Passionssonntags nach dem Introitus, Psalm 25,15: »Meine Augen sehen stets zu dem Herrn.«

Ökonomie (gr.) »Haushaltung, Verwaltung«; Wirtschaft, Wirtschaftlichkeit, Einrichtung, speziell das geordnete und einem Plan folgende Heilshandeln Gottes als Heilsökonomie.

ökonomische Trinität → Trinität.

Ökumene (gr. oikumene »bewohnte Erde«) ursprünglich das Ganze des römischen Weltreiches. Heute bezeichnet der Begriff dreierlei: die weltweite Christenheit, die Zusammenarbeit zwischen den Konfessionen, den im Ökumenischen Rat der Kirchen zusammengeschlossenen Teil der Christenheit (hier ohne die römisch-katholische Kirche und die meisten → evangelikalen Kirchen).

Ökumenische Konzile Konzile der gesamten christlichen Kirche. Die byzantinische Kirche begrenzte sie auf sieben altkirchliche Konzile: Nicäa 325 n.Chr., Konstantinopel 381 n.Chr., Ephesus 431 n.Chr., Chalkedon 451 n.Chr., Konstantinopel II 553 n.Chr., Konstantinopel III (oder Trullanum I) 680-81 n.Chr., Nicäa II 787 n.Chr.

Ökumenischer Patriarch Ehrentitel des Patriarchen von Konstantinopel.

Ökumenischer Rat der Kirchen (ÖRK) größter weltweiter Zusammenschluß christlicher Kirchen, 1948 in Amsterdam begründet, mit Sitz in Genf. Ihm gehören gegenwärtig ca. 340 Kirchen orthodoxer, anglikanischer, reformatorischer und freikirchlicher Tradition in mehr als hundert Ländern an, so daß er etwa ein Viertel der Weltchristenheit repräsentiert. Die römisch-katholische Kirche zählt nicht zu seinen Mitgliedern, unterhält aber vor allem im Bereich theologischer Studienarbeit enge Beziehungen zu ihm. Er besitzt keine gesetzgebende Gewalt über die Kirchen, sondern bietet nur die Möglichkeit zu gemeinsamem Vorgehen in Fragen gemeinsamen Interesses. Sein Ziel ist es, die Gemeinschaft der Kirchen in Glauben und Leben, Zeugnis und Dienst zu stärken. Von wesentlicher inhaltlicher Bedeutung sind die in siebenjährigem Zyklus stattfindenden Vollversammlungen. Kritiker – vor allem aus den Reihen der Evangelikalen (→ evangelikal) und der → orthodoxen Kirchen – werfen ihm vor, daß er seit den 60er Jahren das Engagement für Mission zugunsten eines Dialogs und der Vermischung der Religionen zurückgestellt und den christlichen Auftrag überwiegend innerweltlich als Verbesserung politischer und wirtschaftlicher Verhältnisse gedeutet habe.

Ökumenische Symbole die drei altkirchlichen Glaubensbekenntnisse: → Apostolikum, → Nicaenum, → Athanasianum.

Ölung, letzte in der römisch-katholischen und orthodoxen Kirche am »Kranken in Todesgefahr« unter Berufung auf Jak. 5,14f mit geweihtem Olivenöl vollzogenes Sakrament der Krankensalbung, das den Sterbenden in den Tod Christi hineinweiht.

Offenbarung 1. die Kundgabe religiöser Wahrheiten, die dem Menschen als solchem verborgen sind, durch Gott selbst; in der biblischen Offenbarung, die sich in der Geschichte Israels vollzieht, in Jesus Christus ihre Mitte hat und Anfang wie Ende der Weltgeschichte umspannt, erschließt sich Gott als der Erlöser von Sünde und Tod und als Erneuerer der Schöpfung. 2. Bezeichnung des letzten Buches der Bibel »Offenbarung des Johannes« (Apokalypse).

Offenbarungstheologie (lat. theologia revelata) Bezeichnung für die Theologie, die ihre Lehre allein auf der Tatsache aufbaut, daß Gott sich den Menschen kundgemacht (= geoffenbart) hat. Der Mensch kann von sich aus weder etwas über Gott aussagen noch zu ihm gelangen; vielmehr kommt Gott in seinem Wort und Werk zum Menschen. Die Fülle der Gottesoffenbarung erschien in dem »fleischgewordenen Wort« Jesus Christus (Joh. 1); Gg: → natürliche Theologie.

Offertorium (lat.) Darbringung, Opferung von Brot und Wein. Bezeichnung des Opfergesangs und der Meßgebete, die die Konsekration vorbereiten.

officium (lat.) Pflicht, Obliegenheit, Amt.

officium divinum (lat.) »Gottesdienst«; das Stundengebet des katholischen Geistlichen.

Offizial (lat.) Vertreter des Bischofs oder Erzbischofs als Vorsteher der kirchlichen Gerichtsbehörde.

O.F.M. Abkürzung für Ordo fratrum minorum = Franziskanerorden.

Oikosformel (gr. oikos »Haus«) die in einigen Taufberichten des Neuen Testaments (z.B. Apg. 16,15) vorkommende Formel »mit dem ganzen Haus«, von der aus man nach Meinung einiger Ausleger auf eine frühe Praxis der Kindertaufe zurückschließen kann.

Okkasionalismus (lat. occasio »Gelegenheit«) Lehre, daß die Wirkursachen allen Geschehens in Wahrheit nur Gelegenheitsursachen für das alleinige Wirken Gottes seien und daß besonders die Wechselwirkung zwischen Leib und Seele jeweils von Gott als der wahren Ursache herbeigeführt werde, indem er »bei Gelegenheit« von leiblichen Bewegungen die seelischen Empfindungen, bei Gelegenheit von Willensakten die Muskelbewegung erzeugt.

Okkultismus (lat. occultus »verborgen«) Lehre vom Verborgenen; Beschäftigung mit geheimnisvollen Kräften und Geistern, um ihre Einwirkung auf das wirkliche Leben zu erreichen, wobei diese verborgenen Kräfte gelegentlich durch Klopfzeichen, Lichterscheinungen u.ä. erkennbar werden sollen (vgl. → Parapsychologie).

Oktav (lat.) in der katholischen Kirche achttägiges Fest, besonders die Feier des abschließenden Sonntags (Ostern, Pfingsten).

Oktogon (gr.) Achteck; Gebäude mit achteckigem Grundriß (öfter bei Taufkapellen).

Ọmega der letzte Buchstabe im griechischen Alphabet.

Omega, Punkt im Denken von Teilhard de Chardin (franz. Paläontologe und Theologe, Jesuit, 1881-1955) Zielpunkt der Weltentwicklung, der wie ein kosmischer Magnet wirkt, auf den hin Natur und Kultur (»Biosphäre« und »Noosphäre«) ausgerichtet sind.

Omen (lat.) Vorzeichen, Vorbedeutung (vgl. nomen est omen).

ominös unheilvoll, bedenklich, verdächtig.

Omnipotenz (lat.) »Allmacht« (Gottes).

Omnipräsenz (lat.) »Allgegenwart« (Gottes).

Omniscienz (lat.) »Allwissenheit«.

Onomastikon (gr.) Namensliste, Wörterverzeichnis (in Antike und Mittelalter).

ontisch (gr.) seiend, bestehend.

Ontologie (gr.) »Seinswissenschaft«; Bezeichnung für die Metaphysik des Seins und der Dinge, die Seinskategorien formulierende Lehre.

ontologisch der Lehre vom Seienden, bzw. vom Sein entsprechend.

ontologischer Gottesbeweis aus dem Vorhandensein des Gottesgedankens im menschlichen Geist wird auf die reale Existenz Gottes geschlossen; zum Begriff Gottes als des vollkommensten Wesens gehöre notwendig auch sein objektives Dasein (Anselm von Canterbury).

Ontologismus (gr.) philosophische Anschauung, die die Erkenntnis der Wirklichkeit ausschließlich von Seinsbegriffen ableitet; Auffassung, daß der Mensch mittels seines Verstandes Gott als das unendliche Sein selbst erkennt und von dieser Gotteserkenntnis (= Gott als das Ersterkannte) aus zu den übrigen Vernunftwahrheiten gelangt; Gg: → Psychologismus.

O.P. Abkürzung für Ordo Praedicatorum, »Predigerorden« (Dominikaner).

opera ad extra (lat.) »die Werke (der göttlichen Dreieinigkeit) nach außen«, d.h. in Schöpfung, Versöhnung und Erlösung.

opera ad intra (lat.) »die Werke (der

göttlichen Dreieinigkeit) nach innen«, die innergöttlichen Beziehungen zwischen Vater, Sohn und Geist.

opera supererogationis (lat.) »überpflichtige Werke«; man tut mehr, als gefordert wurde.

Ophiten (gr.) »Schlangenbrüder«; gnostische Sekte, die die Schlange des Paradieses als Vermittlerin der Erkenntnis verehrte (vgl. → Naassener).

Opportunismus (lat. opportunus »günstig, bequem«) Grundsatzlosigkeit; Bereitschaft, sich jeder neuen Situation so anzupassen, daß ihren Erfordernissen mit dem geringsten Energieaufwand entsprochen werden kann.

Optimismus (lat.) Lebensanschauung oder Gemütsverfassung, die das Leben und alle Geschehnisse von der besten Seite auffaßt und in Krisen einen guten Ausgang erwartet. Im religiös-philosophischen Sinn: Überzeugung, daß diese Welt, so wie sie ist, die beste unter allen möglichen sei, daß das Wirkliche von einer höchsten Vernunft geordnet sei (Leibniz in seiner »Theodizee« 1710); Gg: → Pessimismus.

opus alienum Dei (lat.) das fremde (artfremde) Werk Gottes = Gottes Zorn und Gericht.

opus proprium Dei (lat.) das eigene (arteigene) Werk Gottes = Gottes Liebe und Treue.

ora et labora (lat.) bete und arbeite!

ora pro nobis! (lat.) »Bete für uns!«

Orakel (lat.) weissagender Götterspruch, Wahrsagung, Schicksalsspruch; vor allem im Altertum der Ort, an dem die Gottheit redet und durch Priester Weissagungen erteilt.

oratio (lat.) Gebet.

oratio dominica (lat.) Gebet des Herrn, Vaterunser.

Oratorianer eine Gemeinschaft von → Säkularklerikern, vom hl. Philipp Neri 1552 in Rom gegründet; sie führt ein gemeinsames Leben ohne Klosterregeln und Gelübde, in dessen Mittelpunkt die Bibel und der Dienst der Seelsorge steht. Der Name stammt von dem Betsaal (Oratorium), in dem Neri und seine Freunde zusammenkamen.

Oratorium großes Chorwerk mit Orchester und Solisten, meist mit religiösen Stoffen (zuerst von den Oratorianern aufgeführt, um die weltliche Oper zu verdrängen).

orbis catholicus (lat.) katholischer Erdkreis.

Ordal (angelsächs.-mittellat.) Gottesurteil; die Überführung eines Rechtsbrechers durch ein Verfahren, in dem die heilige Rechtsordnung sich selbst durchsetzt (etwa durch Duell, Selbstverfluchung, Zeugnis von Wasser, Feuer, Gift, Blut, auch durch Losen).

Orden (lat. ordo »Ordnung, Stand«) 1. allgemein: religiöse Vereinigung von Personen zum Zwecke des Got-

tesdienstes oder des Dienstes am Nächsten.
2. In der römisch-katholischen Kirche: eine kirchenamtlich anerkannte und geregelte Gemeinschaft von Männern oder Frauen, die nach Ablegung der Ordensgelübde dauernd und gemeinsam gemäß einer bestimmten Ordensregel die Erreichung christlicher Vollkommenheit anstrebt.
3. Zeichen eines Ritterordens oder Verdienstauszeichnung.

Ordinariat (lat.) oberste Verwaltungsstelle eines Bistums oder Erzbistums; Amt eines ordentlichen Hochschulprofessors.

Ordinarium (lat.) Bezeichnung für die gleichbleibenden Stücke des Gottesdienstes; die veränderlichen gehören zum → Proprium.

Ordinarius (lat.) ordentlicher Professor an einer Hochschule.

Ordination (lat.) Amtseinsetzung, Übertragung eines kirchlichen Amtes.

Ordinand derjenige, dem das kirchliche Amt übertragen wird.

ordo (lat.) »Ordnung«; mittelalterliche Bezeichnung für die Hinordnung alles Wirklichen auf Gott.

ordo salutis (lat.) »Heilsordnung«, speziell: die Stufenordnung der Heilsaneignung, wie sie in der lutherischen Orthodoxie und im Pietismus entfaltet wurde: vocatio (Berufung), illuminatio (Erleuchtung oder Erweckung), conversio (Bekehrung), justificatio (Rechtfertigung), sanctificatio (Heiligung oder Erneuerung), conservatio (Erhaltung).

oremus (lat.) »Laßt uns beten!«

Organon (gr.) »Werkzeug«; auch Bezeichnung für die logischen Schriften des Aristoteles.

organum (gr.-lat.) älteste Art der Mehrstimmigkeit: Quinten- oder Quarten-Parallelen zu den Weisen des gregorianischen Gesangs. Auch Bezeichnung der Orgel.

Orgelprospekt Schauseite der Orgel, meist aus Orgelpfeifen (»Prospektpfeifen«) und künstlerischem Holzgehäuse gestaltet.

Orgelpunkt in der Orgelmusik ein lang ausgehaltener Baßton, über dem sich die anderen Stimmen frei bewegen.

Orgie (gr.-lat.) geheimer, wildverzückter Gottesdienst (in den altgriechischen Mysterien); orgiastisch = rauschhaft.

Orientation (lat.) »Ostung«; die Anlage von Kirchen in west-östlicher Richtung; maßgebend dafür war bei Synagogen der Gedanke an Jerusalem (Dan. 6,11), bei Kirchen die Betrachtung der aufgehenden Sonne als Symbol des Auferstandenen.

Origenismus auf den griechischen Kirchenvater Origenes (gest. 254) zurückgehende theologische Richtung in der Alten Kirche, die das kirchliche Bekenntnis mit der antiken Philosophie versöhnen wollte.

Orkus (lat.) Unterwelt, Totenreich

(nach dem altrömischen Gott der Unterwelt).

Ornat (lat.) Schmuck, Amtstracht, Priestergewand.

orthodox (gr.) rechtgläubig, strenggläubig (Gg: → heterodox, → liberal).

Orthodoxe Kirche «Rechtgläubige« oder »richtig verherrlichende« Kirche (gr. doxa »Glaube, Herrlichkeit«); Selbstbezeichnung der Ostkirche, die seit 1054 n.Chr. von Rom getrennt ist.

Orthodoxie (gr.) Rechtgläubigkeit, Übereinstimmung mit der in der Kirche geltenden Lehre (Gg: → Heterodoxie). Auch Bezeichnung der Ostkirchen sowie der theologischen Ära nach Luther.

O.S.B. Abkürzung für Ordo Sancti Benedicti »Benediktinerorden«.

O.S.Fr. Abkürzung für Ordo Sancti Francisci »Franziskanerorden«.

Osservatore Romano (ital.) »Römischer Beobachter«; die Zeitung des Vatikans.

Ossuarium (lat.) Beinhaus (auf Friedhöfen).

Osterfestbriefe Hirtenbriefe der alexandrinischen Bischöfe bis Ende des 9. Jh.s, in denen sie den ägyptischen Gemeinden alljährlich das Datum des Osterfestes bekanntgaben und aktuelle Fragen behandelten.

Ostern (möglicherweise vom germ. Ostara = Name der Frühlingsgöttin) Fest der Auferstehung Jesu Christi; von der Urchristenheit an jedem Sonntag begangen, besonders intensiv aber parallel zum jüdischen Passahfest gefeiert; später im Westen mit dem heidnischen Frühlingsfest verschmolzen, woran bis heute Ostereier und Osterhasen (Fruchtbarkeitssymbole) erinnern. Der Termin des Osterfestes (1. Sonntag nach Frühlingsvollmond) wurde 325 n.Chr. auf dem 1. ökumenischen Konzil zu Nicäa beschlossen; da aber in den alten christlichen Kirchen verschiedene Kalender benutzt wurden, gibt es immer noch drei verschiedene Ostertermine. Als Tauftag der Katechumenen war Ostern früher das höchste Fest der Christenheit; in der orthodoxen Kirche hat es diese Bedeutung behalten, im Westen trat es hinter Weihnachten zurück. Das Osterfest schließt die 40tägige Passionszeit (Fastenzeit) ab und eröffnet die 50tägige Freudenzeit.

Ostinato → Basso ostinato.

Ostkirche Sammelbezeichnung für die von der römisch-katholischen Kirche getrennten orthodoxen Kirchen des Ostens (→ griechisch-katholisch, → Orthodoxe Kirche).

Ostraka (gr.) Scherben von zerbrochenen Gefäßen, die in der Antike als Schreibmaterial gebraucht wurden.

Ostung → Orientation.

Oxymoron (gr. »das Scharfdumme«) Zusammenstellung zweier sich widersprechender Begriffe in einem Wort oder einer Formel, z.B. »bittersüß«, »Eile mit Weile!«.

P

Pädagogik (gr.) Wissenschaft von der Erziehung; Erziehungskunst.

Päderastie (gr.) (gleichgeschlechtliche) Knabenliebe, Knabenschändung.

Paganismus (lat. paganus »dörflich, zivil, heidnisch«) Heidentum; heidnische Unterströmung im Christentum.

Pagode (sanskr.) »Heiliges Haus«; buddhistischer Tempel in Indien und China.

Paläographie (gr.) Lehre von den Formen und Mitteln der Schrift im Altertum und Mittelalter; Handschriftenkunde.

Paläontologie (gr.) Lehre von den Lebewesen vergangener Erdperioden.

Palimpsest (gr.) »das Wieder-Geschabte«; Papyrus- oder Pergamentstück, dessen ursprüngliche Schrift zur Materialersparnis abgeschabt wurde und das man dann ein zweites Mal beschrieben hat (lat. codex rescriptus).

Palindrom (gr.) »Rücklauf«; Wort oder Wortreihe, die vor- und rückwärts gelesen einen Sinn ergibt (z.B. Leben – Nebel) oder sogar gleich lautet (z.B. Tat, Elle).

Palingenese (gr.) Wiederkehr aller Dinge, wie sie von den Pythagoreern und Stoikern gelehrt wurde. Auch: Wiedergeburt der Seele.

Pallium (lat.) »Hülle«; Amtsabzeichen des katholischen Erzbischofs; eine um die Schulter gelegte weiße Binde mit sechs schwarzen Kreuzen.

Palmarum (lat.) »Palmentag«; Bezeichnung des Sonntags vor Ostern nach dem Einzug Jesu in Jerusalem (Matth. 21,1-11).

pan (gr.) das All; in Zusammensetzungen: all-, ganz-.

Panbabylonismus Theorie, wonach die babylonische Weltanschauung den übrigen Kulturen und Religionen (auch der biblischen) ihre Prägung gegeben habe.

Panentheismus (gr.) »All-in-Gott-Lehre«, eine Verschmelzung von → Theismus und → Pantheismus. Danach ist die Welt als Ganze in Gott, aber Gott mehr als die Welt.

panisch lähmend, erschreckend (nach dem altgriechischen Hirtengott Pan, der es verstand, plötzlichen Schrecken zu verursachen).

Panpsychismus → Hylozoismus.

panta rhei (gr.) »alles fließt«; eine Formel für Heraklits philosophische Grundauffassung, daß alles Sein ewiges Werden, ständige Veränderung sei.

Pantheismus (gr.) Allgottlehre; die Überzeugung, daß »Gott« und »Wirklichkeit« dasselbe sind, die von uns erfahrene endliche Wirklichkeit also nicht auf Grund einer Schöpfung durch die freie Allmacht Gottes entstanden, sondern nur die Entfaltung seines eigenen Wesens, seine »Selbstauslegung« ist. Da das Gegenüber von Gott und Schöpfung nicht besteht, gibt es für den konsequenten Pantheisten weder Anbetung noch Schuldbekenntnis, Verantwortung oder Vergebung.

Pantheon (gr.) Tempel für die Götter aller Völker im antiken Rom (eine Kopie davon in Paris).

Pantokrator (gr.) »Allbeherrscher«; in der Ostkirche der Typ des thronenden und herrschenden Christus, wie er oft in der → Apsis dargestellt wurde.

Papalismus kirchenrechtliche Anschauung, nach der dem Papst die volle Kirchengewalt zusteht (Gg: → Episkopalismus; → Konziliarismus).

Papst Bischof von Rom, nach römisch-katholischer Lehre Nachfolger des Petrus und Stellvertreter Christi. Der Vorrang (Primat) des Papstes umschließt die volle und oberste Regierungsgewalt in der gesamten Kirche; eine vom Papst als von Gott geoffenbart erklärte Glaubens- oder Sittenlehre besitzt Unfehlbarkeit (→ Infallibilität; Lehrsatz des 1. Vatikanischen Konzils von 1869/70).

Papyrus Schreibmaterial des Altertums, hergestellt aus dem Mark der ägyptischen Papyrus-Schilfpflanze. Auch Bezeichnung eines einzelnen Blattes oder Fragments (Mehrzahl: Papyri).

Parabel, parabolisch (gr.) lehrhafte Dichtung; ein zu einer Erzählung ausgestaltetes Gleichnis (etwa die Nathan-Parabel in 2. Sam. 12).

Paradies (gr., vom Altiranischen übernommen, »Park, Tiergarten«) nach 1. Mose 2 und 3 der Gottesgarten in Eden, ursprünglich eine Stätte des ungebrochenen Glücks in Gottesgemeinschaft und Naturverbundenheit, aus der jedoch die ersten Menschen nach dem Sündenfall von Jahwe vertrieben wurden. Bezeichnung für den Aufenthaltsort der Seligen nach dem Tod (Luk. 23,43). In der Baukunst: Vorhalle der altchristlichen Basilika sowie vor dem Westbau verschiedener Kirchen aus der romanischen Zeit.

Paradigma (gr.-lat.) Beispiel, Vorbild, Muster (Mehrzahl: Paradigmen, Paradigmata).

paradox (gr. para doxan »gegen den Augenschein«, »wider Erwarten«) widersprüchlich, dem allgemein Geglaubten zuwiderlaufend.

Paradoxie (gr.) ein Satz, der zunächst nicht einleuchtet, aber gegen die Erwartung doch eine Wahrheit aussagt.

Paradoxon (gr.) ein Urteil, das scheinbar widersinnig, aber nicht unsinnig ist.

Paränese (gr.) ein Text mahnenden Inhalts; die Nutzanwendung einer Predigt.

Paragemeinde eine Gemeindebildung, die nicht in traditioneller Weise als Ortsgemeinde entstanden ist, sondern etwa durch eine gemeinsame Berufsausbildung (Studentengemeinde, Soldatengemeinde, Schulgemeinde) oder ein temporäres Erlebnis (Freizeit, Urlaub).

Paraklese (gr.) Zuspruch, Ermunterung, Ermahnung.

Paraklet (gr.) »der Herbeigerufene«; Beistand, Fürsprecher, Anwalt. Bei Johannes Bezeichnung des Heiligen Geistes (Joh. 14,16.26; 15,26; 16,7) und Christi (1. Joh. 2,1).

Paralipọmena (gr.) »die ausgelassenen (Stücke)«; Ergänzungen, Nachträge zu einem früher erschienenen Werk. Bezeichnung der Chronikbücher im griechischen AT.

parallelismus membrorum (lat.) spezielle Form der hebräischen Poesie: Zwei Zeilen eines Verses sind eng aufeinander bezogen, entweder durch gleichen Inhalt (z.B.: »Dein Wort ist meines Fußes Leuchte und ein Licht auf meinem Wege«), durch entgegengesetzte Aussage (z.B. »Gerechtigkeit erhöht ein Volk, aber die Sünde ist der Leute Verderben«) oder durch Weiterführung des Gedankens (z.B. »Lobe den Herrn, meine Seele, und vergiß nicht, was er dir Gutes getan hat«).

Paramente (lat.) Gewebe für gottesdienstliche Zwecke (Altar- und Kanzelbekleidung).

Paramentik die Kunst der Herstellung von Paramenten und die Paramentenkunde.

Paraphrase (gr.) »Hinzusagung«; Umschreibung (eines Textes, um ihn zu erläutern).

Parapsychologie Forschungsrichtung, die die Probleme der Gedankenübertragung und des Gedankenlesens (→ Telepathie), der Fernbewegung von Gegenständen (→ Telekinese), der Aufhebung der Schwerkraft (→ Levitation), des Hellsehens, des Zweiten Gesichts und andere übersinnliche Erscheinungen untersucht (→ Okkultismus).

parenthetisch (gr.) einen Zwischengedanken oder Zwischensatz bildend.

Pạrerga (gr.) Sammlung kleiner Schriften, Zugabe.

Parität (lat.) religiöse und politische Gleichstellung der Glieder verschiedener Religionsgemeinschaften. Gleiche Verteilung von Ausschußsitzen unter den Konfessionen.

Parochialrecht das einem Pfarrsprengel zukommende Recht der gottesdienstlichen und seelsorgerlichen Versorgung der in dem betreffenden Sprengel wohnenden Gläubigen einer Konfession, wobei diese in der Regel an ihre Parochie und deren Geistlichen gebunden sind (Pfarrzwang; vgl. → Dimissoriale bzw. → Zession).

Parochie, parochial (gr. paroikia »Aufenthalt in der Fremde«) ursprünglich die christliche Gemeinde, die fern ihrer himmlischen Heimat in der Welt als Fremdling lebt; heute: ein abgegrenzter Pfarrbezirk (Pfarrei, Kirchspiel).

Parochus Pfarrer als Inhaber bzw. Vorsteher einer Parochie.

Parodie (gr.) »Gegengesang«; eine verspottende Umschreibung eines bekannten Textes; geistliche Umdichtung eines weltlichen Liedes.

Parrhesịe (gr.) Freimütigkeit (im Reden, im Zeugnis).

Parsismus die von Zarathustra (Zoroaster) gestiftete altpersische Religion, besonders ihre heutige indische Form, zu der auch die Vorstellung von übermenschlichen Geisteswesen (Engeln) gehört.

pars pro toto (lat.) Redeweise, die einen Teil für das Ganze setzt (z.B. Brotgeber, heller Kopf).

Parthenogenese (gr.) Jungfrauengeburt.

particula exclusiva (lat.) »die ausschließende Partikel«, das reformatorische solus »allein«: solus Christus, sola gratia, sola fide, sola scriptura.

Partizipation (lat.) Teilhabe, Teilnahme; in der alten Philosophie das Verhältnis des Abbilds zum Urbild, des menschlichen Seins zum göttlichen Sein (gr. methexis).

Parusie (gr.) »Anwesenheit«; Ankunft, Wiederkunft, Schau des erhöhten Christus; das Gegenwärtigwerden des endgültigen, in der Gegenwart Gottes vollkommenen Lebens.

Parusieverzögerung die Verzögerung der Wiederkunft Christi und der endgültigen Aufrichtung des Gottesreiches. Der Begriff stammt aus der sog. »konsequent eschatologischen« Deutung des Neuen Testaments durch Albert Schweitzer und dessen Schüler. Danach haben sowohl Jesus selbst als auch die ältesten Gemeinden das Kommen des Gottesreiches in Macht und Herrlichkeit schon zu Lebzeiten erwartet; als diese Erwartung nicht eintraf, entstand die (früh-)katholische Kirche mit ihren Dogmen.

Parzen (lat.) die drei antiken Schicksalsgöttinnen (→ Moira).

Pasquill (ital.) Schmäh- oder Spottschrift (meist anonym). Die Bezeichnung stammt von der »Pasquino« genannten Marmorfigur, an der die Römer der Renaissance Spottverse und Karikaturen befestigten.

Pascha-Geschehen in der katholischen Theologie gebräuchliche Bezeichnung für die Ereignisse von Karfreitag bis Ostern. In Anknüpfung an das jüdische → Passa werden Kreuz und Auferstehung Christi als Hinübergang vom Tod ins Leben verstanden, an dem die Gläubigen mit Christus Anteil haben.

Passa, Passah (gr. pas-cha vom hebr. pesach) »Verschonung«; die jüdische Feier zur Erinnerung an die Verschonung der israelitischen

Erstgeburt und den Auszug aus Ägypten (2. Mose 12), gefeiert am 14. Nisan (März-April) durch Schlachtung eines Lammes.

Passion (lat.) »Leidenschaft«, Hang, starke Neigung. Leiden, besonders das Leiden Jesu Christi. Biblische Darstellung der Leidensgeschichte Jesu Christi. Leidensgeschichte eines Märtyrers. Passionsmusik als musikalische Ausgestaltung der Geschichte des Leidens Christi, die in den Passionsoratorien (z.B. Matthäus- und Johannespassion von J.S. Bach) ihren höchsten Ausdruck findet.

Passionsspiele geistliche Schauspiele, die das Leiden und Sterben Christi darstellen; besonders bekannt sind die seit 1634 zur Aufführung gelangenden Oberammergauer Passionsspiele. Auch in der islamischen Richtung der Schiiten finden Passionsspiele am Tag → Ashura statt, in denen die Schlacht von Kerbela nachgespielt und die Ungerechtigkeit der Niederlage beklagt wird.

Pastor (lat.) »Hirte«; Bezeichnung für den evangelischen Geistlichen, ganz allgemein üblich in Norddeutschland und in Rheinland-Westfalen, in anderen Gebieten nur für den jungen Theologen, der noch keine eigene Pfarrei hat.

Pastor loci Ortspfarrer.

Pastor primarius Oberpfarrer, Hauptpastor.

Pastoral, die in der katholischen Kirche gebräuchlicher Begriff für das gesamte kirchliche Arbeitsfeld der Verkündigung des Evangeliums in den Lebensbereichen der Menschen; umfaßt alle Tätigkeiten der Amtsträger außerhalb ihrer Leitungsaufgaben.

Pastoralbriefe die von Fragen der Gemeindeleitung handelnden Paulusbriefe an Timotheus und Titus.

Pastoralkolleg der Fortbildung und geistlichen Zurüstung von bereits im Amt stehenden Pfarrern und Pfarrerinnen dienende Kurse von meist ein- oder zweiwöchiger Dauer.

Pastoralpsychologie seit den 70er Jahren des 20. Jh. Teilgebiet der (Praktischen) Theologie, das die pastorale Tätigkeit unter psychologischen Aspekten untersucht und konkrete Handlungsmodelle erarbeitet, z. B für Gesprächsführung oder Trauerbegleitung. Die P. ist in starkem Maß erfahrungsbezogen, hat eine große Nähe zur → Tiefenpsychologie und entwickelt sich relativ unabhängig von der empirischen universitären Psychologie.

Pastoraltheologie im Katholizismus Bezeichnung der → Praktischen Theologie (verstanden als Lehre von den Ämtern, der Seelsorge, dem Kirchenrecht); im protestantischen Bereich die Theorie der pastoralen Erfahrung als Teilstück der Praktischen Theologie, die Anleitung zur pastoralen Amtsführung.

Patene (gr.-lat.) Hostienteller.

Pater (lat.) Vater; katholischer Ordensgeistlicher.

Pater peccavi (lat.) »Vater, ich habe gesündigt«; Zitat aus Luk. 15,18.

Pater seraphicus (lat.) »engelgleicher Vater«; Beiname des Franziskus von Assisi.

Paternoster (lat.) Vaterunser.

Pathologie (gr.) Krankheitslehre.

Pathos, pathetisch (gr.) leidenschaftlicher Ausdruck, erhobene Stimme, übertriebene Gefühlsäußerung.

Patriarch (gr.) »Erzvater«; oberster Bischof in der Ostkirche.

Ökumenischer Patriarch Titel der Patriarchen zu Konstantinopel seit 587 n.Chr.

patriarchalisch Rechtszustand, in dem der Familienvater das gesamte Privatrecht bestimmt. Übertragen: altväterlich, ehrwürdig.

Patriarchat Amt und Amtsbereich der morgenländischen Patriarchen. Gesellschaftsform, in der dem Vater innerhalb der Familie eine ausgeprägte Vorrangstellung mit Weisungsbefugnis zukommt (»Vaterherrschaft«); Gg: → Matriarchat, »Mutterherrschaft«.

Patripassianismus (lat.) Glaube, daß nicht ein ewiger Sohn Gottes, sondern Gott der Vater selbst am Kreuz gelitten habe – eine Meinung, die aus dem → Modalismus erwuchs.

Patristik (gr.) Kirchenväterkunde (auch: Patrologie); in der Kirchen- und Dogmengeschichte Bezeichnung für die Periode der Kirchenväter.

Patrologie (gr.) Beschäftigung mit den Kirchenvätern unter besonderer Berücksichtigung des Studiums ihrer Schriften und ihres Lebens.

Patron (lat.) Schutzherr, Beschirmer, Gönner.

Patronat Schirmherrschaft über eine Ortskirche, die zur Mitwirkung an der Besetzung der Pfarrstelle berechtigt und zur Unterhaltung der Kirche verpflichtet.

Patrozinium (lat.) in der römisch-katholischen Kirche Schutzausübung vor allem eines Heiligen über eine ihm geweihte Kirche; Fest des Schutzheiligen.

Paulinismus zusammenfassende Bezeichnung für die Theologie des Apostels Paulus, insbesondere seine Reflexion über Tod und Auferstehung Jesu Christi.

Pax (lat.) »Friede«, der Friedenskuß in der katholischen Messe.

Pax Christi »der Friede Christi«; Name der römisch-katholischen Friedensbewegung, 1944 in Frankreich zur Überwindung der Feindschaft gegen Deutschland entstanden, seit 1948 internationale Bewegung für das Gebet um Frieden und Versöhnung, von Bischöfen geleitet. Das internationale Sekretariat befindet sich in Brüssel, das deutsche in Bad Vilbel.

Pax Dei »der Friede Gottes«.

Pax Romana in der Antike der befriedete Bereich der römischgriechischen Kultur. Auch Name einer 1921 begründeten internationalen katholischen Studentenbewegung.

Pazifismus (lat.) Bemühung um Überwindung der Kriege. Der konsequente Pazifismus verwirft jeglichen Kriegs- und Waffendienst.

pecca fortiter, crede fortius (lat.) »sündige tapfer, glaube noch tapferer!« (Luther an Melanchthon).

peccator in re, iustus in spe (lat.) in Wirklichkeit Sünder, in Hoffnung Gerechter (Luther).

peccatum actuale (lat.) Tatsünde.

peccatum habituale (lat.) Zustandssünde.

peccatum mortale (lat.) → Todsünde.

peccatum ommissionis (lat.) Unterlassungssünde.

peccatum originale (lat.) → Erbsünde.

peccatum veniale (lat.) läßliche (vergebbare) Sünde.

Pedal (lat. pes »Fuß«) an der Orgel: Tastenreihe (Klaviatur) für das Spiel mit den Füßen.

Pektorale (lat.) Brustkreuz eines hohen Geistlichen.

Pektoraltheologie (lat. pectus »Brust«, »Herz«) das theologische Konzept des aus der Erweckungsbewegung stammenden Kirchenhistorikers August Neander (1789-1850), der seiner gelehrten Arbeit praktische und erbauliche Ziele setzte (nach seinem Leitwort: Pectus est, quod theologum facit, »Das Herz ist es, was den Theologen ausmacht«).

Pelagianismus Anschauung des britischen Mönchs Pelagius (gest. nach 418), daß es keine → Erbsünde gebe, daß der Mensch einen freien Willen habe und daß er grundsätzlich in der Lage sei, nach Gottes Geboten zu leben; diese Lehre wurde von Augustinus und seinen Schülern bekämpft und kirchlich verurteilt (vgl. → Semipelagianismus).

Pentagramm (gr.) Fünfeck, fünfstrahliger Stern, in einem Zug mit 5 gleichlangen Linien zeichenbar, meist zu magischen Zwecken (= Drudenfuß).

Pentapolis (gr.) Gruppe der fünf Städte, die in Feuer und Schwefel untergingen (1. Mose 14,2; Weisheit 10,6f).

Pentateuch (gr.) »Fünfbuch«; zusammenfassende Bezeichnung der fünf Bücher Mose.

Pentatonik (gr.) fünfstufiges Tonsystem ohne Halbtöne, darstellbar durch Benutzung nur der schwarzen Klaviertasten (im europäischen Kleinkinderlied üblich).

pentekostẹ (gr.) Pfingsten als der »fünfzigste« Tag nach Ostern.

peremptorisch, peremtorisch (lat.) aufhebend (Gg: → dilatorisch).

Perfektionismus (lat.-franz.) »Vollkommenheitslehre«; Anschauung, daß der Christ, wenn er mit Ernst eine Durchheiligung seines Lebens erstrebe, schon auf Erden eine völlige Überwindung der Sünde erlangen könne.

Pergament für die Herstellung von Schriftrollen verwendeter, kostbarer Schreibstoff in Form ungegerbter Tierhäute (vor allem Kalbfelle), die mit Kalkmilch gebeizt und mit Bimsstein geglättet wurden (nach der Stadt Pergamon in Kleinasien).

Perichorese (gr.) »Durchdringung«; das Ineinandersein der drei göttlichen Personen Vater, Sohn und Geist auf Grund ihrer Wesenseinheit; das wechselseitige Sichdurchdringen der beiden Naturen in Christus. Die lat. Entsprechung lautet circumincessio »das Ineinanderschreiten«.

Perikope (gr.) Abschnitt; Schriftabschnitt, der im Gottesdienst zur Lesung und als Predigttext dient.

Peripatetiker Schüler des griechischen Philosophen Aristoteles, die ihre Kurse in einer Wandelhalle, dem »Peripatos«, abhielten.

Peripetie (gr.) entscheidender Umschwung (etwa in einem Drama).

peripher(isch) (gr.) am Rande befindlich; Nebendinge betreffend (Gg: zentral).

Peripherie (gr.) Umfang eines Kreises, Rand.

Perlokution, perlokutiver Akt (lat. per locutionem »durch das Sprechen«) gemäß der → Sprechakttheorie diejenige Dimension einer sprachlichen Äußerung, die beim Hörer eine Wirkung erzielt, indem sie ihn z.B. belehrt, erfreut oder kränkt.

Perseität (lat.) das Durch-sich-selbst-Sein Gottes, das nur von sich abhängt (scholastische Bezeichnung).

Perseveranz (lat.) Beharrlichkeit, Festhalten des Glaubens bis ans Lebensende.

persona (lat.) ursprünglich: die Maske im Schauspiel (von personare »hindurchtönen«), von daher auch »Rolle«, »redende und handelnde Figur«. Übersetzung des griechischen prosôpon »Antlitz«. In der Philosophie: geistbegabtes Einzelwesen, geistige Einzelexistenz.

persona grata (lat.) »willkommene Person«; beliebter, bevorzugter Mensch.

Personalinspiration Lehre von der Einwirkung des Heiligen Geistes auf die Person der biblischen Autoren (Gg: → Verbalinspiration).

Personalpräsenz (lat.) Auffassung von der Gegenwart (Präsenz) Jesu Christi im Abendmahl der Gemeinde, die statt der Substanzen von Leib und Blut Christi die Gegenwart seiner gesamten Person in Brot und

Wein betont: Die Einsetzungsworte ›Das ist mein Leib bzw. mein Blut‹ bedeuten demnach jeweils ›Das bin ich selbst‹ (Gg: → Realpräsenz, → Spiritualpräsenz).

personifizieren das Umsetzen abstrakter Größen (Liebe, Sorge, Tod) in persönliche Gestalten.

Perspektivismus (lat.) Lehre, daß alle Erkenntnis vom persönlichen Standort, von der Perspektive des Erkennenden, bedingt, eine standortfreie Allgemeingültigkeit daher nicht möglich ist.

Perspikuität (lat.) die Durchsichtigkeit, Klarheit der Heiligen Schrift.

pervertieren (lat.) entarten, vom Normalen abweichen. In der katholischen Terminologie: die katholische Kirche verlassen und einer häretischen Gruppe beitreten.

Peschitta (syr.) »die Einfache«; die am weitesten verbreitete syrische Übersetzung der Bibel, durch Überarbeitung älterer Übersetzungen in der ersten Hälfte des 5. Jh.s entstanden.

Pessimismus (lat. pessimus »der schlechteste«) Anschauung, die die Schattenseiten der Welt und des menschlichen Lebens hervorhebt, das Überwiegen der Unlust gegenüber der Lust behauptet und daraus die Sinnlosigkeit allen Bemühens folgert, weil alles schließlich doch ein böses Ende nehmen werde und die Geschichte eine ziellose Folge von Aufstieg und Untergang sei (Gg: → Optimismus).

petitio principii (lat.) im Beweisgang die Verwendung eines Satzes, der selbst erst bewiesen werden müßte (Erschleichung des Beweises).

Pfarrer zum Dienst in einer Gemeinde oder in einem besonderen kirchlichen Arbeitsbereich berufener Träger des geistlichen Amtes (von → Parochie).

Pfarrverweser Verwalter einer unbesetzten Pfarrstelle; → Pfarrvikar.

Pfarrvikar Verwalter einer unbesetzten Pfarrstelle; → Pfarrverweser.

Pfingstbewegung um 1900 in den USA unter anderem aus Kreisen der Heiligungsbewegung entstandene Gemeinschaft, die besonders den Geistempfang als »Geistestaufe« (spürbare und dem Termin nach feststellbare Erfahrung des Heiligen Geistes) unter Begleitung von Zungenreden betont; die Lehre der Pfingstbewegung wird teilweise geprägt durch die 3-Stufen-Therorie: 1. Bekehrung und Wiedergeburt, 2. Ausrottung der Sünde, 3. Geistestaufe. Außer dem Zungenreden haben auch Prophetien und Wunderheilungen große Bedeutung.

Pfingsten → pentekoste.

Pfründe (über das ahd. pfrovinta »Reichtum« entstanden aus einer Kombination von lat. praebenda »Darzureichendes« und lat. providere »vorsorgen«) das mit einem kirchlichen Amt verbundene Vermögen (Grundstücke, Nutzungsrechte, Ansprüche auf Geld- und Naturalleistungen), das unmittelbar dem Unterhalt des Amtsträgers dient. Im Laufe des 19. Jh.s wurde das bis dahin in der kirchlichen Besoldung allgemein übliche Pfründensystem schrittweise von einem zentralen Gehaltssystem abgelöst.

Phanar Stadtteil von Konstantinopel/Istanbul, in dem sich seit etwa 1600 die Residenz des orthodoxen → Ökumenischen Patriarchen befindet.

Phänomen (gr.) »das Erscheinende«; Erscheinung; der uns gegenübertretende unabänderliche Gegenstand unseres Erkennens. Kant unterscheidet zwischen dem »Ding an sich« und seinem »Phänomen«.

Phänomenalismus philosophische Anschauung, wonach Gegenstand der Erfahrung und Erkenntnis immer nur die Erscheinungen der Dinge (im Gegensatz zu den »Dingen an sich«) sind.

Phänomenologie Lehre von den Phänomenen; Bezeichnung Nicolai Hartmanns für eine philosophische Methode, die vor aller Problemstellung und Theorienbildung eine genau beschreibende Analyse der zu behandelnden Gegenstände verlangt; bei Edmund Husserl die Bedeutungs- und Sinnforschung, die Lehre vom wesensschauenden Bewußtsein.

Phallos, phallisch (gr.) das männliche Glied als Sinnbild der Fruchtbarkeit.

Phantasie (gr.) Einbildungskraft, Vorstellung; die Fähigkeit zu freispielendem Verbinden von Vorstellungen vor allem als »schöpferische Phantasie« im Dienst des Denkens oder technischer und künstlerischer Innovationen.

Pharisäer (hebr. peruschim) »Abgesonderte«; eine in der Makkabäerzeit entstandene Bewegung jüdischer Laien, die den Willen Gottes durch pedantisch genaue Beachtung des Gesetzes (besonders der Reinheitsvorschriften) zu erfüllen trachteten. Kernpunkte ihrer Lehre waren die Betonung der mündlichen Überlieferung neben der Schrift und der Eigenverantwortlichkeit des Menschen sowie der Glaube an die Auferstehung der Toten und an Engel. Im Neuen Testament wird ihnen Veräußerlichung des Glaubens, Werkgerechtigkeit, Hochmut und Heuchelei vorgeworfen; vgl. → Sadduzäer.

pharmakon athanasias (gr.) »Unsterblichkeitsarznei«; von Ignatius von Antiochia (Märtyrertod um 112 n.Chr.) gebrauchte Bezeichnung des Abendmahls, mit der ausgedrückt werden soll, daß in der Einung der Gemeinde mit ihrem Herrn ewiges Leben liegt (vgl. Joh. 6,53ff).

philadelphia (gr.) »Bruderliebe«.

Philanthrop (gr.) »Menschenfreund«.

Philema (gr.) Friedenskuß, Bruderkuß.

Philippisten Anhänger der Theologie von Philipp Melanchthon; Gg: → Gnesiolutheraner.

Philister nichtsemitisches Volk an der Südküste des Heiligen Landes, das dem ganzen Gebiet den Namen gab (Palästina = Philisterland); in der frühen Königszeit Israels gefährlichster Feind (Simson, Saul, David), in Stadtstaaten organisiert (Aschkelon, Aschdod, Ekron, Gaza, Gat).

Philosemit Freund des Judentums.

Philosophie (gr.) »Weisheitsliebe«; Besinnung des Menschen über sich selbst und die Welt, vor allem auch über seine Verhaltensweisen zu ihr (Erkennen, Denken, Werten, Handeln).

philosophia perennis (lat.) »die dauernde Philosophie«; der Kern gemeinsamer Grundüberzeugungen der abendländischen Philosophie, der die Jahrhunderte verbindet und auf den sich die katholische Theologie stützt. – Nach Karl Jaspers ist die philosophia perennis »das Gespräch der wenigen großen Philosophen über die Zeiten hinweg«.

Phlegma (gr.-lat.) Trägheit, Schwerfälligkeit, Dickfelligkeit.

phrygisch eine alte Kirchentonart (von e bis e), nach der kleinasiatischen Landschaft Phrygien.

Phylakterien (gr.-lat.) als Amulett benutzte geweihte Gegenstände; im Judentum Gebetsriemen (→ Tefillin).

Physikotheologie (gr.) Anfangsphase der deutschen Aufklärungstheologie, in der die mannigfachen, zweckmäßigen Erscheinungen der Natur und ihre Deutung als Offenbarungen der Herrlichkeit Gottes in die Mitte der theologischen Arbeit rückte.

physikotheologischer Gottesbeweis → teleologischer Gottesbeweis.

Physiognomie (gr.) Gesichtsbildung, Gesichtsausdruck (als Ausdruck des Wesens).

Physis (gr.) Natur, physisch naturhaft, körperlich.

Pia desideria (lat.) »Fromme Wünsche« (Titel einer Schrift Ph. J. Speners von 1675, die zur Programmschrift des älteren Pietismus wurde).

pia fraus (lat.) »frommer Betrug«; Betrug zu gutem Zweck (Zitat aus Ovids »Metamorphosen«).

Pietà (ital.) Plastik der trauernden Maria mit dem toten Christus auf dem Schoß (sogenanntes Vesperbild).

Pietismus (lat. pietas »Frömmigkeit«) Erneuerungsbewegung in den evangelischen Kirchen seit dem 17. Jh. (Spener, Francke, Zinzendorf, Bengel), die den erstarrten Formalismus der Orthodoxie überwand, auf Echtheit der Frömmigkeit, Gemeinschaft der Gläubigen untereinander und die »Früchte des Glaubens« drängte, dabei auf die Erfahrung der Wiedergeburt mehr Wert legte als auf die Sakramente, wodurch oft ein Gegensatz zur herkömmlichen Theologie entstand.

Pietistenreskripte Erlasse der württembergischen Kirchenleitung den dortigen → Pietismus betreffend. Das Edikt von 1694 stellte fest, daß die pietistischen Lehren der lutherischen Bekenntnisgrundlage der württembergischen Kirche nicht widersprechen. Das Edikt von 1743 verankerte die pietistischen → Konventikel im allgemeinen Landrecht, indem es detaillierte Vorschriften für ihre ordnungsgemäße Durchführung erließ.

Piscina (lat.) »Fischteich«; Taufbrunnen im altchristlichen Baptisterium; Weihwasserbecken.

Pistis-Sophia (gr.) ägyptisch-gnostische Schrift aus dem 3. Jh. n.Chr. mit angeblichen Offenbarungen Jesu an seine Jünger im zwölften Jahr nach der Auferstehung.

Placet, Plazet (lat.) »es gefällt«; schriftliche Zustimmung einer Behörde oder eines Vorgesetzten.

Platonismus die auf den Griechen Plato (427–347 v.Chr.) und seine Akademie zurückgehende Philosophie.

Pleonasmus (gr.) »Überfluß«; stilwidrige Verwendung eines überflüssigen Beiworts, z.B. »großer Riese« (vgl. → Tautologie).

Pleroma (gr.) »die Fülle«; ein von Paulus vielleicht aus dem → Gnostizismus übernommener Begriff (Kol. 1,19; 2,9; Eph. 1,23; auch Joh. 1,16), der besagen will, daß uns in Christus die Fülle, das absolute Ganze der göttlichen Wirklichkeit begegnet.

Plerophorie (gr.) Fülle (des Glaubens, der Überzeugung, der Dankbarkeit).

Pluralismus (lat.) Anschauung, die die Wirklichkeit der Welt nicht als Einheit, sondern als ein (zufälliges) Miteinander von verschiedenen Prinzipien und Elementen annimmt; sowohl in der Gesellschaft als auch in der Kirche ein Phänomen, das anstelle einheitsbildender Faktoren den Geltungswillen (Machtanspruch) von Gruppeninteressen betont. Theologisch gesehen ist Pluralismus der Versuch, gegen jede schrift- und bekenntnismäßige Tradition eine jegliche Meinung (möglichst gleichberechtigt) gelten zu lassen und damit die Lehrgrundlage der Kirche prinzipiell infrage zu stellen oder aufzulösen.

Pluralität (lat.) Vielfalt, die – theologisch gesehen – eine grundsätzliche Einförmigkeit ausschließt zugunsten des Zusammenwirkens unterschiedlicher Gaben und Kräfte zur Erbauung der christlichen Gemeinde (vgl. Röm. 12; 1. Kor. 12-14; Eph. 4).

pluralistisch in zahlreiche Gruppen oder Einzelbereiche aufgegliedert.

Plymouthbrüder vor allem im

engl. Sprachraum (Brethren) Bezeichnung für die → Brüdergemeinden.

Pneuma (gr.) Geist, Hauch (hebr. ruach).

Pneumatiker ein vom Geist Erfüllter und Getriebener; im → Gnostizismus Angehöriger der höchsten, allein zur wahren Gotteserkenntnis fähigen Menschenklasse (→ Psychiker, → Hyliker).

pneumatisch geisterfüllt, vom Geist gewirkt.

pneumatische Exegese von Karl Girgensohn 1922 vorgeschlagene Ergänzung zur historisch-kritischen Bibelauslegung, die auf den übergeschichtlichen Gehalt der Texte, auf den lebendigen Gott der Schrift und die von der Bibel angeregte Glaubenserfahrung achtet.

Pneumatologie Lehre vom Heiligen Geist.

Pneumatomachen (gr.) »Geistbekämpfer«, Theologengruppe des 4. Jh.s n.Chr. unter Führung des Bischofs Macedonius von Konstantinopel, die sich weigerte, die Gottheit des Hl. Geistes und seine Wesenseinheit mit dem Vater zu bekennen (auch Makedonianer genannt).

Pönitenten (lat.) Büßer.

Pönitenz die vom Priester in der Beichte auferlegte Bußleistung oder -übung.

Pogrom (russ.) Ausschreitungen gegen religiöse oder rassische Gruppen (speziell: gegen die Juden).

Poimenik (gr. poimen »Hirte«) Lehre vom Hirtenamt, von der Seelsorge.

Polarität Spannungsverhältnis zwischen gegensätzlichen Wirklichkeiten, die sich ergänzen und geradezu bedingen (verdeutlicht durch die zwei Pole des elektrischen Stromes).

Polemik (gr. polemos »Krieg«) Meinungsstreit, Wortstreit, wissenschaftliche Auseinandersetzung.

Polygamie (gr.) Vielehe, Vielweiberei.

Polygenismus (gr.) »Vielfachabstammung«; die Lehre, daß die Menschheit von mehreren Urelternpaaren abstammt (Gg: → Monogenismus).

Polyglotte (gr. glotta »Sprache«) vielsprachige Bibelausgabe, die den Text in mehreren Sprachen nebeneinander bietet.

Polyphonie (gr.) »Vielstimmigkeit«; eine Kompositionsweise, bei der jede Stimme selbständig geführt wird (Gg: → Homophonie).

Polytheismus (gr.) Vielgötterei; Meinung, daß es eine Vielzahl von göttlichen Wesen gebe.

pontifex (lat.) »Brückenbauer«; nach anderer Etymologie »der die Sühnung Vollziehende«; Priester (zunächst im antiken Rom).

pontifex maximus (lat.) oberster Priester, Hochpriester (zunächst im antiken Rom). Titel der römischen Kaiser, seit 445 n.Chr. Titel des Papstes.

Pontifikalamt eine Messe, die der Papst oder ein Bischof zelebriert.

Pontifikat das Papstamt, die Papstwürde.

Pope (gr. pappas »Vater«) der → Säkularkleriker in der orthodoxen Kirche.

Portativ kleine tragbare Orgel (Gg: → Positiv).

Positiv kleine Standorgel mit nur einem Manual (Gg: → Portativ).

Positivismus (lat. positum »das Festgesetzte«) eine von den Naturwissenschaften bestimmte philosophische Richtung, die sich streng an das Gegebene hält und nur Tatsachen erforscht (ähnlich → Empirismus), dabei alle metaphysischen Behauptungen ablehnt, weil diese eine nicht auf Sinneseindrücke zurückführbare Wirklichkeit zum Gegenstand haben.

positive Theologie Denkweise, die sich an das »Gegebene« hält, d.h. an die geschichtliche Gottesoffenbarung, die Bekenntnisse der Kirche und die christliche Erfahrung, und die sich von der »Vernunftreligion« der Rationalisten abgrenzt.

positives Recht diejenigen Rechtssätze, die in einer jeweiligen Gesellschaft gerade in Kraft sind. Als das vom Gesetzgeber konkret festgelegte Recht ist es von den überzeitlichen Gerechtigkeitsnormen des → Naturrechts zu unterscheiden.

post Christum natum (lat.) nach Christi Geburt; Gg: ante Christum natum; Abkürzungen: p. Chr. n. und a. Chr. n.

Postille (lat.) Predigtbuch, in dem Predigten über die Perikopen enthalten sind. Solche Lesepredigten wurden oft im Gottesdienst nach der Verlesung von Epistel und Evangelium verwandt (daher post illa »nach jenen«).

Postmillenialismus (lat.) Lehre, daß das 1000jährige Reich Christi auf Erden (→ Millenium) mit Christi sichtbarer Wiederkunft in Macht und Herrlichkeit seinen krönenden Abschluß findet; das zweite Kommen Christi findet demzufolge nach Ablauf (lat. post) des Milleniums statt (Gg: → Prämillenialismus).

Postulat (lat. postulare »fordern«) Forderung, Voraussetzung; die Setzung eines rational nicht Beweisbaren, das aber notwendig ist, damit ein Zusammenhang sinnvoll wird. – Nach Aristoteles und Thomas von Aquin: ein nicht unmittelbar einsichtiger Satz, den man in einer wissenschaftlichen Erörterung unter Verzicht auf einen Beweis vorläufig annimmt, wobei man voraussetzt, daß er anderswo bewiesen wird. – Nach Kant ist ein »Postulat der praktischen Vernunft« ein Satz, der angenommen werden muß, soll nicht das Sittengesetz und seine Befolgung als sinnlos erscheinen; so ist z.B. das Dasein Gottes bei Kant ein »Postulat der praktischen Vernunft«.

potentia (lat.) Möglichkeit, Fähigkeit, Kraft. In der scholastischen Philosophie: das bloße Angelegtsein auf etwas hin im Gegensatz zum Akt.

potentiell anlagemäßig, der Möglichkeit nach, verborgen (im Gegensatz zu wirklich, aktuell).

potestas (lat.) Macht, Gewalt, Amtsgewalt.

potestas clavium Schlüsselgewalt nach Matth. 16,19 (Amt der Sündenvergebung und Sündenbehaltung, Absolution und Retention).

Präambel (lat.) feierliche Erklärung als Einleitung zu Gesetzen, Verfassungen, Verträgen.

Präbende (lat.) »das zu Gewährende«; kirchliche → Pfründe, die Einkünfte eines Kirchenamts oder einer Stiftung.

Prädestination (lat.) Vorherbestimmung; die Lehre vom ewigen Ratschluß Gottes, der die Menschen unbeschadet ihrer Freiheit zu ihrem Verhalten ihm gegenüber bestimmt. Mit dieser Lehre wird erzeugt, daß das Heil allein von Gott kommt und unverdientes Geschenk ist. Die »einfache« Prädestination lehrt den von Ewigkeit her feststehenden Entschluß Gottes zum Heil der Auserwählten (Gnadenwahl). Die »doppelte« Prädestination, die vor allem von Augustinus und Calvin gelehrt wurde, spricht von der Vorherbestimmung der Menschen sowohl zum Glauben als auch zum Unglauben, zum Heil oder zum Verderben.

Prädikant (lat.) Prediger, Hilfsprediger.

Präexistenz (lat.) vorweltliches Dasein Christi in Gottes Ewigkeit (vgl. Joh. 1,1; 3,13; Phil. 2,6; 1. Kor. 8,6).

Präexistenzianismus Anschauung, daß die menschlichen Seelen schon vor ihrem leibhaftigen Dasein existieren und daß Gott bei jeder Zeugung eine von ihnen ins irdische Dasein treten lasse (Gg: → Traduzianismus und → Kreatianismus).

Prädikat (lat.) Note, Bewertung; in der Grammatik die Satzaussage; in der Philosophie das, was von einem Subjekt oder Objekt ausgesagt wird.

prädizieren (lat.) ein → Prädikat beilegen, einen Begriff durch eine Aussage näher bestimmen.

Präfation (lat.) »Vorspruch«; ein zum zentralen Teil des Sakramentsgottesdienstes gehörendes Gebet, das mit der Aufforderung »Erhebet eure Herzen« beginnt und mit dem Dreimal-Heilig schließt.

Präfekt (lat.) im Staatswesen Titel hoher Verwaltungsbeamter; allgemein: Vorgesetzter, Aufseher.

prähistorisch (lat.) vorgeschichtlich; aus einer Zeit stammend, die keine schriftlichen Zeugnisse hinterlassen hat.

Präkognition (lat.) »Vorher-Erkenntnis«; das Hellsehen in bezug auf zukünftige Vorgänge (Ausdruck der → Parapsychologie).

Prälat (lat.) in evangelischen Kirchen (Württemberg, Baden, Kurhessen) Titel für führende Geistliche (Stellvertreter des Bischofs). In der katholischen Kirche hoher geistlicher Würdenträger.

Präludium (lat.) Einleitungsmusik; dem Choral vorangehendes Orgelvorspiel.

Prämillenialismus (lat.) Lehre, daß das kommende 1000jährige Reich (→ Millenium) mit der Wiederkunft Christi in Macht und Herrlichkeit beginnt; das zweite Kommen Christi auf die Erde findet demnach vor (lat. prae) dem Millenium statt (Gg: → Postmillenialismus).

Prämisse (lat.) »das Vorausgeschickte«; Voraussetzung; Vordersatz im Schlußverfahren, der die Voraussetzung für eine Folgerung bildet.

Prämonstratenser, auch **Norbertiner** 1120 durch Norbert von Xanten in Premontre (zwischen Reims und Laon, Frankreich) für Geistliche gegründeter Orden mit der Augustinerregel (Ordo Praemonstratensis = OPraem). Er war besonders in der Missionierung der Gebiete östlich der Elbe tätig, heute auch missionarisch z.B. in Brasilien, USA, Kongo und Indien. Weiße Ordenstracht.

Präparand (lat. praeparare »vorbereiten«) Person, die in der Vorbereitung steht; Bezeichnung für Kinder, die den Vorkonfirmandenunterricht besuchen.

praepositus (lat.) Vorgesetzter, Propst.

Praescienz (lat.) Vorauswissen (oft als Abschwächung für die Prädestination verwandt).

Präsentationsrecht Vorschlagsrecht (z.B. des Patrons einer Kirche) für die Besetzung einer freigewordenen Stelle.

Präses (lat.) Vorsitzender, Vorsteher.

prästabilierte Harmonie (lat.) vorherbestimmter Einklang; eine von Leibniz vertretene Lehre, wonach jede → Monade, weil Gott bei der Schöpfung ihren eigengesetzlichen Vorstellungsverlauf dem ganzen Weltgeschehen anpaßte, ein »lebendiger Spiegel« des Ganzen ist und sich mit den anderen Monaden zu einem harmonischen Ganzen zusammenfügt.

Präsumption (lat.) Vermutung, Annahme; Vorwegnahme.

Präzedenz (lat.) früherer Fall, früheres Beispiel. Rangfolge bei Prozessionen.

Präzisismus (niederländ.-lat.) vom niederländisch-reformierten Theologen G. Voetius (1589–1676) begründete kirchliche Reformbewegung, die die »Gewissenhaftigkeit« (niederländ. Precisheyt, »Präzisheit«) einer dem biblischen Gesetz verpflichteten Lebensführung betonte. Persönliche Gewissenserforschung, Kirchenzucht, Freiheit der Kirche vom Staat und private Erbauungsvereine wurden gefördert.

Pragmatismus (gr. pragma »Tat, Handlung«) Richtung, für die die Bewährung in der Praxis und die Nützlichkeit Maßstäbe der Wahrheit sind: wahr ist, was für die Bewältigung gerade sich stellender praktischer Aufgaben dienlich ist.

pragmatische Geschichtsschreibung will der Belehrung der gegenwärtigen Generation dienen und beachtet deshalb besonders die Ursachen und Folgen der Ereignisse sowie die Motive der in der Geschichte handelnden Personen.

pragmatische Exegese → textpragmatische Auslegung.

Praktische Theologie Arbeitszweig der theologischen Wissenschaft, der betont kirchenbezogen ist und sich vor allem in die vier Fächer Homiletik (Lehre von der Wortverkündigung), Katechetik (Lehre von der kirchlichen Unterweisung), Liturgik (Lehre von den Formen und Ordnungen des Gottesdienstes) und Poimenik (Lehre von der Seelsorge) aufgegliedert; früher gehörte auch die → Aszetik dazu. Heute haben daneben vor allem die Psychologie, aber auch die Soziologie an Bedeutung gewonnen.

praxis pietatis (lat.) »Frömmigkeitspraxis«; gelebter Glaube, → Spiritualität.

Predella (lat.) ursprünglich: Aufbau auf dem Altartisch zum Aufstellen der Leuchter und Reliquienbehälter. Später: das Sockelgemälde oder die plastische Darstellung am Sockel eines Schrankaltars.

Predigerseminar evangelische Ausbildungsstätte für Vikare und Vikarinnen nach der ersten theologischen Prüfung besonders zur Vorbereitung auf die praktische Gemeindearbeit; bei einigen evangelischen Freikirchen Stätte der gesamten theologischen Ausbildung.

Presbyter (gr.) »der Ältere«; Bezeichnung für das Ältestenamt, das die Urkirche von den Juden übernommen hatte (Apg. 11,30) und aus dem im 2. Jh. n.Chr. das dem Bischof untergeordnete Amt des Priesters wurde (Priester ist Lehnwort aus »Presbyter«). In der Vier-Ämter-Lehre Calvins stehen die Presbyter neben Pastoren, Lehrern und Diakonen in der Gemeindeleitung.

Presbyterianer Angehörige einer Gruppe von evangelisch-reformierten Kirchen in angelsächsischen Ländern, die im Anschluß an Calvin dem Amt des »Presbyters« (»Ältesten«) eine besondere Verantwortung in der Kirchen- und Gemeindeleitung zuspricht. Im Unterschied zur bischöflichen Verfassung der Anglikanischen Kirche vertraten die P. unter Berufung auf das Neue Testament die Überzeugung, daß

»Geistliche«, also ordinierte Pastoren und »Laien«, also Älteste, gemeinsam die Ortsgemeinden und auf dem Weg über Synoden auch die Kirche leiten sollen. Grundzüge der Presbyterialverfassung finden sich auch in solchen Kirchen, die sich selbst nicht P. nennen.

Presbyterianismus Anschauung, daß die entscheidende Gewalt in der Kirche bei den Presbytern, (»Ältesten«) in Zusammenarbeit mit den Pastoren liegen muß.

Presbyterium Bezeichnung des Kirchenvorstands in der Rhein.-Westfälischen Kirche und in Reformierten Kirchen; gelegentlich auch: Chorraum einer Kirche (als Priesterraum).

Priester (gr. presbyteros »der Ältere«) Mittler zwischen Gott und den Menschen, besonders durch Darbringung von Opfern; Hüter des Kultus (der öffentlichen Gottesverehrung). Im Volk Israel war der Priester bis zur Zerstörung des Tempels (70 n.Chr.) für die um den Tempelgottesdienst sich konzentrierende Frömmigkeitsübung der Juden bedeutsam. In der römisch-katholischen Kirche ist der Priester als Verwalter und Spender der Geheimnisse Christi (Sakramente) durch die Priesterweihe und den Zölibat (Ehelosigkeit) vom Laienstand betont unterschieden. Die evangelische Kirche kennt keinen Priesterstand, sondern das »allgemeine Priestertum der Gläubigen«, wenngleich um der Ordnung willen die Gemeinde (Kirche) in das »geistliche Amt« ausdrücklich beruft.

Priesterkodex, Priesterschrift die aus Priesterkreisen Israels stammende nachexilische Schrift (570–450 v.Chr.), die eine der vier Quellen des → Hexateuch darstellen soll.

Primas (lat.) in einigen Kirchen Bezeichnung für den ranghöchsten Bischof eines Landes.

Primạt (lat.) »Vorrangstellung«; speziell: die des Papstes gegenüber den anderen Bischöfen.

primitiv (lat.) urtümlich, unentwikkelt, dürftig, in den Anfängen stekkengeblieben.

primordial (lat.) allererst, ursprünglich, uranfänglich.

Primiz (lat.) erste Messe eines neugeweihten Priesters.

primum movens (lat.) erstes Bewegendes (als Weltursache).

primus inter pares (lat.) Erster unter Gleichrangigen.

primus usus legis (lat.) »erster Gebrauch des Gesetzes«, → usus legis politicus.

Prinzip (lat. principium »Anfang, Ursprung«) Grundsatz, Ausgangspunkt; die letzte Grundlage eines Seins- oder Gedankenzusammenhangs.

Prior (lat.) Ordensoberer, Stellvertreter des Abts.

Priorat kleineres, von einem Prior geleitetes Kloster (Gg: → Abtei).

Priscillianismus nach Priscillian von Avila (durch kaiserliches Gericht 385 n.Chr. enthauptet) benannte altchristliche Gemeinschaftsbewegung in Spanien, deren Kennzeichen die Erbauung in privaten Versammlungen, Vernachlässigung der kirchlichen Ordnungen und Sakramente, Neubelebung der Prophetie, Lektüre apokrypher Schriften und strenge Askese waren.

Privation (lat.) Beraubung, Entziehung, Mangel.

Privatissimum (lat.) Vorlesung für einen ausgewählten Kreis.

Privatkommunion Feier des Abendmahls für Gemeindeglieder, die vor allem durch Krankheit an der Teilnahme innerhalb eines Gemeindegottesdienstes verhindert sind.

Privileg(ium) (lat.) Vorrecht, Sonderrecht.

Probabiliorismus (lat. probabilior »wahrscheinlicher«) römisch-katholische Moralanschauung, daß man im Widerstreit von Gesetz und Freiheit nur dann die leichtere, von der menschlichen Freiheit erwünschte Lösung wählen darf, wenn es »wahrscheinlicher« ist, daß sie moralisch-ethisch verantwortet werden kann, als der schwerere Weg (Gg: → Laxismus).

Probabilismus (lat. probabilis »wahrscheinlich«) römisch-katholisches Moralsystem, das Antwort gibt auf die Frage, wie sich das Gewissen bei einem zweifelhaften Gesetz oder Fall entscheiden muß: im Fall eines Zweifels an der sittlichen Erlaubtheit einer Handlung darf man sie vollziehen, wenn sich anerkannte Kirchenlehrer für diese Möglichkeit ausgesprochen haben (Gg: → Rigorismus).

Problem (gr.) »das Vorgelegte«; Aufgabe; speziell: eine noch nicht gelöste und schwer lösbare Aufgabe oder Streitfrage.

pro domo (lat.) »für das Haus«; im eigenen Interesse, für sich selbst.

Proexistenz (lat.) Für-Existenz im Gegensatz zur bloßen Ko-Existenz, die keine Verantwortung für den anderen erkennen läßt.

profan (lat. pro fano »vor dem Tempel«) weltlich, nicht religiös, nicht kultisch.

Profangeschichte weltliche Geschichte (Gg: Kirchengeschichte).

Profangräzität das Griechisch der weltlichen griechischen Schriftsteller (Gg: biblische Gräzitat).

profanieren entweihen, entwürdigen.

Profeß (lat.) öffentliche Ablegung der Ordensgelübde, die zunächst für drei Jahre gilt, erst dann erfolgt die »ewige Profeß«.

Prohibition (lat.) Verbot von Alkoholverkauf und -genuß.

Proklamation (lat.) Verkündigung, Aufruf, Bekanntmachung. Kirchliches Aufgebot (von Verlobten).

Prolegomena (gr.) »die vorweg zu

sagenden (Dinge)«; Vorbemerkungen. Einführung in eine Wissenschaft. Prinzipienlehre der evangelischen Dogmatik.

proleptisch (gr.) vorgreifend, vorwegnehmend (z.B. die erwarteten Einwände eines Andersdenkenden).

Prolog (gr.) »Vorspruch«, Einleitung (Gg: → Epilog).

Promotion (lat.) »Beförderung«; Verleihung der Doktorwürde.

promovieren die Doktorwürde erlangen; auch die Doktorwürde verleihen (= Aufgabe des Promotors).

Promulgation (lat.) öffentliche Bekanntgabe.

Pronaos (gr.) Vorhalle (eines altgriechischen Tempels), Vorraum (in einer christlichen Kirche).

Propädeutik (gr.) Einleitung in eine Wissenschaft (besonders in die Philosophie).

Prophet (gr.) Verkünder des von ihm vernommenen göttlichen Willens an die Menschen, Träger einer göttlichen Botschaft für eine bestimmte Situation, verschiedentlich auch Weissager eines göttlichen Planes für die Zukunft.

Prophetie Weissagung, gottgewirkte Rede eines Propheten.

propitiatio (lat.) Besänftigung, Versöhnung.

Proportionalitätsanalogie → analogia proportionalitatis.

Proporz (lat.) Verhältniswahl; heute meist: Verteilung der Stellen unter gleichmäßiger Berücksichtigung der Konfessionen.

propositio (lat.) Satz, Urteil, Behauptung; Thema einer Predigt, Diskussion oder Disputation

proprietates (lat.) Eigenschaften, wesentliche Eigentümlichkeiten.

Proprium (lat.) »das Eigene«; die wechselnden Texte und Gesänge des Gottesdienstes im Gegensatz zum → Ordinarium. Das Eigentümliche einer Religion oder Konfession im Vergleich zu anderen.

Propst (lat. praepositus »Vorgesetzter«) in evangelischen Kirchen verschieden gebrauchter Titel für führende Geistliche, deren Amt mehr seelsorgerlicher Art ist.

Proselyt (gr.) »der Hinzugekommene«; ein Nichtjude, der zum Judentum übertrat (Matth. 23,15: »Judengenosse«). Heute meist abwertend: einer, der von einer Religion oder Weltanschauung zu einer anderen übertritt.

Proselytentaufe das Tauchbad, das neben der Beschneidung für alle Nichtjuden vorgeschrieben war, die zum Judentum übertraten.

Proselytismus Abwerbung einer Person aus ihrer Religion oder Konfession unter Anwendung unlauterer Mittel.

Proskomidie (gr.) Herbeibringung; der erste Teil der orthodoxen Messe, in der die Liturgen und die Opfergaben Brot und Wein feierlich zugerüstet werden. Der zweite Teil ist die Katechumenenmesse, der dritte die Gläubigenmesse mit → Kommunion.

Proskynese (gr.) Ehrenbezeigung, liegend oder kniend; Kniefall bei der Heiligenverehrung.

Prosternation (lat. prosternare »sich niederwerfen«) Kniefall, Fußfall (besonders beim Gebet; daher gleichbedeutend mit → Proskynese).

Prostitution (lat.) gewerbsmäßige Unzucht, Dirnenwesen.

Prostration (lat. prosternare »sich niederwerfen«) liturgisches Sichzubodenwerfen vor allem bei katholischen höheren Weihen, auch am Karfreitag; Fußkuß.

Protestantismus Gesamtbezeichnung für die christlichen Kirchen, die im 16. Jh. aus der Reformation (Luther, Zwingli, Calvin) hervorgegangen sind. Der Begriff ist entstanden durch die feierliche Verwahrung (Protest) der evangelischen Stände gegen die Vergewaltigung des Einzelgewissens durch Mehrheitsbeschlüsse auf dem zweiten Reichstag zu Speyer 1529. Trotz mancher Verschiedenheiten zwischen den einzelnen protestantischen Kirchen (in Deutschland vor allem lutherisch, reformiert und uniert) lehnen sie u.a. gemeinsam die Oberherrschaft des Papstes, die Anrufung Marias und der Heiligen sowie die Verdienstlichkeit der sogenannten »guten Werke« ab. Als Glaubensquelle erkennt der Protestantismus nur die Heilige Schrift an (»Formalprinzip«); das Heil sucht er allein im Glauben (»Materialprinzip«).

Protevangelium (gr.) »erstes Evangelium«; der Satz in 1. Mose 3,15, der bereits den siegreichen Ausgang des Kampfes zwischen Gott und Satan verheißt.

Protevangelium Jakobi im 2. Jh. n.Chr. entstandenes apokryphes Kindheitsevangelium, das ursprünglich »Geburt Marias« hieß.

Protologie (gr.) die Lehre von den ersten Dingen, vom Weltanfang; Adj. protologisch (Gg: → Eschatologie).

Prototyp (gr.) Urbild, Mutter, Inbegriff.

Proverbia (lat.) »Sprichwörter«; Bezeichnung des Buches der »Sprüche Salomos« in der Vulgata.

providentia (lat.) Vorsehung (Gottes).

providentia universalis die auf die Erhaltung der Welt im allgemeinen gerichtete Vorsehung und Fürsorge Gottes.

providentia specialis die besondere, auf die Menschheit und die Einzelmenschen gerichtete Vorsehung Gottes.

providentia specialissima die auf die Gläubigen zur Verwirklichung ihrer Errettung gerichtete Vorsehung Gottes.

Provinzial (lat.) Leiter einer Provinz eines größeren Ordens.

Provinzialsynode → Landessynode.

Prozession (lat.) in der katholischen Kirche feierlicher gottesdienstlicher Umzug der Geistlichen und Gemeindeglieder.

Prozeßtheologie durch J. B. Cobb seit 1970 in den USA begründete theologische Richtung, die die Prozeßphilosophie des englischen Mathematikers A. N. Whitehead (gest. 1947) theologisch fruchtbar machen will.

Psalm (gr.) geistliches Lied; Gebet aus dem Alten Testament.

Psalmist Psalmendichter.

Psalmodie (gr.) Psalmengesang nach liturgisch festgelegter Melodie.

Psalter Sammlung der 150 Psalmen im Alten Testament; Bezeichnung für ein harfenähnliches Saiteninstrument.

Pseudepigraphen Schriften mit falschen Verfassernamen; eine Praxis, die in der Antike wesentlich stärker verbreitet war als heute; bezeichnet speziell diejenigen Schriften des Frühjudentums, die eine alttestamentliche Gestalt als Verfasser ausgeben.

Pseudoisidorische Dekretalen eine angeblich von Bischof Isidor von Sevilla (gest. 636 n.Chr.) um 850 n.Chr. verfaßte Rechtssammlung, die zahlreiche ge- und verfälschte Papstbriefe enthält und die Stellung der Bischöfe gegenüber den Metropoliten, den Provinzialsynoden und der weltlichen Macht stärken will; die einflußreichste Fälschung des Mittelalters.

Pseudo-Klementinen auf Clemens von Rom (1. Jh. n.Chr.) fälschlich zurückgeführte apokryphe Schrift aus dem 3. Jh. n.Chr. Sie wurde in zwei verschiedenen Fassungen überliefert (Homilien und Recognitionen).

Pseudomorphose (gr.) fehlgehende Entwicklung in der Gestaltung.

Pseudonym (gr.) falscher Name, zum Zwecke der Geheimhaltung des wirklichen Namens angenommener Deckname.

Psyche (gr.) Seele, Leben (ursprünglich: Atem, Hauch).

Psychiater (gr.) Seelenarzt, Nervenarzt; umgangssprachliche Bezeichnung für den Facharzt für → Psychiatrie und häufig auch Neurologie.

Psychiatrie (gr.) Teilgebiet der Medizin, das sich mit der Entstehung, Diagnostik und Behandlung seelischer und geistiger Erkrankungen befaßt.

Psychiker im Gnostizismus die mittlere Menschenklasse, die zwar zum Glauben und zu sittlicher Einsicht fähig ist, aber nicht zur vollen Erkenntnis Gottes durchdringt (→ Pneumatiker, → Hyliker).

Psychoanalyse (gr.) »Seelenzergliederung«; Bezeichnung für (1.) das von Sigmund Freud entwickelte Verfahren zur Erforschung und Behandlung seelischer Störungen, (2.) die von Freud entwickelte Theorie des psychischen Geschehens (psychischer Apparat, Betonung des Unbewußten) und (3.) einen Deutungsrahmen gesellschaftlicher Erscheinungen als »Kulturtheorie«.

Psychologie (gr.) Wissenschaft vom menschlichen Erleben und Verhalten. Wird sie als Geisteswissenschaft verstanden, liegt die Betonung auf dem Erleben, und es werden qualitative Methoden verwandt. Wird sie als Natur- bzw. Sozialwissenschaft betrieben, liegt die Betonung auf dem Verhalten, und es werden quantitative Methoden eingesetzt.

Psychologismus Anschauung, die die Erkenntnis der Wirklichkeit ausschließlich von seelischen Voraussetzungen ableitet, verbunden mit einer einseitig psychologischen Betrachtungsweise aller geistigen Vorgänge und Erscheinungen; allgemein: Überbetonung der Psychologie als der Grundwissenschaft überhaupt (Gg: → Ontologismus).

Psychopath veraltete Bezeichnung für einen »seelisch kranken« Menschen; heute wird die Bezeichnung »dissoziale Persönlichkeitsstörung« bevorzugt (vom lat. dissocialis »unvereinbar« und vom engl. dissocial »gesellschaftsfeindlich«).

Psychose (gr.) schwere seelische Erkrankung mit gestörtem Wirklichkeitsbezug.

Psychotherapie (gr.) die psychologische Behandlung von Störungen im seelischem, geistigen, emotionalen Bereich oder im Verhalten.

Psychotherapeut geschützte Berufsbezeichnung für ärztliche oder psychologische Psychotherapeuten, auch Kinder- und Jugendpsychotherapeuten, die zur Ausübung der → Psychotherapie berechtigt sind. Den Zugang zum Beruf und die Ausbildungsvoraussetzungen regelt in Deutschland seit 1999 das Psychotherapeutengesetz. Davon zu unterscheiden ist die Erlaubnis zur Ausübung von Psychotherapie nach dem Heilpraktikergesetz (HPG).

Ptolemäer makedonisches Adelsgeschlecht, das als eine der → Diadochen-Dynastien nach dem Tod Alexanders des Großen 323 v.Chr. die Herrschaft über Ägypten übernahm (seit 305 als Könige) und sie 30 v.Chr. an den Römer Octavian/Augustus abgeben mußte (s.a. → Seleukiden).

Punktatoren (lat.) jüdische Schriftgelehrte, die durch die Punktation (Vokalisierung) des alttestamentlichen Textes den endgültigen Text festlegten (→ Massoreten).

Purgatorium (lat. purgare »reinigen«) Fegefeuer; Läuterungsort im Jenseits zum Abbüßen der zeitlichen Sündenstrafen (nach katholischer Lehre). Schon Origenes (gest. 254 n.Chr.) meinte, eine ewige Verdammnis und ewige Verzweiflung von Menschen sei mit Gottes Barmherzigkeit nicht in Einklang zu bringen; so müsse es im Jenseits eine Läuterungsmöglichkeit der Verworfenen geben. Das Tridentinum schließlich entschied:

»Es gibt einen Reinigungszustand, und die darin festgehaltenen Seelen finden eine Hilfe in den Fürbitten der Gläubigen, vor allem aber in dem Gott wohlgefälligen Opfer des Altars.«

Purifikation (lat.) »Reinigung, Läuterung«; in der katholischen Kirche das Ausspülen des Kelches mit Wein nach der Messe.

Purim jüdisches Fest am 14./15. Adar (Februar-März) zur Erinnerung an die vereitelte Vernichtung der persischen Juden (Ester-Buch).

Purismus Streben nach Sprachreinheit; übertriebener Kampf gegen die Fremdwörter.

Puritanismus ursprünglich eine Bewegung in England, die den Neuaufbau des Kirchenwesens unter Heinrich VIII. und Elisabeth I. stärker von katholischer Überfremdung gereinigt wissen wollte; später eine calvinistisch geprägte, glaubens- und sittenstrenge Richtung in England, die besonders durch sabbatähnliche Sonntagsheiligung und Ablehnung von Theater, Tanz und Kultur gekennzeichnet war.

Q

Qaddisch (hebr.) das wichtigste Lobpreisgebet in der Liturgie der jüdischen Synagoge; hat starke Ähnlichkeit mit dem christlichen Vaterunser.

Qerẹ (hebr.) »Lies!«, die den im hebräischen Bibeltext stehenden Konsonanten widersprechende Lesart am Rande.

Qohälat → Kohälät.

qua (lat.) in der Eigenschaft als, gemäß.

Quadragesima (lat.) römisch-katholische Bezeichnung für die vierzigtägige Fastenzeit vor Ostern.

Quadratschrift Bezeichnung der hebräischen Schriftform, wie sie sich nach dem Exil durchsetzte: Die Mehrzahl der Buchstaben füllt ein Quadrat.

Quäker (engl. to quake »zittern«) »Zitterer«; ursprünglich ein Spottname für die »vom Licht und Geist erfüllten« Anhänger des George Fox (1624–1691) nach den in ihren Versammlungen auftretenden ekstatischen Glaubensäußerungen. Ihr eigentlicher Name ist »Gesellschaft der Freunde«. Charakteristische Züge: Undogmatisches Christentum ohne Kult und Sakramente, Eintreten für Toleranz, Sklaven, Besiegte; Ablehnung von Kriegsdienst und Eid.

qualifizieren jemanden für einen Auftrag oder ein Amt geeignet machen; kennzeichnen; für geeignet erklären.

Qualität (lat. qualis »wie beschaffen«) die Eigenschaft und Eigenart einer Sache; Beschaffenheit, Güte (Gg: → Quantität).

Quantität (lat. quantum »wieviel«) die Menge und Zahl, die Größe und Ausdehnung von etwas (Gg: → Qualität).

Quartadecimaner (lat. quarta decima »vierzehnte«) Gruppe von kleinasiatischen und syrischen Christen in der alten Kirche, die Ostern als christliches Passah und deshalb unabhängig vom Wochentag immer am 14. Nisan feierten. In Nicäa 325 n.Chr. wurden sie als Judaisten exkommuniziert.

Quasimodogeniti (lat.) »gleichwie die Neugeborenen«; Bezeichnung des 1. Sonntags nach Ostern (nach 1. Petr. 2,2).

Quatember Vier-Jahreszeiten-Fasten in der römisch-katholischen Kirche: nach dem 3. Advent, dem 1. Fastensonntag, nach Pfingsten und Kreuzerhöhung (14. September).

Quattrocento (ital.) »Vierhundert«, in Italien das 15. (!) Jahrhundert (= Zeit der Frührenaissance).

Quempas (lat.) Anfang des Liedes »Quem pastores laudavere« (Den die Hirten lobten), das dem Weihnachtssingen den Namen gab.

Quicunque (lat.) »Jeder, der«; Bezeichnung des → Athanasianum nach seinen Anfangsworten: Quicunque vult salvus esse = Jeder, der selig werden will.

quidditas (lat.) die »Was-heit«, das Wesen eines Dinges (scholastische Bezeichnung).

Quietismus (lat. quietus »ruhig«) eine religiöse Haltung, die sich willen- und tatenlos in Gottes Führung ergibt (Gg: → Aktivismus), insbesondere eine mystische Richtung in den romanischen Ländern des 17. Jh.s (Molinos, Madame de Guyon, Fenelon), die die Vollkommenheit in der rein passiven Innerlichkeit selbstloser Liebe zu Gott sah, aus der jede Aktivität und jedes eigene Heilsinteresse auszumerzen ist.

Quietiv Anlaß zur Beruhigung, zur Tatenlosigkeit führende Lehre, tröstendes Bibelwort, Zuspruch im Gg zum Anspruch (Gg: → Motiv).

Quinquagesimae (lat.) im Katholizismus übliche Bezeichnung des Sonntags Estomihi als des ungefähr 50. Tages vor Ostern.

Quintessenz (lat. quinta essentia »fünfte Substanz«) nach Aristoteles gegenüber den vier Elementen die fünfte, oberste, wirksamste Wesenheit: der Äther. Heute: Hauptinhalt, wirkungsvoller Auszug aus einer Sache, einem Buch.

Qumranschriften eine Reihe von Handschriften, die 1947–1956 in Höhlen oberhalb des Wadi Qumran am Nordende des Toten Meeres gefunden wurden und als Schriften einer jüdischen Sekte (wahrscheinlich der Essener) erkannt wurden, die dort seit etwa

140 v.Chr. bis 68 n.Chr. in klösterlicher Gemeinschaft lebte. Die Schriften haben eine große Bedeutung für die Textgeschichte des Alten Testaments und die vergleichende religionsgeschichtliche Interpretation des Neuen Testaments gewonnen.

quod erat demonstrandum (lat.) was zu beweisen war.

Quo vadis? (lat.) »Wohin gehst du?«; eine Frage, die der Legende nach der aus dem Kerker in Rom geflohene Petrus dem ihm begegnenden Jesus gestellt hat (vgl. auch Joh. 13,36).

R

Rabbi (hebr.) »mein Meister«, »mein Lehrer«; Titel, mit dem jüdische Geistliche angeredet werden.

Rabbinen Bezeichnung der Schriftgelehrten, die nach der Zerstörung Jerusalems 70 n.Chr. die Leitung der jüdischen Gemeinden übernahmen.

Rabbiner Bezeichnung der Vorsteher jüdischer Gemeinden (Lehrer und Prediger).

rabbinisch die Tradition der Rabbinen betreffend, von den Rabbinen gelehrt.

Rabbuni Steigerungsform zu Rabbi.

rabies theologorum (lat.) Streitsucht der Theologen.

radikal (lat. radix »Wurzel«) von Grund auf, tiefgreifend; übertragen: gewaltsam, rücksichtslos.

Radikalismus eine Bewegung, die bis zum Äußersten geht und eine Sache bis in die letzten Folgerungen durchkämpft.

Räubersynode Bezeichnung Papst Leos des Großen für die allgemeine Synode von Ephesus 449 n.Chr., auf der Dioskur von Alexandrien durch rohe Gewaltanwendung der mitgebrachten Mönchshaufen den → Monophysitismus für rechtgläubig erklären und dessen Gegner absetzen ließ.

Ramadạn (arab.) Fastenmonat der Moslems, in dem von Sonnenaufgang bis Sonnenuntergang zu fasten ist.

Raskolnik (russ. raskol »Schisma, Trennung«) Anhänger der sog. »Altgläubigen«, die sich im 17. Jh. von der russischen Großkirche trennten, als Patriarch Nikon die Kultbücher und Riten erneuerte, später auch als Zarengegner mit den Sozialrevolutionären zusammenarbeiteten.

ratio (lat.) vernünftiges Denken; Rechnung, Berechnung; Verstand.

rational der Vernunft entsprechend, mit der Vernunft zu erfassen; schlüssig, logisch.

Rationalismus Vernunftglaube. Einseitige Wertschätzung der begrifflichen Erkenntnis. Speziell: Dritte Phase der deutschen Aufklärungstheologie am Anfang des 19. Jh.s, in der die Vernunft der Offenbarung übergeordnet und die Bibel so ausgelegt wurde, daß alles Übernatürliche und Wunderbare ausschied (Gg: → Supranaturalismus).

real (lat.) wirklich, tatsächlich, dinglich (Gg: → ideell, → irreal).

Realinspiration (lat.) Eingebung des sachlichen Inhalts der Heiligen Schrift durch den Heiligen Geist, im Unterschied zur Verbalinspiration, die darüber hinausgeht und auf die wortwörtliche Eingebung zielt (vgl. → Personalinspiration).

Realismus (lat.) Wirklichkeitssinn, wirklichkeitsnahe Grundhaltung. In der Philosophie die Meinung, daß die Dingwelt »an sich« besteht, auch ohne daß sie gedacht wird. Die katholische Theologie versteht unter »Realismus« die Realität der Allgemeinbegriffe im Gg zum → Nominalismus.

Realität (lat.) Wirklichkeit, Tatsächlichkeit (Gg: → Idealität als bloßes Gedachtsein).

Realpräsenz (lat.) die lutherische Auffassung von der Gegenwart (Präsenz) Jesu Christi im Abendmahl der Gemeinde: Kraft der Einsetzungsworte sind der Leib und das Blut Christi wirklich (real), d.h. in ihrer himmlischen Substanz in, mit und unter den Abendmahlselementen bei ihrem Empfang gegenwärtig. Realpräsenz von Leib und Blut Christi meint ihre leibhafte Gegenwart (Gg: → Spiritualpräsenz; → Personalpräsenz).

rebus sic stantibus (lat.) da die Dinge nun einmal so stehen ...

Rechabiten (hebr.) altisraelitische, den Ackerbau und den Wein ablehnende Sekte, die das Ideal der Nomadenzeit beibehielt (nach ihrem Gründer Jonadab ben Rechab, Jer. 35,6f).

Rechtspositivismus philosophische und rechtswissenschaftliche Position, die die Möglichkeit eines → Naturrechts bestreitet und nur das → positive Recht für verbindlich hält.

recto (lat.) Vorderseite eines Blattes (Gg: → verso).

Redaktionsgeschichte historische Untersuchungsmethode, die nach den Gesichtspunkten fragt, unter denen die biblischen Autoren ihr Quellenmaterial ausgewählt, zusammengestellt und in ihren konzeptionellen Rahmen eingeordnet haben.

Redaktor in der historischen Bibelforschung Bezeichnung für die Person, die ein biblisches Buch in seiner heute vorliegenden Form zusammengestellt hat.

Redemption (lat.) Erlösung; bei Augustin Loskauf vom Teufel.

Redemptionstheorie die in der

alten Kirche verbreitete Auffassung, daß Jesus Christus die Erlösung der Menschen am Kreuz dadurch vollbrachte, daß er seine Seele dem Teufel als Lösegeld für die Sünder anbot; da der Teufel die sündlose Seele Christi nicht im Tode festhalten konnte, verlor er beides, die Menschen und das Lösegeld. Der Teufel wurde überlistet, indem ihm zugleich Gerechtigkeit widerfuhr.

Redemptoristen 1732 von Alfonso de Liguori gestifteter römisch-katholischer »Orden des allerheiligsten Erlösers« (Congregatio Sanctissimi Redemptoris = CSSR) für Seelsorge, besonders volksmissionarische Arbeit; den Jesuiten nahestehend; auch Liguorianer genannt.

redivivus (lat.) wiedererstanden, wiederaufgelebt.

Reduktion (lat.) »Zurückführung«, Verringerung, Herabsetzung, Vereinfachung.

Refektorium (lat.) Klosterspeisesaal.

reflektieren (lat.) »rückwärtsbiegen«; widerspiegeln; nachdenken, erwägen (Gg von reflektiert: naiv).

reflektieren auf erstreben, auf etwas Anspruch erheben.

Reflexion (lat.) »Zurückbeugung«, »Spiegelung«; die Hinwendung des Nachdenkens auf bestimmte Gegenstände; das vergleichende und prüfende Denken.

Reformation (lat.) »Wiederherstellung«; die kirchengeschichtliche Bewegung, die gegen die Mißstände in kirchlicher Lehre und Praxis des Spätmittelalters die Erneuerung der Kirche von ihrer Grundlage, der Hl. Schrift (besonders der paulinischen Lehre von der Rechtfertigung des Sünders) her betrieb. Ihre hervorragenden Vertreter Martin Luther (1483-1546), Ulrich Zwingli (1484–1531) und Johannes Calvin (1509–1564) haben alles, was an kirchlichem Brauch und kirchlicher Lehre der strengen Beziehung auf die Hl. Schrift nicht standhielt, abgelehnt oder zu den → Adiaphora gezählt. Da die Wiederherstellung der biblisch fundierten Kirche nicht einmütig gelang, entstanden notgedrungen die Kirchen der Reformation (u.a. evangelisch-lutherische und reformierte Kirche).

Reformierte Kirche zusammenfassende Bezeichnung für die aus der Tätigkeit der Schweizer Reformatoren Ulrich Zwingli und Johannes Calvin entstandenen Landes- und Freikirchen, die sich die »nach Gottes Wort reformierte Kirche« nennen (Calvin: »nach der Ordnung des Evangeliums erneuert«) und deren bereits im 16. Jh. beabsichtigte Vereinigung mit der lutherischen Reformation im Marburger Religionsgespräch von 1529 nicht zustande kam.

Refugies (franz.) »Flüchtlinge«; die im 17. Jh. aus Frankreich geflohenen glaubenstreuen Hugenotten.

regina coeli (lat.) »Königin des Himmels« (= Maria).

regressus in infinitum (lat.) »Rückgang ins Unendliche«; das unabschließbare Zurückverfolgen von Ursachen ins Unendliche.

regula fidei (lat.) Glaubensregel (in der Kirchenväterzeit der Inbegriff der von den Aposteln überlieferten christlichen Wahrheit).

regula veritatis (lat.) Wahrheitsregel (gleichbedeutend mit regula fidei).

Reichslieder Gesangbuch der evangelischen Gemeinschaftsbewegung, geprägt vom missionarischen Anliegen des Rufes zur Entscheidung für Christus; beeinflußt von der englisch-amerikanischen Heiligungsdichtung und deren Melodien.

Reichsstände die unmittelbaren Glieder des → Heiligen Römischen Reiches, die im → Reichstag Sitz und Stimme hatten und zusammen mit dem Kaiser das Reich repräsentierten: die Kurfürsten, die Reichsfürsten (einschließlich Grafen und Prälaten) und die Reichsstädte. Die R. mußten an den Reichstagen teilnehmen, Truppenanteile zum Reichsheer stellen und die vom Reichstag beschlossenen Reichssteuern aufbringen.

Reichstag 1. Im → Heiligen Römischen Reich (bis 1806) die Vertretung der → Reichsstände gegenüber dem Kaiser. Jahrhundertelang von Fall zu Fall einberufen, tagte er seit 1663 ständig als Gesandtenkongreß in Regensburg. Seit 1489 gliederte er sich in die drei Kollegien der Kurfürsten, Reichsfürsten und Reichsstädte. Seine Mitwirkung bei Reichsgesetzen, Reichsheerfahrten und Reichssteuern beruhte zunächst auf Gewohnheitsrecht, wurde aber durch den Westfälischen Frieden 1648 verfassungsrechtlich festgeschrieben. 1806 löste er sich auf.
2. Im 1871 gegründeten, 1918 durch Rücktritt des Kaisers zusammengebrochenen Deutschen Reich die Vertretung des Volkes, die neben dem Kaiser die Einheit des Reichs repräsentierte. Gemeinsam mit dem Bundesrat beschloß er Reichsgesetze und die Haushaltsgesetze. Die Abgeordneten waren in allgemeiner, gleicher, direkter und geheimer Wahl gewählt. Der Reichstag mußte alljährlich vom Kaiser einberufen werden.
3. Im Deutschen Reich zwischen 1919 und 1933 (Weimarer Republik) als Vertretung des souveränen Volkes oberster Träger der Reichsgewalt. Mit der mehrheitlichen Zustimmung zum Ermächtigungsgesetz gab er Hitler 1933 den Weg zur Errichtung einer Diktatur frei und existierte danach nur noch als von der Nazi-Partei bestimmtes Einparteienparlament, dessen letzte Sitzung 1942 stattfand.

Reichstext → Koine.

Reichsunmittelbarkeit besaßen im → Heiligen Römischen Reich alle Personen und Einrichtungen, die nicht einem Landesherrn oder einer

Reichsstadt unterstanden, sondern nur dem Kaiser im Rahmen der Reichsverfassung. Dies konnten einzelne Städte sein, aber auch Stifte und Klöster. Die wichtigsten unter ihnen waren die → Reichsstände.

Reich zur Rechten und zur Linken von Luther vollzogene Unterscheidung von zwei Weisen, in denen Gott die Welt regiert: im »Reich zur rechten Hand«, dem geistlichen Regiment, regiert er innerhalb der Christenheit ohne jeden äußerlichen Zwang durch Wort und Sakrament; im »Reich zur linken Hand«, dem weltlichen Regiment, regiert er in der ganzen Welt mit Recht und Macht durch die Regierungsgewalt und die übrigen irdischen Ordnungen (Ehe und Familie, Eigentum, Wirtschaft, Berufe), die er eingesetzt hat. Der Christ lebt in beiden Reichen und hat in ihnen auf unterschiedliche Weise Gott zu dienen.

Reinkarnation (lat.) Wiederverkörperung im Lauf einer → Seelenwanderung (sprich: Re-inkarnation).

Rekapitulationslehre (lat. recapitulatio und gr. anakephalaiôsis »Wiederholung«, »Zusammenfassung des Gesagten in den Hauptpunkten«) die Lehre des Kirchenvaters Irenäus am Ende des 2. Jh.s n.Chr., daß Jesus Christus als ›zweiter Adam‹ die ganze Menschheit in seiner Person »zusammengefaßt« und mit seinem Geist erfüllt und dann als neuer Mensch den alten Ungehorsam Adams überwunden, den Tod vernichtet und unvergängliches Leben empfangen hat. Die Erlösung geschieht demnach dadurch, daß Gott in der Person Jesu Christi eine neue Menschheit gestiftet hat.

Rekonziliation (lat.) »Aussöhnung«; Lossprechung eines Büßenden, Wiedereingliederung in die kirchliche Gemeinschaft.

Relation (lat.) Verhältnis, Beziehung; das Aufeinanderangewiesensein und Einanderbestimmen. Früher auch: Bericht, Mitteilung.

relativ (lat. relatus »zurückgetragen«) bedingt durch etwas, in Beziehung stehend zu etwas, vergleichsweise (Gg: → absolut).

Relativismus Ansicht, daß es keine allgemeingültige Wahrheit gibt und daß dieselbe Behauptung sowohl bejaht als auch verneint werden darf, weil alle Erkenntnis stets durch das erkennende Subjekt bedingt ist. Wahrheitsnorm ist hier also nicht der Gegenstand, über den geurteilt wird, sondern die Struktur des Subjekts, seine Kulturbedingungen o.ä. – Dem ethischen Relativismus wird der Unterschied zwischen gut und böse relativ, er kennt keine unbedingten sittlichen Gebote.

Relativitätstheorie eine von Albert Einstein (1879–1955) seit 1905 begründete physikalische Theorie über die reale Natur und Struktur des gesamten Weltalls und über die Relativität der Raum- und Zeitmessung. Grundthesen: 1. Masse ist eine Form der Energie, 2. Masse wächst mit der Geschwindigkeit, 3. Zeit wird durch die Geschwindigkeit des Lichts definiert, 4. die Zeit als vierte Koordinate ermöglicht ein vierdimensionales Raum-Zeit-Kontinuum.

Relevanz, relevant (lat.) Bedeutsamkeit, Erheblichkeit, Gewicht.

religio licita (lat.) erlaubte Religion (im Römischen Reich).

Religion (lat.) »Verbindung, Rückbindung, Gewissenhaftigkeit, Unsträflichkeit, Gottesverehrung«; wird in der christlichen Theologie heute auf drei unterschiedlichen Bedeutungsebenen angewendet: als Bezeichnung für die persönliche Religiosität oder Frömmigkeit eines Menschen, im religionsphilosophischen Sinn (»Religion an sich«) als Idealmodell oder Wesenskern der verschiedenen vorhandenen Religionen und schließlich als Sammelbegriff für die verschiedenen Religionen.

Religionsgeschichte wissenschaftliches Fach, das sich mit dem Werden der Religion, d.h. mit ihrer Geschichte beschäftigt und so ihr Wesen erkennen will.

Religionsgeschichtliche Schule eine seit etwa 1890 im evangelischen Raum aufgekommene Theologie, die das Urchristentum konsequent geschichtlich – und das hieß für sie als Resultat der vorderasiatischen Religionsgeschichte – erklären wollte. Als Schlüssel zum Verständnis des Neuen Testaments betrachteten sie seine Umwelt, und zwar zunächst die Welt der alttestamentlichen Apokryphen und Pseudepigraphen, dann aber auch die hellenistischen Mysterienkulte und die Gnosis sowie die babylonische, iranische und ägyptische Religion und Mythologie. Die Absolutheit des Christentums wurde auf diese Weise zum Problem. Aber auch historisch wurde nicht immer sauber gearbeitet, da man Ähnlichkeiten oft vorschnell als Verwandtschaften deutete.

Religionsgesellschaften Oberbegriff des Staatskirchenrechts für alle Volkskirchen, Freikirchen, Sekten und Jugendreligionen; unterstreicht die rechtliche Gleichstellung aller religiösen Gemeinschaften.

Religionspädagogik Erziehungs- und Unterrichtslehre für die kirchliche Unterweisung, speziell für das Fach Religion im schulischen Unterricht.

Religionsphilosophie philosophisches Teilgebiet, das sich mit dem Wesen der Religionen beschäftigt und nach ihrem Wahrheitsgehalt fragt.

Religionspsychologie Teilgebiet der Psychologie, Theologie oder der Religionswissenschaft, das sich unter psychologischen Aspekten mit der Entstehung von Religion, ihrem Niederschlag im persönlichen wie öffentlichen Leben und den seelischen Strukturen religiösen Erlebens und Bewußtseins befaßt, z.B. mit der Entstehung von Gottesvorstellungen.

Religionspsychopathologie Teilgebiet der Religionspsychologie, das sich der Erforschung religiöser Erlebnisse und Zustände mit krankhafter Ursache zuwendet.

Religionssoziologie Spezialgebiet der Soziologie, das die Beziehungen zwischen Religion und menschlicher Gesellschaft studiert, und zwar sowohl im Blick auf die Beeinflussung religiöser Zustände durch soziale Gegebenheiten als auch hinsichtlich des Einflusses der Religion auf das Leben der Gesellschaft.

Religionswissenschaft fußt auf den Ergebnissen der Religionsgeschichte, ist aber nicht wie diese am geschichtlichen Werden interessiert, sondern befaßt sich mit dem Gewordenen, indem sie die Gesamtheit der verschiedenen Religionen – auch auf dem Wege des Vergleichens – zu verstehen sucht.

Reliquiar Reliquienbehälter.

Reliquie (lat.) »Überrest«; Rest eines Heiligen (Gebein) oder eines Bekleidungsstücks, das einem Heiligen gehörte (»heiliger Rock«), oder eines Marterwerkzeugs als Gegenstand religiöser Verehrung.

Reminiscere (lat.) »Gedenke!«; Bezeichnung des 2. Sonntags in der Passionszeit nach Psalm 25,6: »Gedenke, Herr, an deine Barmherzigkeit.«

remissio peccatorum (lat.) Vergebung der Sünden.

Remonstranten (lat.) »die Einsprucherhebenden«; Bezeichnung der reformierten → Arminianer nach ihrer Bekenntnisschrift »Remonstration« von 1610, die eine Revision der geltenden Confessio Belgica verlangte.

Renaissance (franz.) »Wiedergeburt«; eine am Beginn der Neuzeit stehende kulturelle Erneuerungsbewegung in Anknüpfung an das klassische Altertum, besonders in Italien, verbunden mit der Entstehung eines neuen, weltbejahenden Lebensgefühls (vgl. → Humanismus).

Rendant (franz.) Rechnungsführer, Kassenverwalter in größeren Kirchengemeinden.

Renegat (lat.) Abtrünniger, Verleugner seines Glaubens.

Renitenz, renitent (lat.) Widerspenstigkeit, speziell: Bewegung, die eine 1873 vom preußischen Staat in Hessen-Kassel durchgeführte kirchliche Union ablehnte und den Weg in die Freikirche wählte (→ Altlutheraner).

renovatio (lat.) »Erneuerung«.

Repetent (lat.) Akademiker, der Studenten durch Wiederholung des Lehrstoffes der Vorlesungen weiterführt.

Repräsentation (lat.-franz.) Vergegenwärtigung, Vertretung, Darstellung.

Repristination (lat.) Wiederherstellung früherer Zustände.

Requiem (lat.) die Toten- oder Seelenmesse der katholischen Kirche, nach dem Eingangsspruch »Requiem aeternam dona eis« (Ewige Ruhe gib ihnen!).

requiescat in pace (lat.) »er ruhe in Frieden!« (Abkürzung: R.I.P.).

reservatio mentalis (lat.) »gedanklicher Vorbehalt«, geheimer Vorbehalt; eine bei einem Eid oder einem Versprechen gemachte Einschränkung, die es ermöglicht, zweideutig und irreführend zu antworten, ohne in Worten zu lügen.

Residenzpflicht (lat.) Pflicht des Pfarrers, am Amtssitz zu wohnen.

Resignation (lat.) Entsagung, Verzicht, Fügung in das Unabwendbare; Abdankung.

Reskript (lat.) Erlaß, Bescheid; Rechtsentscheidung in Einzelfällen.

Responsorium (lat.) »Antwortlied«; Wechselgesang zwischen Liturg und Gemeinde (oder Chor).

Ressentiment (franz.) »Gegenstimmung«; eine Grundstimmung, die auf Enttäuschungen oder ähnlichen bitteren Erfahrungen (auch auf Neid oder ohnmächtigem Haß) beruht und einen Menschen so stark beherrscht, daß er zu einem objektiv-freundlichen Urteil nicht fähig ist.

Restauration (lat.) Wiederherstellung früherer politischer Verhältnisse. Im kirchlichen Raum: Zurückgreifen auf Vergangenes, ohne eine den heutigen Herausforderungen gerecht werdende Erneuerung (Gg oft: → Revolution).

Restitution (lat.) Wiedergutmachung, Wiederherstellung.

Restitutionstheorie Annahme, daß der biblische Schöpfungsbericht in 1. Mose 1 ab Vers 2 nicht die ursprüngliche Weltschöpfung beschreibt, sondern die Restitution (»Wiederherstellung«) der ersten Schöpfung. Auf die erste Schöpfung beziehe sich nur 1. Mose 1,2; sie sei durch den Aufstand des Satans gegen Gott aus ihrer ursprünglichen Ordnung in jenes Chaos gefallen, von dem Vers 2 als »Wüste und Leere« spricht. Die Empörung und Verwerfung des Satans sei demnach zeitlich zwischen Vers 1 und 2 des Schöpfungsberichtes einzuordnen (daher engl. gap-theory »Lückentheorie«).

Resurrektion (lat.) Auferstehung (des Leibes).

retardierendes Moment (lat.-franz.) verzögernder, hemmender Einschub (etwa in einem Drama).

Retention (lat.) das »Behalten« der Sünde nach Joh. 20,23 (Gg: → Absolution).

Rettungshäuser Einrichtungen des 19. Jh.s zur Erziehung gefährdeter und verwahrloster Jugendlicher; erste derartige, von Pestalozzi angeregte Versuche kamen aus dem Kreis der Erweckungsbewegung (Zeller, Spittler und die Grafen v.d. Recke-Volmerstein) und wurden von Johann Hinrich Wichern mit der Gründung des »Rauhen Hauses« in Hamburg 1833 beispielhaft verwirklicht.

revelatio (lat.) »Enthüllung«, Offenbarung.

revelatio generalis (naturalis oder **universalis)** die allgemeine oder natürliche Offenbarung Gottes, die sich in der Natur, im Sosein des Menschen und in geschichtlichen Ereignissen zeigt; Gg: → revelatio specialis.

revelatio specialis (supernaturalis oder **revelata)** die besondere, übernatürliche oder »geoffenbarte« Offenbarung in Gottes Wort und seinem Heilshandeln an den Menschen; Gg: → revelatio generalis.

Reverend (lat.-engl.) »Hochwürden«; Geistlicher, Titel der Pfarrer in England und USA, abgekürzt: Rev.

Revers (lat.-franz.) schriftliche Verpflichtung, Erklärung.

Revokation (lat.) »Widerrufung« einer gemachten Aussage (Tätigkeitswort: revozieren).

Revolution (lat. revolutio »Umdrehung, Umwälzung«) ursprünglich: Umlauf eines Himmelskörpers um ein Hauptgestirn, dann politisch: Umsturz der bestehenden politischen und sozialen Ordnung, auch allgemeiner: tiefgreifende Veränderung bisher für gültig angesehener Erkenntnisse oder Denkmuster.

Rezension (lat.) kritische Besprechung eines Buches oder einer Aufführung; kritisch veränderte Ausgabe eines Textes (»Fassung«).

Rezeptionsästhetik Theorie in der modernen Kunst-, Musik- und Literaturwissenschaft, wonach Kunstwerke prinzipiell bedeutungsoffen sind und erst aus der Wirkung auf ihre Betrachter, Hörer oder Leser verstanden werden können. Demnach liegt der Sinn etwa eines Bibeltextes nicht in ihm selber, sondern entsteht erst im Kopf des Lesers oder Hörers.

Rezeptivität (lat.) Aufnahmefähigkeit.

reziprok (lat.) wechselseitig, aufeinander bezüglich.

Rezitativ (lat.-ital.) im Sprechgesang vorgetragener Abschnitt in Kantaten und Oratorien.

Rhetor (gr.-lat.) antiker Redner.

Rigorismus (lat.) Strenge, Schroffheit, starres Festhalten an Grundsätzen (besonders in moralischer Hinsicht).

rinascimento (ital.) Renaissance (ital. Bezeichnung dieser Epoche).

R.I.P. (lat.) Abkürzung für: requiescat in pace, »er ruhe in Frieden!«

rite (lat.) dem Ritus entsprechend, formgemäß; bei Doktorprüfungen: ausreichend (die niedrigste Note).

Ritenkongregation päpstliche Behörde für die Angelegenheiten der

Liturgie und der Heiligsprechungen.

Ritterorden während der Kreuzzüge (1100 bis 1300 n.Chr.) im Heiligen Land entstandene Bruderschaften, die die mittelalterlichen Ideale des Ritters und des Mönches miteinander zu verbinden suchten; heute z.T. noch als karitative Organisationen tätig.

Rituale (lat.) Buch mit Ritusvorschriften.

Ritualisten Anglikaner, die im 19. Jh. den Ritus ihrer Kirche katholisierend umgestalten wollten.

Ritualmord Tötung eines Menschen zu rituellem Zweck.

Ritus, rituell Gesamtheit der gottesdienstlichen Bräuche in Wort und Handlung.

Rogate (lat.) »Betet!«; Bezeichnung des 5. Sonntags nach Ostern nach Joh. 16,24.

Roma locuta, causa finita (lat.) Wenn Rom (der Papst) gesprochen hat, ist der Fall abgeschlossen (nach Augustin).

Romantik europäische Geistesbewegung des ausgehenden 18. und der ersten drei Jahrzehnte des 19. Jh.s, die alle Lebensgebiete durchdrang und beherrschte (Religion, Philosophie, Dichtung, Musik, Kunst, Staats- und Wirtschaftslehre); sie versuchte, ein Weltbild zu gestalten, das religiös bestimmt war und die Welt von Geist und Seele her als einen großen Zusammenhang verstand, wobei davon ausgegangen wurde, daß sich der göttliche Geist in den Einzeldingen dieser Welt widerspiegle.

Romanum die kürzere Vorform des → Apostolikums, die in Rom vom 2. bis 5. Jh. zunächst als Bekenntnis für den Katechumenenunterricht, dann auch als Taufbekenntnis gebraucht wurde.

Rosarium (lat.) Rosenkranz; Bezeichnung für die gebräuchlichste Gebetsübung in der katholischen Kirche, die in der Regel anhand einer Schnur mit 58 Perlen in genauer Folge verschiedener Gebete verrichtet wird; außerdem gibt es den großen oder dominikanischen Rosenkranz, dessen 150 Perlen der Zahl der Psalmen entsprechen.

Rosenkranz → Rosarium.

Rotunde (lat.) kleiner Rundbau, runder Saal.

Rudiment (lat.) verkümmerter Rest, Überbleibsel.

S

Sabaoth lateinische Form für das hebräische Wort Zebaoth (= Scharen).

Sabbat (hebr.) Ruhetag; der wöchentliche Feiertag der Juden, der jeweils am Freitagabend beginnt und bis Samstagabend dauert.

Sabbatarier, Sabbatisten Angehörige verschiedener christlicher Gruppen, die den Sabbat und nicht den Sonntag als Ruhetag begehen (vor allem für die → Adventisten gebraucht).

Sabbatjahr das 7. Jahr in Alt-Israel, in dem Acker und Weinberg brachliegen sollten (3. Mose 25,1-7).

Sabbatweg Wegstrecke von ungefähr einem Kilometer, die ein Jude am Sabbat gemäß der pharisäischen Satzung gehen durfte (vgl. Apg 1,12).

Sabellianismus auf den libyschen Theologen Sabellius (um 220 n.Chr.) zurückgehende Anschauung, daß der eine Gottvater sich unter der Maske Jesu von Nazareth als »Sohnvater« offenbart und am Kreuz gelitten habe (→ Patripassianismus) und daß er sich nach der Himmelfahrt unter der Maske des Hl. Geistes offenbare. Sabellius wurde vom römischen Bischof Calixt I. (217-222 n.Chr.) als Irrlehrer exkommuniziert (vgl. → Modalismus).

sacerdotium (lat.) Priestertum, Papsttum.

sacrificium (lat.) Opfer, Meßopfer.

sacrificium intellectus (lat.) »Opferung des Verstandes«; Verzicht auf eigenes Denken, Unterwerfung unter eine kirchliche Entscheidung entgegen der eigenen Überzeugung.

Sadduzäer religiöse Partei des Frühjudentums, die eng mit den Priestern und der Aristokratie verbunden war und im Gg zu den → Pharisäern stand. Charakteristische Züge: Verbindung von griechischer Kultur und jüdischer Religion, Ablehnung der mündlichen Überlieferung, der Existenz von Engeln, Wundern, Totenauferstehung, starke Betonung der Willensfreiheit.

saeculum (lat.) Jahrhundert; Welt.

säkular (lat.) weltlich, zeitlich, heidnisch; alle 100 Jahre wiederkehrend.

Säkularinstitut weltliches Institut; eine neuere katholische Form, die »evangelischen Räte« (→ consilia evangelica) mitten in der Welt ohne Kloster und ohne Ordenskleid zu verwirklichen.

Säkularisation Verstaatlichung kirchlichen Besitzes seit dem Westfälischen Frieden, vor allem seit 1803, wobei die großen Besitztümer der Klöster weltlichen Zwecken zugeführt wurden.

Säkularisierung in der neueren Theologie und Religionssoziologie (Bonhoeffer, Gogarten, Cox, Greinacher, Rich u.a.) verwendeter Begriff, der die Weltbeziehung (»Weltlichkeit«, nicht »Verweltlichung«) des Christen – frei von aller negativen Wertung – als eine Konsequenz des biblischen Glaubens ansieht, durch die der Mensch und seine Welt von vor- und außerchristlichen religiösen und metaphysischen (übersinnlichen) Vorstellungen und Vorurteilen befreit (= »entzaubert«) werden (nicht zu verwechseln mit → Säkularisation und → Säkularismus).

Säkularismus Anschauung, die allein die Welt bejaht und behauptet, daß man sie nur unter Absehung von Religion, Kirche und Glaube richtig erkennen kann.

Säkularkleriker katholischer Gemeindepfarrer, der keinem Mönchsorden angehört; auch Weltgeistlicher, Weltpriester oder Leutpriester genannt.

sakral (lat.) heilig im Sinn der Bezogenheit auf Heiligtümer, Gottesdienste usw. (Gg: → profan).

sakrale Herrschaft eine in vielen Kulturen vorhandene Vorstellung, daß der Herrscher von Gott auserwählt sei und dadurch besondere Gaben besitze, um für seinen Bereich Heil und Wohl zu wirken. Auch das christliche Königtum im Abendland war sakral begründet (Gottesgnadentum des Königs und Kaisers); die Übertragung der Herrschaft geschah dadurch, daß ein hoher Repräsentant der Kirche die Salbung und Krönung vornahm. Entsprechend dem alttestamentlichen Vorbild Melchisedek wurde der Herrscher im Frühmittelalter als König und Priester zugleich angesehen: Er war Stellvertreter Christi auf Erden, Abbild Gottes, Beschützer der Kirche und Heiland der Welt. Der Investiturstreit zwischen Papst und Kaiser im 11. Jahrhundert führte zu einem schrittweisen Abbau dieser Vorstellungen, da die Päpste die weltlichen Herrscher nun einfach als Laien wie alle anderen Nichtkleriker auch betrachteten.

Sakralbau ein Gebäude, das religiösen Zwecken dient.

Sakrament (lat.) ursprünglich: Fahneneid der Soldaten; feierliche Verpflichtung. Dann: sichtbares Zeichen einer unsichtbaren Wirklichkeit; eine heilige Handlung, die von Jesus Christus eingesetzt ist und der Gemeinde als wirksames Mittel der göttlichen Gnade dient. Der Katholizismus kennt sieben Sakramente (Taufe, Firmung, Eucharistie, Buße, Letzte Ölung, Weihe, Ehe), die die Gnade → ex opere operato denen verleihen, die kein Hindernis entgegensetzen. In der evangelischen Christenheit versteht man nur Taufe und Abendmahl als Sakramente. Für Luther vermitteln sie die Gnade demjenigen, der dem Verheißungswort Gottes glaubt, das Gott an die sakramentalen Elemente gebunden hat. Zwingli hält die Sakramente nicht für Gnadenmittel, sondern nur für feierliche Verpflichtungen des Gläubigen. Laut Calvin ist S. »ein mit einem äußeren Zeichen bekräftigtes Zeugnis der göttlichen Gnade gegen uns, bei dem zugleich auf der anderen Seite eine Bezeugung unserer Frömmigkeit Gott gegenüber stattfindet«. Die Gnade ist für ihn nicht in die Elemente eingeschlossen, sondern wird mit dem Empfang der Elemente durch den Heiligen Geist dem Glaubenden gegeben.

Sakramentar, sacramentarium (lat.) die altkirchliche und frühmittelalterliche Form des → Meßbuches.

Sakramentierer Schimpfwort aus der Reformationszeit für angebliche Verächter der Sakramente (z.B. für die → Täufer, die die Säuglingstaufe ablehnten).

Sakramentalien in der katholischen Kirche gebräuchliche religiöse Zeichen und Handlungen, die den Sakramenten ähnlich, aber nicht von Christus eingesetzt und nicht heilsnotwendig sind (Weihungen, Segnungen, Beschwörungen).

Sakrileg (lat. sacer »heilig«) Gotteslästerung, Religionsfrevel, Entweihung des Heiligtums.

Sakristan (lat.) Küster, Kirchendiener (vor allem im Katholizismus).

Sakristei (lat.) Nebenraum der Kirche für den Aufenthalt des Geistlichen und die Aufbewahrung von gottesdienstlichen Geräten, Gewändern und Büchern.

sakrosankt (lat.) hochheilig, unantastbar.

Salomonisches Urteil alttestamentliche Erzählung (1. Kön. 3,16ff) über den Streit zweier Mütter um ein Kind, den Salomo so entschied, daß er das Kind zu teilen befahl, worauf das »mütterliche Herz in Liebe für ihren Sohn entbrannte«, während die falsche Mutter einwilligte; von daher allgemein: ein weises Urteil in schwieriger Angelegenheit.

salutatio (lat.) »Begrüßung«. In der Liturgie der Grußwechsel zwischen Pfarrer und Gemeinde: »Der Herr sei mit euch« – »und mit deinem Geist«.

Salutisten Mitglieder der → Heilsarmee (»Salvation-Army«).

Salvator (lat.) Erlöser, Heiland.

Salvatorianer Glieder eines 1881 gegründeten Ordens für Unterricht und Mission (Societas Divini Salvatoris = SDS; »Gesellschaft des Göttlichen Heilandes«).

Salve caput cruentatum (lat.) »Sei gegrüßt, gekreuzigtes Haupt!«

Samaritaner Bezeichnung der heidnisch-jüdischen Mischbevölkerung Samarias, die nach der Rückkehr der Juden aus dem babylonischen Exil nicht als legitime Juden anerkannt wurden. Sie bauten auf dem Berg Garizim bei Sichem einen eigenen Tempel, betrachteten nur die 5 Bücher Mose als Heilige Schrift und haben sich in Resten bis in die Gegenwart in Nablus erhalten.

Sancta sedes (lat.) »heiliger (apostolischer) Stuhl«; höchste Behörde der römisch-katholischen Kirche.

sanctificatio (lat.) Heiligung.

Sanctissimum (lat.) »Allerheiligstes«; die geweihte Hostie in der katholischen Kirche.

sanctorum communio (lat.) »Gemeinschaft der Heiligen« oder »Gemeinschaft an heiligen (Gütern)«.

Sanctum Officium (lat.) »heiliges Amt«; Kardinalskongregation der römisch-katholischen Kirche zur Reinhaltung der Glaubens- und Sittenlehre (in Fortführung des Auftrages der früheren Inquisitionsbehörde), trägt seit dem 2. Vatikanischen Konzil (1962-65) den Namen Congregatio de doctrine fidei, »Kongregation für die Glaubenslehre«.

sanctus (lat.) heilig, fromm.

Sanctus (lat.) Lobgesang nach Jes. 6,3 in der Liturgie des Herrenmahles.

Sanguiniker (lat. sanguis »Blut«) leichtblütiger, lebhafter Mensch.

Sanhedrin jüdische Form von → Synedrium.

Sankt (lat. sanctus »heilig«) Bezeichnung für eine/n Heilige/n; abgekürzt St.

Sanktion (lat.) Bestätigung von Gesetzen oder Verträgen, auch die in ihnen für den Fall ihrer Verletzung angedrohte Strafe.

sanktionieren anerkennen, gutheißen.

Sanskrit altindische Kunstsprache (Gelehrtensprache).

Sapientia Salomonis (lat.) die »Weisheit Salomos« in den alttestamentlichen Apokryphen.

Sarkiker (gr.) »Fleischesmensch«; bei den Gnostikern die niedrigste Menschengruppe, die unfähig ist zum Empfang der Gnosis und der Erlösung, auch Hyliker genannt (→ Pneumatiker, → Psychiker).

Sarkophag (gr.) »Fleischfresser«; Monumentalsarg, Prunksarg.

sarx, sarkisch (gr.) Fleisch; in der Hl. Schrift oft Bezeichnung des gesamten Menschen in seiner Todverfallenheit, die auch seine geistige Wirklichkeit mitbestimmt (Gg: → pneuma).

Satan, Sạtanas (hebr.-gr.) Widersacher, Teufel, Ankläger.

Satanologie Lehre vom Teufel.

satisfactio (lat.) »Genugtuung«.

satisfactio vicaria (lat.) »stellvertretende Genugtuung«.

Scala santa (ital.) »Heilige Treppe«; der Legende nach eine Treppe aus dem Palast des Pilatus, die von der Kaiserin Helena nach Rom gebracht wurde.

Schaddai (hebr.) alttestamentliche Gottesbezeichnung, wahrscheinlich »der Allmächtige«.

Schalom (hebr.) Heil, Frieden, Freundschaft.

Scharia das religiöse Recht des Islams, für alle Lebensbereiche gültig. Seine Hauptquellen sind der Koran und die → Sunna, ergänzt durch Analogieschlüsse und den Konsens der Rechtsgelehrten. Alle Handlungen werden in fünf Kategorien eingeordnet: verpflichtend, empfehlenswert, gleichgültig, verwerflich, verboten.

Schamanismus Religion, die auf der Vorstellung vom Walten böser Geister, besonders der Seelen verstorbener Menschen und Tiere beruht (Schamane = Zauberer bei mongolischen Völkern).

Schechina, Schekinạ, Shekinạh, (hebr.) »das Wohnen«; im Frühjudentum das Wohnen (des trotzdem im Jenseits bleibenden) Gottes in seiner Gemeinde.

Scheọl (hebr.) das unterweltliche Totenreich im Alten Testament, das sich erst später in einen Ort für die Guten und einen Strafort für die Bösen differenzierte (Luk. 16,22-26).

Schibboleth (hebr.) »Ähre«, »Strom«; Losung der Gileaditer nach Richter 12,5f. Übertragen: Erkennungszeichen.

Schiiten islamische Sonderrichtung, Gegner der Sunniten, Staatsreligion im Iran, mit einer eigenen, auf Mohammeds Schwiegersohn Ali zurückgeführten Lehrgrundlage (arab. schia »Partei«).

Schisma (gr.) Spaltung, Kirchenspaltung (sprich: S-chisma). Im Katholizismus eine Aufhebung der kirchlichen Gemeinschaft, ohne daß die Lehre der Kirche bestritten wird, wenn auch durch den Jurisdiktionsprimat des Papstes zwangsläufig jedes Schisma eine → Häresie bedeutet.

Schismatiker Verursacher einer Kirchenspaltung.

schizophren (gr.) bewußtseinsgespalten, an der → Schizophrenie erkrankt; umgangssprachlich auch: in sich widersprüchlich, zwiespältig, aus entgegengesetzten Überzeugungen lebend.

Schizophrenie (gr. schizein »spalten«, phrên »Seele, Bewußtsein, Gemüt«) Bewußtseinsspaltung; Bezeichnung für eine Gruppe verschiedener schwerer Erkrankungen mit grundlegenden Störungen des Denkens, der Wahrnehmung (z.T. wahnhaft), der Affekte und des Verhaltens.

Sch'ma Jisrael (hebr.) »Höre Israel!« Anfangsworte des jüdischen Hauptgebetes nach 5. Mose 6,4; es besteht aus den drei Bibelabschnitten 5. Mose 6,4-9; 5. Mose 11,13-21 und 4. Mose 15,37-41 und wurde häufig von jüdischen Märtyrern als Bekenntnis zum einen und einzigen Gott gebetet.

Schmalkaldische Artikel aufgrund der Mitte 1536 erfolgten Ausschreibung eines Konzils durch Papst Paul III. (das jedoch erst 1545 in Trient eröffnet wurde), beauftragte der sächsische Kurfürst Johann Friedrich den damals schwerkranken Luther mit der schriftlichen Abfassung eines protestantischen Bekenntnisses, das Luther am 3.1.1537 als klare Formulierung der lutherischen Lehre vorlegte und ein Jahr später mit neuer Vorrede und in verschärfter Fassung noch einmal veröffentlichte. 1580 wurden die Schmalkaldischen Artikel in das Konkordienbuch aufgenommen und damit als lutherische Bekenntnisschrift offiziell anerkannt.

Schöpfungsordnungen Bezeichnung für die allen Menschen vorgegebenen sozialen Gefüge (Ehe, Familie, Volk, Staat, Wirtschaft, Kultur), die als Mandate des Schöpfers aufgefaßt werden und die zu erhalten und zu gestalten deshalb Gottes Gebot ist.

Schola (lat.) Vereinigung von Lehrern und Schülern zur Pflege des Gregorianischen Chorals (→ Gregorianik).

Scholaren fahrende Schüler, Studenten (im Mittelalter).

Scholastik (gr.-lat.) »Schulwissenschaft«; Gesamtbezeichnung für die mittelalterliche abendländische Theologie vom 9. bis 14. Jh., die die antike Philosophie (Aristoteles) in die christliche Lehre einarbeitete und ihre Systeme im Spannungsfeld von Offenbarung und Vernunft erstellte. Hauptvertreter: Anselm von Canterbury (gest. 1109), Abälard (gest. 1142), Albertus Magnus (gest. 1280), Thomas von Aquino (gest. 1274), Duns Scotus (gest. 1308), Wilhelm von Ockham (gest. 1347).

Scholie, Scholion (gr.) gelehrte Anmerkung zu einem vorliegenden Text (der Antike).

Schriftgelehrte jüdische Lehrer der Heiligen Schrift, vor allem des Gesetzes, die übersetzten, auslegten, in Gleichnissen erklärten und Verhaltensvorschriften erläuterten.

Schriftprinzip bedeutet in evangelischer Sicht, daß die Heilige Schrift Alten und Neuen Testamentes als Quelle und Norm der Verkündigung, der Glaubenserfahrung und der Gotteserkenntnis zu gelten hat.

Schwärmer Menschen, deren Vorstellungswelt sich nicht mehr auf dem Boden der Tatsachen befindet. Abwertende Bezeichnung Luthers für eine Reihe von Persönlichkeiten und Bewegungen der Reformationszeit, die sich einerseits auf eine innere Erleuchtung durch den Heiligen Geist neben oder anstelle der Heiligen Schrift beriefen und andererseits das Kommen des Reiches Gottes auf Erden, das sie als Reich der sozialen Gerechtigkeit verstanden, beschleunigen wollten.

Scientology (gr.-lat.-engl. »Lehre vom Wissen«) von L. R. Hubbard 1954 gegründete Organisation zur Förderung der geistigen Gesundheit mittels sog. dianetischer (gr. dianeô »sich durcharbeiten«) Verfahren. Im als Computer vorgestellten menschlichen Gehirn seien Erlebnisse aus dem Mutterleib oder aus früheren Leben gespeichert, die nun Komplexe und Hemmungen verursachen, aber durch Dianetik gelöscht werden können. S. versteht sich selbst als Kirche in der Nachfolge der → Gnosis und als Fortsetzung des Werkes Buddhas. Kritiker halten sie jedoch in erster Linie für ein Geschäftsunternehmen, das gegen hohe Bezahlung Techniken und Kurse zur Selbstbefreiung anbietet, seine Anhänger aber psychisch abhängig macht.

scil. Abkürzung für lat. scilicet »nämlich, natürlich«.

scriptura sacra sui ipsius interpres (lat.) die heilige Schrift ist ihr eigener Ausleger.

S.D.G. Abkürzung für (lat.) Soli Deo Gloria »Allein Gott die Ehre«.

securitas (lat.) Sicherheit (gewöhnlich im Unterschied zu → certitudo im Sinne einer falschen Sicherheit gebraucht, die auf Absicherung, nicht auf Vertrauen zu Gott beruht).

Sedisvakanz (lat.) Zeit der Nichtbesetzung des päpstlichen (bischöflichen) Stuhls, auch allgemein eines Amtes.

Seelenwanderung in zahlreichen Religionen und Philosophien vorhandener Glaube, daß die Seele nach dem Tode sich vom Leib trenne und in ein anderes Wesen (Mensch, Tier, Pflanze, evtl. auch Gegenstand) übergehe, von dort in ein nächstes usw. Diese Anschauung ist oftmals mit dem Gedanken der Läuterung und sittlichen Vergeltung verbunden, d.h. die neue Einkörperung der Seele hängt von der dem Tode vorausgegangenen Lebensgestaltung, dem mehr oder weniger erfolgreichen Kampf gegen Begierden und Leidenschaften ab. Das Christentum verwirft jegliche Form der Seelenwanderungslehre.

Seelsorge Bezeichnung für den weiten Bereich kirchlicher Bemühungen um den ganzen Menschen, nicht nur um seine Seele.

Sekte (lat. sequi »folgen«) Richtung, Partei, Gefolgschaft; speziell: Splittergruppe mit Sonderlehren (vgl. Apg. 24, 5.14). Nach der Definition der Arbeitsgemeinschaft Christlicher Kirchen in Deutschland ist eine christliche Gemeinschaft dann als S. zu betrachten, wenn sie neben die Bibel weitere gleichwertige Offenbarungsquellen stellt, anstelle oder neben Christus andere Heilswege oder Heilsvermittler verkündet und sich strikt von anderen christlichen Gemeinschaften trennt, weil sie sich selbst für alleinseligmachend hält.

Sektenregel, Sektenkanon oder **Gemeinderegel** eine Schriftrolle aus der Höhle 1 von Qumran, die die Ordensregel der Essener enthält und um 100 v.Chr. entstanden sein dürfte (abgekürzt: 1QS).

Sekurität (lat.) Sicherheit, Sorglosigkeit (oft im Gg zu »Gewißheit« verwandt).

Sela (hebr.) musikalisches Zeichen, das sich oft in den Psalmen findet, gewöhnlich am Ende eines Sinnabschnitts. Die sprachliche Herkunft ist unbekannt.

Selektion (lat.) Auslese, Zuchtwahl; die Erhaltung der begünstigten Organismen, während die schwächeren zugrundegehen.

Seleukiden Herrschergeschlecht, das sich nach dem Tode Alexanders des Großen in Syrien durchsetzte und von 312–64 v.Chr. die Gewalt innehatte.

Seligpreisung Form der religiösen Rede, bei der ein Mensch zu einem bestimmten Verhalten oder Widerfahrnis (5. Mose 33,29; Psalm 1,1f; Psalm 119,1f; Matth. 5,3-11; Luk. 11,27f; Jak. 1,12) beglückwünscht wird (Gg: Weheruf).

Seligsprechung, auch **Beatifikation** nach erfolgter Prüfung des besonders ausgezeichneten Lebenswandels einer Person vom Papst abgegebene feierliche Erklärung, daß ein verstorbenes Kirchenmitglied von Gott in die Schar der Seligen (»Beati«) aufgenommen worden ist. Im Gegensatz zur Heiligsprechung, die die Verehrung der Gesamtkirche zur Folge hat, ist die mit der Seligsprechung verbundene Verehrung auf einen bestimmten Bereich beschränkt.

Semantik (gr.) Theorie von der Bedeutung sprachlicher Ausdrücke.

Seminar (lat.) Bildungsanstalt für Geistliche, Lehrer und Studierende anderer Fachrichtungen. Mit Fachbüchern ausgestattete wissenschaftliche Einrichtung an Hochschulen. Neuere Form der kirchlichen Gemeindearbeit für Jugendliche und Erwachsene.

Semipelagianismus (lat.) »Halb-Pelagianismus«, eine im 5. Jh. n.Chr. vor allem in Frankreich aufgekommene Lehre, die zwar gegen den → Pelagianismus die Erbsünde lehrte, aber gegen den → Augustinismus mit Pelagius die Freiheit der Glaubensentscheidung und die Möglichkeit des Heils für alle Menschen festhielt. Da der S. auf ein Zusammenwirken zwischen Mensch und Gott in der Schaffung des Heils hinauslief, wurde er auf dem Konzil von Orange 529 n.Chr. verurteilt.

Semiten aufgrund der Völkertafel von 1. Mose 10 Ende des 18. Jh.s von A. L. Schlözer geprägter Begriff für die – allerdings nur zum Teil auf Sem zurückzuführende – in der Südwestecke Asiens wohnende Sprachgemeinschaft (nicht Rasse!), die überwiegend als Nomaden bzw. Beduinen lebte und sich in verschiedenen, geschichtlich nachweisbaren Wanderungswellen vor allem auf die Nachbarländer Arabiens ausdehnte.

Semitismen vom Semitischen beeinflußte Sprachbildungen im Griechischen.

semper virgo (lat.) »allezeit Jungfrau«. Die katholische Lehre, daß Maria nicht nur bei der Empfängnis Jesu Jungfrau war, sondern es auch während und nach seiner Geburt, also ihr ganzes Leben lang blieb.

Sensualismus (lat. sensus »Sinn«) Anschauung, die alle Erkenntnis nur auf Sinneseindrücke zurückführen will.

sensus communis (lat.) gesunder Menschenverstand.

sensus literalis (lat.) buchstäblicher Sinn (eines Schriftwortes).

sensus spiritualis (lat.) der vom Heiligen Geist gemeinte Sinn.

Sentenz (lat.) Ausspruch, Denkspruch; in der Scholastik waren »Sentenzenbücher« Gesamtdarstellungen der Theologie.

Separation (lat.) Abspaltung, Trennung.

Sephardịm (hebr.-span.) die Juden der Mittelmeerländer, vor allem in Spanien (Gg: → Aschkenasim).

Septuagesimae (lat.) »siebzigster« Tag vor Ostern; Bezeichnung des 9. Sonntags vor Ostern.

Septuaginta (lat. »siebzig«) Bezeichnung der ältesten griechischen Übersetzung des Alten Testaments, die nach ungesichertem Bericht um 250 v.Chr. in Alexandria auf Veranlassung des ägyptischen Königs Ptolemäus II. von 72 Juden in 72 Tagen angefertigt sein soll (abgekürzt: LXX).

Sequenz (lat.) Tonfolge, Kirchengesang mit hymnenartigem lat. Text, etwa seit 850 n.Chr.

Sequestration (lat.) gerichtlich angeordnete Übergabe einer Sache an einen Treuhänder; Zwangsverwaltung eines Staates oder Staatsteiles, dessen Regierung abgesetzt ist.

Seraphịm (hebr.-gr.) Lichtengel, Engelgestalten des Alten Testaments mit 6 Flügeln (Jes. 6,2).

Sermon (lat.) Predigt, Strafpredigt; oft abwertend: Redeschwall, lange Rede.

servum arbitrium (lat.) der geknechtete, unfreie Wille (Gg: → liberum arbitrium).

servus servorum Dei (lat.) »Knecht der Knechte Gottes«; eine Selbstbezeichnung des Papstes bei besonderen Anlässen (in Urkunden).

Sexagesimae (lat.) »sechzigster« Tag; Bezeichnung des 8. Sonntags vor Ostern.

Sext (lat.) das Stundengebet zum Mittag (6. Stunde).

Sexualethik Bezeichnung für denjenigen Bereich der christlichen Ethik, der sich mit dem Verhalten des Menschen als einem geschlechtlichen Wesen befaßt.

Sexualpädagogik Lehre von der geschlechtlichen Erziehung der Kinder und Jugendlichen.

Sexus, sexuell (lat.) Geschlecht, Geschlechtlichkeit.

Shintoismus (japan.) »Weg der Götter«; alte japanische Volksreligion, die Natur- und Ahnenkult samt

Helden-und Kaiserverehrung umschließt.

Sibyllinen, auch **Oracula Sibyllina** eine apokryphe Sammlung von 14 Büchern jüdischer und christlicher Herkunft, in Schichten gewachsen vom 2. Jh. v.Chr. bis 4. Jh. n.Chr. Sie ahmen die heidnischen Sibyllinischen Bücher nach, in Rom aufbewahrte und angeblich auf die Sibylle (weissagende, meist Unheil verkündende Frau) von Cumae zurückgehende Wahrsagebücher.

sic (lat.) »so«, genau so, richtig, wörtlich zitiert.

sic et non (lat.) »so und nicht so«, ja und nein, für und wider; Bezeichnung für die von Abälard eingeführte scholastische Methode, vor der Beantwortung einer Frage die sich widersprechenden Autoritäten einander gegenüberzustellen.

sigillum confessionis (lat.) Beichtsiegel; Verpflichtung des Beichtvaters zur unbedingten Verschwiegenheit.

signatio crucis, auch **obsignatio crucis** (lat.) »Zeichnung mit dem Kreuz« (z.B. bei der Taufe); Bekreuzigung.

signifikativ (lat.) bezeichnend; bedeutungsunterscheidend.

signum (lat.) Zeichen, verkürzte Unterschrift.

Sigrist, auch **Siegrist** (lat.) Küster, Mesner, Kirchendiener (vgl. → Sakristan).

Sikarier (lat. sica »Dolch«) radikale Gruppe im Frühjudentum, deren Glieder Römer und Römerfreunde heimtückisch niederstachen.

silent meeting → meeting

silentium (lat.) Schweigen.

Silvester, auch **Sylvester** nach Papst Silvester I. (gestorben 335 n.Chr.) genannter letzter Tag des Kalenderjahres.

Simonie Kauf oder Verkauf geistlicher Ämter (nach Apg. 8,9-20); Vergeben kirchlicher Stellen für Geld.

simplicitas (lat.) Einfalt, Einfachheit.

Simplifikation Vereinfachung (meist im Sinn der unzulässigen Vereinfachung).

simul justus et peccator (lat.) »zugleich gerecht und Sünder«; eine lutherische Formel, die in paradoxer Weise die Existenz des Christen beschreibt, der im Glauben weiß, daß Gottes Gnade ihn gerecht gemacht hat, sich selbst aber immer wieder als Sünder erlebt.

simultạn (lat.) gemeinsam, gleichzeitig.

Simultanẹum gemeinsames Nutzungsrecht verschiedener Konfessionen an kirchlichen Einrichtungen (z.B. Friedhöfe, Kirchen).

Simultankirche eine Kirche, die gemeinsam von mehreren Konfessionen benutzt wird.

Simultanschule gemeinsame Schule für Kinder unterschiedlichen Bekenntnisses, in der nur der Religionsunterricht konfessionell getrennt gehalten wird; auch Gemeinschaftsschule genannt (Gg: → Konfessionsschule).

Sinaịticus wichtige neutestamentliche → Majuskel aus dem 4. Jh., von Constantin Tischendorf 1859 im St. Katharina-Kloster am Sinai entdeckt.

sine ira et studio (lat.) »ohne Zorn und Eifer«; unparteiisch, unvoreingenommen, sachlich.

Situationsethik eine Ethik, die die Situation, die augenblickliche innere und äußere Lage des Handelnden mit ihrer Einzigartigkeit und Unwiederholbarkeit als den entscheidenden Maßstab ansieht, dem gegenüber allgemeine Normen und jederzeit gültige Vorschriften zurücktreten müssen.

sit venia verbo (lat.) man verzeihe den Ausdruck!

Sitz im Leben von Hermann Gunkel 1906 eingeführter Begriff zur Bezeichnung der gemeindlichen oder liturgischen Situation, in die eine bestimmte Sprachform oder Textgattung hineingehört (z.B. Hymnen in den Gottesdienst, Gleichnisse in Predigt und Lehre, Weisheitssprüche in den Unterricht).

Sixtina Name der päpstlichen Hauskapelle (»Sixtinische Kapelle«) im Vatikan, 1473–81 von Papst Sixtus IV. erbaut, mit wertvollen Fresken (u.a. von Michelangelo) ausgestattet.

S.J. Abkürzung für Societas Jesu = Jesuitenorden.

skạndalon (gr.) Ärgernis, Glaubensanstoß.

Skapulier (lat.) »Schulterkleid«; Überwurf über Brust und Rücken in der Tracht einiger Mönchsorden.

Skarabäus (gr.-lat.) Mistkäfer; altägyptischer Siegelstein, der viel als Amulett gebraucht wurde (Mistkäfer als Symbol des Sonnengottes).

Skeptizismus (gr.) eine Richtung, die den Zweifel zum Denkprinzip macht und die Möglichkeit einer echten Wahrheitserkenntnis bestreitet. Der »methodische Skeptizismus« will demgegenüber nur in kritischer Besinnung die für alles Denken und Handeln notwendigen Grundvoraussetzungen erarbeiten.

Skopus (gr.-lat.) »Spitze«; Zielpunkt eines Predigttextes, den der Prediger bei seiner Auslegung im Auge behalten muß.

Skrutinien (lat. scrutinium »Prüfung«) in der Alten Kirche die Prüfung der Taufbewerber vor der Taufe; später die Prüfung des Priesteramtskandidaten zur Feststellung seiner Eignung und Würdigkeit. Bezeichnet in der römisch-katholischen Kirche auch die Abstimmung oder Wahl durch geheime Stimmabgabe.

Skrupel, skrupulös (lat.) Zweifel, Bedenken, die aus Überängstlichkeit erwachsen.

Social gospel (engl.) »Soziales Evangelium«; eine im angelsächsischen Christentum um die Wende zum 20. Jh. verbreitete Anschauung, die Jesus als Sozialreformer zum unmittelbaren Vorbild für das christliche Leben nahm und die Ansicht vertrat, daß der einzelne Mensch nicht erlöst werden könne, wenn die Gesellschaft unerlöst sei. Der sie prägende Humanismus scheiterte sowohl am biblischen Sündenbegriff als auch an den geschichtlichen Erfahrungen (Weltkriege).

Societas Jesu (lat.) »Gesellschaft Jesu« = der Orden der Jesuiten.

Sodomie Unzucht mit Tieren (nach der biblischen Stadt Sodom).

Sokratik die auf Sokrates (469-399 v.Chr.) zurückgehende Art des Philosophierens, die auf der Überzeugung beruht: Wenn die Menschen nach etwas gefragt werden, und es fragt sie einer auf die rechte Weise, dann sagen sie von selbst, wie es sich verhält. – Sokrates ließ also seine Gesprächspartner philosophische Gedanken selbst finden, entdecken, entwickeln (vgl. → Mäeutik).

sola fide (lat.) allein durch den Glauben (und nicht auch durch Werke werden wir gerettet).

sola gratia (lat.) allein aus Gnaden (und nicht auch durch Verdienste werden wir gerettet).

sola scriptura (lat.) allein die Schrift (und nicht auch die kirchliche Überlieferung ist für den Glauben maßgeblich).

Solida Declaratio (lat.) »wahrhafte Erklärung«; Name des zweiten Teils der Konkordienformel von 1577, in dem zu entstandenen strittigen Problemen vom lutherischen Standpunkt aus Stellung genommen wird.

Solidarismus Richtung der katholischen Sozialwissenschaft, die das Gesamtwohl zu fördern sucht, indem sie den rechten Ausgleich zwischen dem einzelnen und der Gemeinschaft in einem heilen sozialen Organismus erstrebt.

Solidarität (lat.) Zugehörigkeitssinn, Zusammengehörigkeitsgefühl und die praktischen Konsequenzen daraus.

Soli Deo Gloria (lat.) »Gott allein sei Ehre« (abgekürzt: S.D.G.).

Sol invictus (lat.) der unbesiegte Sonnengott; sein Fest ist die Wintersonnenwende, kirchlich ersetzt durch Weihnachten.

Solipsismus (lat. solus ipse »ich selbst allein«) philosophische Ansicht, daß es über das eigene Bewußtsein und seine Inhalte hinaus keine selbständige Wirklichkeit gibt, alles andere nur in der Vorstellung des Ich vorhanden ist.

solus Christus (lat.) allein Christus (vor allem gegen die »Mitarbeit« der Heiligen bei der Versöhnung des Menschen mit Gott gerichtete Aussage).

soma (gr.) Körper, Leib.

Somatiker → Sarkiker.

sophia (gr.) Weisheit, in der ostkirchlichen Theologie und Philosophie meist die schöpferische Weisheit Gottes.

Sophismus (gr.) »das listig Ersonnene«; Trugschluß, Scheinbeweis.

Sophistik eine aufklärerische Epoche der griechischen Philosophie, deren bedeutendste Köpfe (meistens Wanderlehrer) zwar viel für die formale Bildung des Volkes taten, durch ihre Wortverdrehungskunst und ihre Spitzfindigkeiten aber → Relativismus und → Skeptizismus förderten.

Sophrosyne (gr.-lat.) die antike Tugend der Selbstbeherrschung, Mässigung, Besonnenheit.

Soteriologie (gr.) Lehre vom Erlösungswerk Jesu Christi und dessen Bedeutung für die Welt.

Sozialethik (lat.) dasjenige Gebiet der christlichen Ethik, das sich mit dem rechten Verhalten im Zusammenleben der Menschen beschäftigt; Gg: → Individualethik.

Sozianismus die vom Italiener Fausto Sozzini (gest. 1605) geführte antitrinitarische Bewegung, die in Polen begann, dort eine eigene Kirche bildete, seit 1658 reichsgesetzlich verfolgt wurde und sich daraufhin nach Holland, England und Nordamerika ausbreitete; ein Vorläufer der Aufklärung.

Spätjudentum das nach-alttestamentliche Judentum von der mazedonischen Herrschaft über Palästina (seit 332 v.Chr.) bis zum Beginn der talmudischen Periode (ca. 70 n.Chr.). Da dieser Begriff den falschen Eindruck erweckt, als sei die wesentliche Geschichte des Judentums mit der Entstehung des Christentums zu Ende gegangen, hat man ihn heute weitgehend durch »Frühjudentum« oder »antikes Judentum« ersetzt.

species (lat.) der dem Begriff der Gattung untergeordnete Begriff; speziell: die nach römisch-katholischer Lehre bei der Transsubstantiation erhalten bleibende Erscheinung von Brot und Wein im Gg zur Substanz, die zu bestehen aufhört.

sub specie aeternitatis (lat.) unter dem Blickpunkt der Ewigkeit.

sub utraque specie (Empfang des Abendmahls) unter beiderlei Gestalt.

Spektabilität (lat.) »Ansehnlichkeit«; an Universitäten Anrede des Dekans: Eure Spektabilität!

Spekulation (lat. speculari »umherschauen«) das gedankliche Fortschreiten an Hand logischer Gesetze, z.T. über jede mögliche Erfahrung hinaus, was dem Wort einen abwertenden Sinn eingetragen hat. Speziell: die indirekte, »spiegelhafte« (speculum »Spiegel«) Erkenntnis Gottes aus seinen Werken (nach 1. Kor. 13,12 und Röm. 1,20).

Spiritismus (lat. spiritus »Geist«) Geisterglaube. Die biblisch verworfene Bemühung um einen Verkehr mit den abgeschiedenen Seelen, vermittelt durch dafür besonders veranlagte Menschen (Medien).

Spiritualisierung Vergeistigung.

Spiritualismus in der Philosophie die Anerkennung der Wirklichkeit und Wirksamkeit des Geistes ganz allgemein (im Gg zum → Materialismus). Außerdem eine Strömung in der Geschichte des christlichen Denkens, die den Heiligen Geist in Abwertung des Wortes der Bibel betont, die allegorische Schriftdeutung bevorzugt, das Leibhafte geringschätzt und den festen Formen des kirchlichen Lebens ablehnend gegenübersteht. Hauptvertreter: Joachim von Fiore, Meister Eckhart, Tauler, Thomas Münzer, Schwenckfeld, Valentin Weigel, Jakob Böhme, die Quäker.

Spiritualität (lat. spiritus sanctus »Heiliger Geist«) Sammelbegriff für alle Ausdrucksformen, in denen die Gabe des Heiligen Geistes im Leben von Christen Gestalt gewinnt, z.B. im Gebet, im Gottesdienst, in der → Meditation der Heiligen Schrift, im Dienst für andere; wird oft im gleichen Sinn wie Frömmigkeit gebraucht.

Spiritualpräsenz (lat.) von Johannes Calvin begründete evangelisch-reformierte Auffassung von der Gegenwart (Präsenz) Jesu Christi im Abendmahl der Gemeinde: Christus sitzt seit seiner Himmelfahrt zur Rechten Gottes und ist darum von seiner Gemeinde leiblich getrennt; durch den Heiligen Geist (lat. spiritus sanctus) wird er aber den Glaubenden gegenwärtig und macht die Abendmahlselemente zu sichtbaren Wahrzeichen und Unterpfändern seiner Anwesenheit. Die Präsenz von Leib und Blut Christi im Abendmahl wird hier nicht als leibhaft, sondern als geisthaft gedacht (Gg: → Realpräsenz, → Personalpräsenz).

Spirituals geistliche Lieder der Schwarzen in den USA.

spirituell geistig, geistlich (im Katholizismus bevorzugt).

spiritus rector (lat.) treibender Geist, führende Gestalt, Anstifter.

spiritus sanctus (lat.) der Heilige Geist.

Spontanheilung Heilung einer körperlichen oder seelischen Krankheit ohne therapeutische Einflußnahme, rein von innen heraus, aufgrund der menschlichen Selbstheilungskräfte.

sporadisch (gr.-lat.) vereinzelt, verstreut, gelegentlich.

Sprechakttheorie von J. L. Austin und J. R. Seale entwickelte philosophische Theorie, die den Umstand untersucht, daß Sprache nicht nur der reinen Informationsvermittlung dient, sondern auch zum Erreichen ganz anderer Ziele verwendet wird. Man unterscheidet mindestens drei Handlungskomponenten, die mit dem Sprechakt verbunden sind: die Produktion der Äußerung (lokutiver Akt), das Vollziehen einer

Handlung mit Hilfe der Äußerung (→ illokutiver Akt) und das Erzielen einer Wirkung beim Hörer (→ perlokutiver Akt).

Sprengel räumlich abgegrenzter kirchlicher Amts- oder Verwaltungsbereich; auch für organisatorische Aufteilung innerhalb des Gebietes einer einzelnen Gemeinde gebraucht (z.B. Sprengelhilfe).

Stabat mater (lat.) Passionsgesang der katholischen Kirche aus dem 13. Jh.: »Es stand die Mutter tränenvoll unter dem Kreuz.«

Stadtmission Zweig der Inneren Mission, der sich vor allem um den kirchlichen Dienst unter der städtischen Bevölkerung bemüht. Durch Angebote an alle Menschen (z.B. Straßenpredigt, Verteilung von Schriften und Flugblättern) sowie an besondere Zielgruppen (Beratungsdienste für Familien- und Erziehungsprobleme, Drogenabhängige, Alkoholkranke und ihre Angehörigen, Mitternachtsmission u.ä.) wirkt die S. diakonisch und missionarisch.

Starez (russ.) »Der Alte«, »ehrwürdiger Greis«; in der Ostkirche Mönch der strengsten asketischen Stufe, vom Volk oft als geistlicher Führer verehrt (Mehrzahl: Starzen).

Starowerzen (russ.) »Altgläubige«; in der russischen Kirche die wichtigste Gruppe der → Raskolniki (17. Jh.).

statisch (gr.-lat.) stillstehend, ruhend (Gg: → dynamisch).

status (lat.) Stand, Zustand.

status exaltationis Stand der Erhöhung (Jesu Christi nach seiner Entäußerung gemäß Phil 2,9).

status exinanitionis Stand der Entäußerung (Jesu Christi aufgrund seiner → Inkarnation gemäß Phil 2,6-8).

status confessionis ein Zustand oder Fall, der das Bekennen zur Pflicht macht.

status corruptionis Zustand der Verdorbenheit (nach dem Sündenfall).

status integritatis Zustand der Unversehrtheit (Urstand).

status intermedius »Zwischenzustand«; Zeitraum zwischen dem leiblichen Tod des Menschen und der Totenauferweckung am Jüngsten Tag.

status nascendi Zustand des Entstehens, des Werdens.

status quo gegenwärtiger Zustand.

statutarisch (lat.) auf Statut oder eigenmächtiger Satzung beruhend.

Stele (gr.) aufragender Gedenkstein, auch Grabmonument mit dem Bildnis des Toten.

Stichomantie (gr.) »Zeilenwahrsagung«; Wahrsagung aus einer zufällig (durch Messer oder Nadel) aufgeschlagenen Bibelstelle.

Stift Bezeichnung für eine kirchliche Anstalt, die mit Vermächtnissen und besonderen Rechten ausgestattet ist.

stigma (gr.) Stichmal, Brandmal; speziell: die Wund- und Leidensmale Christi (Mehrzahl: stigmata).

stigmatisierte Menschen, die die Wundmale des Gekreuzigten an ihrem Leibe tragen (Franz von Assisi, Therese von Konnersreuth u.v.a.).

Stipendium (lat.) Stiftung zugunsten eines Studenten oder eines jungen Wissenschaftlers.

Stoa, stoisch eine um 300 v.Chr. von Zeno von Kition begründete Philosophenschule (benannt nach der stoa poikile, einer mit Bildern geschmückten Säulenhalle im antiken Athen) mit dem Ideal des Weisen, der der Natur gemäß und affektfrei (also gleichmütig) unter Betonung der Vernunft und der → Ataraxie lebt und allein in der Tugend den Quell der Glückseligkeit findet.

stoicheion (gr.) Grundbestandteil, Element, Buchstabe.

Stoiker Vertreter der → Stoa bzw. des → Stoizismus.

Stoizismus stoische Philosophie (vgl. → Stoa).

Stola (lat.) ein langer, oft verzierter Stoffstreifen in liturgischen Farben als Teil der Gottesdienstgewandung. Über die Schultern getragen symbolisiert die Stola das Joch Christi (Matth. 11,29f).

Stolgebühren die bei Amtshandlungen der Geistlichen (vgl. → Stola) von der Kirche erhobenen Gebühren.

Stundengebet die in der Benediktinerregel festgesetzten, vom gesamten römisch-katholischen Klerus einzuhaltenden Gebetszeiten (Breviergebet); bei Sonnenaufgang: Laudes = Lobgesänge; ab 6 Uhr morgens: Prim = Tagesanfang; 9 Uhr: Terz (Gedächtnis des Pfingstwunders, Apg. 2,15); 12 Uhr: Sext (Mittagsgebet, Apg. 10,9); 15 Uhr: Non (Gedächtnis des Todes Jesu und des eigenen Todes, Mark. 15,34; Apg. 3,1); bei Sonnenuntergang: Vesper = Abendgebet; vor dem Schlafengehen: Complet = Vollendung; um Mitternacht: Vigilia = Nachtwache, heute meist mit den Laudes zusammengelegt und dann Matutin oder Mette = Morgengebet genannt. Im Stundengebet greifen natürlicher Tagesrhythmus und heilsgeschichtliche Vergegenwärtigung ineinander (vgl. → Hore).

Stundismus die um 1865 in Südrussland aufgebrochene evangelische Bewegung, angeregt durch pietistische »Stunden« deutscher Siedler.

Stuttgarter Erklärung die bei der zweiten Sitzung des in Treysa gewählten Rates der Evangelischen Kirche in Deutschland am 18./19. Oktober 1945 in Stuttgart vor Vertretern der Ökumene abgegebene Erklärung, in der der Rat die Schuld der evangelischen Christenheit

Deutschlands im Blick auf die Zeit des Dritten Reiches bekannte. U.a. heißt es darin: »Wir klagen uns an, daß wir nicht mutiger bekannt, nicht treuer gebetet, nicht fröhlicher geglaubt und nicht brennender geliebt haben«.

Stylit (gr.) Säulenheiliger; im frühen Christentum Mönche, die Jahre oder ihr ganzes Leben auf einer Säule verbrachten.

Subjekt (lat.) »das darunter Liegende«; grammatikalisch: der Satzgegenstand; philosophisch: das denkende und erkennende, wahrnehmende und wollende Ich (Gegensatz: Objekt = der Gegenstand, der vom Subjekt erkannt wird); musikalisch: das Thema einer Fuge; negativ: ein verkommener Mensch.

Subjektivismus als Erkenntnislehre die Anschauung, daß alles Erkennen nicht vom Wesen der Dinge, sondern lediglich vom Subjekt bedingt ist, wobei »der Mensch das Maß aller Dinge« ist (Protagoras). Bereits Plato zeigt, daß der konsequente Subjektivismus zum Nihilismus führt, und auch nach Kant kann er überhaupt nicht als »eine ernstliche Meinung angesehen werden«. Als Sittenlehre leugnet der Subjektivismus alle allgemeingültigen sittlichen Werte und betont die freien Entscheidungen des Individuums.

sublim (lat.) ins Erhabene gesteigert; nur einem sehr feinen Verständnis zugänglich.

Sublimierung (lat. sublimare »emporheben«) in der Psychoanalyse die Umsetzung des verdrängten Geschlechtstriebs in kulturelle Leistungen. Auch allgemeiner: Verfeinerung, Vergeistigung.

Submersionstaufe (lat.) Taufe durch völliges Untertauchen, auch »Immersionstaufe« genannt; anders die → Infusionstaufe.

Subordinatianismus (lat.) »Unterordnung«; die in der frühen Trinitätslehre auftauchende Auffassung, daß der präexistente Gottessohn dem Vater untergeordnet, also nicht Gott im vollen Sinne ist, sondern eine niedrigere Verwirklichung des Göttlichen.

subsidiär (lat.) zur Aushilfe dienend, unterstützend.

Subsidiarität (lat. subsidium »Hilfe«) eine Forderung vor allem der katholischen Soziallehre, die sich gegen den Zentralismus richtet und dem Staat nur die helfende Ergänzung der Selbstverantwortung kleiner Gemeinschaften (Familie, Gemeinde) zugesteht, wobei er den einzelnen alles das zur selbstverantwortlichen Erledigung überlassen soll, wozu sie aus eigener Kraft fähig sind (= Subsidiaritätsprinzip).

subsistent (lat.) durch sich selbst bestehend.

Subsistenz (lat.) in der Philosophie das Substanzsein, das Bestehen durch sich selbst, der Selb-stand. Das subsistierende Sein ist jenes

Sein, das absolut und ohne Beziehung auf eine von ihm verschiedene Wesenheit (also jenseits aller kategorialen Bestimmungen) existiert.

Substanz (lat. substantia »Bestand«, eigentlich »das Darunterstehen«) Grundstoff, Urgrund, Wesen, Gehalt; spezieller: der beharrende Träger wechselnder Eigenschaften (Gg: → Attribut).

Substitut (lat.) Stellvertreter, Ersatzmann.

successio apostolica (lat.) »apostolische Nachfolgerschaft«; nach katholischem und anglikanischem Verständnis die Weihe durch rechtmäßig geweihte und so ohne Unterbrechung auf die Apostel zurückführbare Bischöfe.

Sünde selbstherrliche Auflehnung des Menschen gegen Gott (1. Mose 3,5: eritis sicut Deus »ihr werdet sein wie Gott«) und gegen den in seinem Wort kundgegebenen Willen; Übertretung der Gebote durch »Tatsünden«; »Absonderung« von Gott, da Sünde die unmittelbare Gemeinschaft mit Gott zerstört (vgl. 1. Mose 3,23f).

Suffizienz der Schrift (lat.) Hinlänglichkeit, völliges Ausreichen der Heiligen Schrift im Blick auf die heilsnotwendigen Erkenntnisse.

Suffragan (lat.) einem Erzbischof unterstellter Diözesanbischof.

Suizid (lat.) Selbstmord.

Sukkot (hebr.) »Hütten«; das jüdische Laubhüttenfest vom 15. bis 22. Tischri (Sept./Okt.).

Sukzession (lat.) Nachfolge.

Summa (lat.) seit dem 13. Jh. Bezeichnung für eine zusammenfassende Darstellung des gesamten theologisch-philosophischen Wissensstoffes.

summa cum laude (lat.) mit höchstem Lob (beste Note bei Doktorprüfungen).

Summepiskopat (lat. summus episcopus »oberster Bischof«) auf die Reformationszeit zurückgehende, in den evangelischen Landeskirchen bis 1918 praktizierte Regelung, daß der Landesherr zugleich der oberste Bischof der Landeskirche ist.

summum bonum (lat.) das höchste Gut (= Gott).

summum ens (lat.) das höchste Wesen.

summus episcopus (lat.) der Landesherr als »oberster Bischof« = Oberhaupt der ev. Landeskirche (bis 1918). Davon: Summepiskopat.

Sunna die islamische Überlieferung vom Propheten Mohammed, seinem Tun, seinem Sprechen und seinem unausgesprochenen Gutheißen. Durch sie wird jeder Moslem zur Nachahmung Mohammeds aufgefordert. Neben dem Koran ist die S. die zweite Hauptquelle der → Scharia.

Sunniten (arab.) orthodox-islamische Glaubensrichtung, im Gg zu den → Schiiten

superbia (lat.) Hochmut, falsches Selbstbewußtsein.

Superintendent (lat.) Vorsteher eines Kirchenkreises oder eine Kreissynode in der evangelischen Kirche (= Dekan).

Superior (lat.) Oberer in einem Kloster.

superstitiös (lat.) abergläubisch.

Supervision (engl. »Aufsicht, Kontrolle, Inspektion«) die fachliche Begleitung von Menschen vor allem in helfenden Berufen (Psychotherapeuten, Sozialarbeiter, Seelsorger, Ärzte, Krankenschwestern, Lehrer, Kindergärtnerinnen) beim Bedenken berufstypischer Fragen einschließlich der Organisation des Arbeitsfeldes. Es gibt sie in den Formen Einzel-, Gruppen- und Team-Supervision sowie als verpflichtende Ausbildungs-Supervision speziell in der Psychotherapieausbildung. Bei der sog. Fall-Supervison wird anhand schriftlicher Notizen oder einer Ton- bzw. Bildaufzeichnung eine konkrete Situation durchgesprochen. Supervision ist in vielen sozialen Einrichtungen selbstverständlich, für bestimmte Berufsgruppen (Psychotherapeuten) sogar verpflichtend. Sie dient nicht nur der Erweiterung der beruflichen Befähigung und der Einsicht in die eigene gefühlsmäßige Beteiligung an den Vorgängen, sondern beugt auch dem → Burnout-Syndrom vor.

supplementum (lat.) Ergänzung, Nachtrag.

Supralapsarismus (lat.) Richtung in der reformierten Theologie, nach der die göttliche Prädestination zum Heil oder Unheil vor dem Sündenfall erfolgte (Gg: → Infralapsarismus).

supralapsarisch vor dem Sündenfall liegend.

Supranaturalismus (lat.) theologische Haltung, die ein über die irdische Wirklichkeit hinausreichendes, höheres Sein annimmt und an eine übernatürliche Offenbarung glaubt, speziell jene theologische Richtung, die um 1800 gegen den Rationalismus die über aller Vernunft stehende Offenbarung Gottes betonte (Gg: → Rationalismus).

Supremạt (lat.) Vorzugsstellung (besonders: des Papstes unter den Bischöfen).

Sure (arab.) Kapitel des Korans.

sursum corda (lat.) empor die Herzen! (Ruf zu Beginn der → Präfation bei der Abendmahlsfeier).

suspekt (lat.) verdächtig.

suspendieren auf Zeit aus dem Dienst entlassen bzw. des Amtes entheben; auch: aufschieben.

Suspension (lat.) einstweilige Dienstentlassung, Aufschub.

Swami (sanskrit) Herr (Titel der hinduistischen Mönche).

Syllabus (gr.-lat.) »Zusammenfassung«; Verzeichnis der von Papst Pius IX. 1864 verurteilten Lehren. Gelegentlich wird auch das 1907 gegen den Modernismus gerichtete Dekret »Lamentabili sane exitu« des → Sanctum Officiums so bezeichnet.

Syllogismus (gr.) »Zusammenrechnung«; logische Schlußfolgerung.

syllogismus practicus (gr.-lat.) »aus der Praxis (dem Handeln) gezogene Schlußfolgerung«; die von den Reformatoren gelehrte Möglichkeit, sich seines Glaubens und seiner Erwählung dadurch zu vergewissern, daß man gute Werke tut. Damit ist keine Rechtfertigung des Menschen vor Gott durch gute Werke gemeint, sondern eine Bekräftigung dessen, daß die Rechtfertigung allein aus Gnaden zugleich den Anfang eines neuen Lebens bildet. Gute Werke schaffen keinen guten Menschen, aber ein (durch seinen Glauben) guter Mensch tut gute Werke. Aus dem Tatbestand der guten Werke läßt sich demnach in gewisser Weise schließen, daß man im Glauben steht, bzw. erwählt ist.

Symbol (gr. symballein »zusammenwerfen, zusammenbringen«) Kennzeichen, Wahrzeichen, Sinnbild. Dem Wortsinn nach ein Erkennungszeichen, bei dem das abgebrochene Stück einer Sache (z.B. einer Tonscherbe, eines Ringes) an seinem Bruchrand sich mit dem anderen Stück genau zusammenfügen läßt; ein Gebilde, dem von einer bestimmten Gruppe von Menschen ein besonderer Sinn verliehen worden ist (manchmal mit dem Charakter des Geheimzeichens); in der christlichen Theologie vor allem Bezeichnung eines Tauf- oder Glaubensbekenntnisses, auch einer Bekenntnisschrift.

Symbolik Wissenschaft von den religiösen Sinnbildern. Vergleichende Darstellung der christlichen Konfessionen auf Grund ihrer Lehren (Konfessionskunde).

Symbolische Bücher die Sammlung der anerkannten Bekenntnisschriften einer Kirche.

Symbolofideismus (gr.-lat.) von der protestantischen »Pariser Schule« am Ende des 19. Jh.s vertretene Theologie, die die begrifflich gefaßten Sätze über die Gottesoffenbarung (die Dogmen) als rein symbolischen, daher wandelbaren Hinweis auf eine unerkennbare, nur im Gefühl sich ankündigende Wirklichkeit auffaßt.

Symbolum Apostolicum das Apostolische Glaubensbekenntnis (→ Apostolicum).

Symbolum Romanum → Romanum.

sympathetisch (gr.) »mitfühlend«; geheimkräftig; auf dem Wege der Suggestion, des Gesundbetens u.ä.

Sympathie (gr.) »Mitgefühl«; »Mitleiden«; Zuneigung. – In der Naturphilosophie Ausdruck für die Verbundenheit aller Teile des Ganzen, das Mitbetroffensein eines jeden Teiles am Kosmos durch das, was einem anderen Teil widerfährt (»All-Sympathie«, Thomas Mann).

Sympathiezauber der Versuch, mit Hilfe der Sympathie (z.B. durch das Besprechen) Erwünschtes zu erreichen, Krankheiten zu heilen usw.

Sympọsion (gr.) bei den alten Griechen ein Gastmahl mit geistreichen Gesprächen (nach einem Buche Platos); heute: wissenschaftlicher Kongreß.

Synagoge (gr.-lat.) »Versammlung«; Bethaus, gottesdienstlicher Versammlungsort der jüdischen Gemeinde (von Luther mit »Schule« übersetzt). – Das Wort wird oft im theologischen Sinn verwandt und bezeichnet dann die »Kirche des Alten Testaments«, das Gottesvolk des alten Bundes.

Synaxis (gr.) Zusammenkunft (aus der altkirchlichen Tradition stammender Name für die griechisch-orthodoxe Abendmahlsfeier).

synchron (gr.) »gleichzeitig«, gleichlaufend.

Synedrion, Synedrium, (gr.-lat.) der Hohe Rat der Juden (in der griechisch-römischen Zeit).

Synekdochẹ, synekdochisch (gr.) »Mitaufnahme«, »Mitverstehen«; Redeweise, bei der der Begriff für einen Teil das Ganze bezeichnet, z.B. ›Blut Christiy‹ den Sühnetod Christi oder ›Gesetz‹ das ganze Alte Testament (ähnlich → pars pro toto). Die Reformatoren benutzten diese Redeweise vor allem bei der Auslegung der 10 Gebote: In der negativen Fassung der Gebote (z.B. ›Du sollst nicht töten!‹) ist eine positive Aufforderung (z.B. ›Du sollst das Leben deines Nächsten fördern!‹) mitzuverstehen. Luther erklärte auch die Einsetzungsworte beim Abendmahl (›Dies [Brot] *ist* mein Leib‹ usw.) synekdochisch: Das Brot wird so sehr eins mit dem Leib Christi, daß beide zusammen Leib Christi genannt werden können.

Synergismus (gr.) das Mitwirken des Menschen an seiner ewigen Errettung.

Synkretismus (gr.) Vermischung, Religionsmengerei, Verbindung verschiedenartiger philosophischer Systeme ohne innere Einheit (z.B. im ausgehenden Altertum, im heutigen Indien).

Synod (gr.) oberste Behörde der russisch-orthodoxen Kirche.

Synodaler Mitglied einer Synode.

Synodalverfassung heute fast allgemeine Verfassungsform der evangelischen Landeskirchen in Deutschland.

Synode (gr.) »Weggenossenschaft«, »Zusammenkunft«; kirchliches Beratungs- und/oder Beschlußgremium (Landessynode, Diözesansynode, Dekanatssynode).

synonym (gr.) gleichbedeutend, sinnverwandt.

Synopse (gr.) »Zusammenschau«; Zusammendruck der drei ersten oder aller vier Evangelien, in dem die gleichen oder ähnliche Abschnitte nebeneinander stehen.

Synoptiker (gr.) die Evangelisten Matthäus, Markus und Lukas, die die Geschichte Jesu in einem sehr ähnlichen Aufbau darstellen.

Synthese (gr. synthesis »Zusammensetzen«) Zusammenfügen von einzelnem zu einem Ganzen (im Gg zur → Analyse). In der dialektischen Methode (Hegel) ist die Synthese die überhöhende Zusammenfassung oder versöhnende Vereinigung von These und Antithese.

synthetisch (gr.) eine Vielheit zu einer höheren Einheit verknüpfend; zusammenfassend, vereinigend (auch: künstlich hergestellt).

synthetische Urteile Erweiterungsurteile; nach Kant solche Urteile, deren Prädikat im Subjekt noch nicht enthalten ist, und die darum eine neue Erkenntnis begründen, etwa: »Die Kugel ist schwer« (Gg: → analytische Urteile).

Systematik (gr.) Kunst planvoller Gliederung und logischen Aufbaus.

Systematische Theologie Disziplin in der Theologie, die die Resultate der exegetischen und historischen Fächer zusammenfaßt und im Gespräch mit Philosophie, Humanwissenschaften und Religionswissenschaft zu kritischer Darlegung kirchlicher Lehre kommt; sie gliedert sich in Apologetik, Dogmatik und Ethik.

Syzygie (gr.) paarweise Verbindung (etwa der jenseitigen Realitäten in der → Gnosis).

Szientismus (lat.) die auf Wissen und Wissenschaft begründete Haltung im Gegensatz zum Fideismus. Auch die Lehre der → Christlichen Wissenschaft.

T

Tabernakel (lat.) Hütte, Zelt, Stiftshütte. Im Katholizismus das Sakramentshäuschen, in dem die → Monstranz mit der geweihten → Hostie aufbewahrt wird.

Taboriten Angehörige der radikalen Gruppe der → Hussiten (nach der böhmischen Stadt Tabor).

Tabu (polynesisch) etwas aus dem Alltäglichen Herausgehobenes, das nicht berührt werden darf (Tiere, Pflanzen, Orte); übertragen: Unerwähnbares, Verbotenes.

tabula rasa (lat.) »abgeschabte Schreibtafel«; philosophische Anschauung, daß die menschliche Seele bei der Geburt noch keine Eindrücke von außen empfangen und keine Vorstellungen entwickelt habe, deshalb als »unbeschriebenes Blatt« anzusehen sei (der Ausdruck schon bei Albertus Magnus).

Taizé nach einem Ort bei Cluny/Burgund benannte evangelische Bruderschaft, 1940/42 von dem Schweizer reformierten Pastor R. Schutz gegründet. Sie entfaltet große Wirksamkeit durch ihr gemeinsames Leben mit Tausenden von jungen Besuchern, durch jährlich in Großstädten veranstaltete »Europatreffen« (mit zum Teil über 100.000 Teilnehmern), durch neu geschaffene meditative Gesänge und durch beharrliches Engagement für die Einheit zwischen katholischer und evangelischer Christenheit.

Täufer auch »Wiedertäufer« oder »Anabaptisten« genannt. Sammelbezeichnung für eine in sich sehr unterschiedliche Bewegung der Reformationszeit, deren Gemeinsamkeit vor allem darin bestand, bei der Umgestaltung der Kirche weitergehen zu wollen als Luther, Zwingli und Calvin. Daher wird sie häufig auch als »Radikale Reformation« oder als »linker Flügel« der Reformation bezeichnet. Die T. lehnten die Säuglingstaufe als unbiblisch ab und ließen sich darum als Erwachsene noch einmal, bzw. nach ihrem Verständnis zum ersten Mal wirklich taufen. Da sie auch die Notwendigkeit einer ernsthaften Nachfolge Jesu und der Anwendung von Gemeindezucht unterstrichen, entstand hier zum ersten Mal eine Form von Freikirchentum. Von den heutigen Freikirchen sind allerdings nur die Mennoniten direkte Nachfahren der Täufer. Das im 16. Jh. gültige Reichsrecht belegte die vollzogene Wiedertaufe mit der Todesstrafe. Die daraus entstandene blutige Verfolgung der Täufer wurde auch von Luther, Zwingli und Calvin akzeptiert, da sie die Reformation im Gegensatz zu den Täufern mit staatlicher Unterstützung durchsetzen wollten.

Talar (lat.) Amtstracht; langes Obergewand des evangelischen Geistlichen, des jüdischen Rabbiners, des Juristen (in der Verhandlung) und des Hochschullehrers (bei Festen).

Talisman (gr.-arab.) »das Geweihte«; kleiner Gegenstand, dem zauberhafte Schutzwirkung zugeschrieben wird.

talion → jus talionis.

Talionsprinzip → jus talionis.

Talmud (hebr.) »Lehre«; die → Mischna einschließlich des dazugehörenden Kommentars der → Rabbinen; der T. entstand in zweifacher Form, als Jerusalemer und als Babylonischer Talmud, wobei die babylonische Form (abgeschlossen 499 n.Chr.) schließlich kanonisch wurde. Er enthält sowohl → Haggada als auch→ Halacha.

Tao (chin., sprich: tau) »der Weg«; das Wort, die Vernunft, das All-Eine in der chinesischen Philosophie.

Taoismus volkstümliche chinesische Religion neben dem Konfuzianismus, verwoben mit Volksaberglauben, Ahnenkult, Dämonenglauben und Magie, zurückgehend auf den Philosophen Laotse (geb. 604 v.Chr.).

Targum (hebr.-aram.) »Verdolmetschung«; die alten aramäischen Übersetzungen des Alten Testaments (Mehrzahl: Targume oder Targumim).

Taurobolium (gr.-lat.) Stieropfer und damit verbundene Bluttaufe in den antiken Mysterien.

Tausendjähriges Reich → Millennium.

Tautologie (gr. tauto legein »dasselbe sagen«) Bezeichnung einer Sache durch zwei gleichbedeutende Wörter (z.B. nackt und bloß, bereits schon – oder: Vorspiegelung falscher Tatsachen).

technischer Wortgebrauch Benutzung eines Wortes als → terminus technicus.

Te Deum (lat.) »Herr Gott, dich loben wir« (sog. Ambrosianischer Lobgesang).

Tefillin (hebr.) Gebetsriemen der Juden, sog. »Phylakterien« (Matth. 23,5), auf denen Kästchen mit aufgeschriebenen Gebetsworten befestigt sind, die beim Morgengebet an der Stirn und am linken Oberarm getragen werden (nach 2. Mose 13,9).

Telekinese (gr.) angebliche Bewegung von Dingen durch magische Einwirkung, etwa im Spiritismus.

Teleologie (gr. telos »Ziel, Zweck, Ende, Vollendung«) Lehre, daß alles Geschehen (das natürliche wie das geschichtliche) durch Zwecke geleitet werde, daß alle Weltbereiche zweckbestimmt und zielgerichtet seien (vgl. → Finalität), im Gegensatz zur mechanistischen Auffassung, die nur eine kausale Anfangsbestimmtheit wahrhaben will.

teleologische Ethik eine Lehre vom menschlichen Verhalten, die keine unbedingten Normen kennt, sondern die sittliche Richtigkeit einer Handlung ausschließlich von ihren Folgen her beurteilt (Gg: → deontologische Ethik).

teleologischer Gottesbeweis Schluß von der Zweckmäßigkeit und der Ordnung der Welt auf eine zwecksetzende göttliche Vernunft.

Telepathie (gr.) Fernempfindung, Gedankenübertragung, Hellsehen, das Wahrnehmen der seelischen Vorgänge in einem anderen Menschen ohne Vermittlung der Sinnesorgane (→ Parapsychologie).

tellurisch (lat. tellus »Erde«) die Erde betreffend.

Tempel (lat. templum »der Beobachtungskreis« des Auguren am Himmel und auf der Erde; gr. temenos »abgegrenztes Gut«) »einer Gottheit geweihte Stätte; Heiligtum«. Das Judentum unterscheidet die Zeit des ersten und des zweiten Tempels, obwohl es tatsächlich drei Tempel in Jerusalem gab: 1. den Tempel Salomos, der um 950 v.Chr. erbaut (1. Kön. 6-8) und bei der Eroberung Jerusalems durch Nebukadnezar 587 v.Chr. zerstört wurde (2. Kön 25); 2. den ziemlich unscheinbaren Tempel Serubabels, der nach der Rückkehr aus dem babylonischen Exil um 520 v.Chr. errichtet (Esra 3-6) und in der Zeit von 20 bis 64 n.Chr. durch den (3.) prunkvollen herodianischen Tempel ersetzt wurde, der wenige Jahre nach seiner Vollendung bei der Eroberung Jerusalems durch Titus 70 n.Chr. in Flammen aufging. Schon der salomonische Tempel hatte drei Räume: die Vorhalle, das Heiligtum und das Allerheiligste, dazu wahrscheinlich einen Vorhof; der herodianische Tempel hatte vier Vorhöfe: die drei inneren Vorhöfe der Priester, der Männer, der Frauen und den äußeren Vorhof der Heiden.

Temperament (lat.-franz.) »Mischung«; Gemütserregbarkeit, Ansprechbarkeit, Art eines Menschen, auf Reize zu reagieren.

Temperanzler (lat. temperantia »Maßhalten«) Anhänger der Mäßigkeitsbewegung (den Alkoholgenuß betreffend) im Unterschied zu Abstinenzlern, die völligen Verzicht üben.

tempus clausum (lat.) geschlossene Zeit; eine Zeitspanne, in der geräuschvolle Festlichkeiten u.ä. nicht stattfinden dürfen (z.B. die Leidenswoche).

Tendenzkritik von F. Chr. Baur im 19. Jh. entwickelte historische Methode, die Entstehungsverhältnisse der neutestamentlichen Schriften aus deren inhaltlich-theologischen Tendenzen (gemäß der von Baur vorausgesetzten dialektischen Geschichtsentwicklung) zu bestimmen.

Tenọr (ital.) hohe Männerstimme.

Tẹnor (lat.) Inhalt, Abzweckung, Wortlaut (eines Gesetzes, einer Verlautbarung).

Tentamen (lat.) Vorprüfung, Zusatzprüfung.

terminus ad quem (lat.) Zeitpunkt, bis zu dem ein bestimmtes Ereignis stattgefunden haben muß.

terminus a quo Zeitpunkt, von dem an gerechnet wird.

terminus technicus (lat.) Fachausdruck.

Ternar (lat.) Dreiheit.

terrores incussae conscientiae (lat.) die Schrecken des erschütterten Gewissens.

Tertiarier Angehörige eines »dritten Ordens«, die in ihrem weltlichen Beruf bleiben oder auch als klösterliche Gemeinschaft einem Mönchsorden angeschlossen sind, dessen zuchtvolle Gebetsordnung sie übernehmen, ohne die Ordensgelübde abzulegen.

tertium comparationis (lat.) »das Dritte des Vergleichs«; Vergleichspunkt zwischen zwei miteinander verglichenen Gegenständen oder Sachverhalten.

tertium non datur (lat.) ein Drittes gibt es nicht.

tertius usus legis (lat.) »der dritte Gebrauch des Gesetzes«; theologische Anschauung, daß das biblische Gesetz nicht nur der Überführung von Sünde (usus theologicus) und der Erhaltung äußerer Ordnung (usus politicus) dient, sondern auch dem Wiedergeborenen, der in der Christusnachfolge steht, Richtschnur für sein Leben ist (usus in renatis): nach der Lehre vom dreifachen Gebrauch des Gesetzes stellt es in diesem Fall (dritter Gebrauch) einen Appell an die Liebe dar. Beim ersten Gebrauch (usus politicus oder civilis) handelt es sich um einen Appell an die Vernunft zur Aufrechterhaltung der Ordnung in der Welt, während der zweite Gebrauch (usus theologicus oder paedagogicus bzw. elenchticus) einen Appell an das Gewissen bedeutet, der den Menschen seiner Schuld und Verlorenheit überführt und ihm zeigt, daß er sich nicht selbst erlösen kann, ihn damit zur Buße anleitet und zu Christus hintreibt (»Zuchtmeister auf Christum«).

Testament (lat.) »letztwillige Verfügung«. Da das griechische Wort für Testament auch »Bund« bedeutet, spricht man vom Alten und Neuen Testament im Sinne eines alten und neuen Bundes Gottes mit seinem Volk. Bund und Testament werden in der Bibel als souveräne, eine neue Ordnung der Dinge setzende Verfügung Gottes betrachtet.

testimonium spiritus sancti internum (lat.) das innere Zeugnis des Heiligen Geistes (Röm. 8,16).

Tetragramm (gr.) die vier hebräischen Buchstaben J-H-W-H als Name Gottes.

Tetrapolitana → Confessio Tetrapolitana.

Textkritik die vergleichende Untersuchung der Bibelhandschriften mit dem Ziel, die ursprünglichen Lesarten zu ermitteln.

textpragmatische Auslegung versteht Texte als Mitteilungsvorgänge, die bei ihren Hörern oder Lesern etwas bewirken wollen.

textus receptus (lat.) »übernommener Text« = die auf den Koine-Ausgaben des Erasmus fußende Ausgabe des griechischen Neuen Testaments durch den holländischen Drucker Elzevier (1633).

Textvariante (lat.) eine abweichende Textform.

Theismus (gr.) Glaube an einen persönlichen, selbstbewußten und selbsttätigen Gott, der die Welt nicht nur geschaffen hat, sondern auch auf die Welt von außen einwirkt.

Themenzentrierte Interaktion (TZI) von Ruth Cohn entwickelte Methode der Gruppenarbeit, bei der die Behandlung eines Themas mit der persönlichen Beteiligung des einzelnen (»sich einbringen«) und den Bedürfnissen der Gruppe ständig neu ins Gleichgewicht gebracht werden soll.

Theodizee (gr.) Rechtfertigung Gottes; die von Theologen und Philosophen angesichts der vielfachen Sinnwidrigkeit des Daseins oft behandelte Frage, ob Gott gerecht sei und gerecht handle und wie die Übel in der Welt mit der Weisheit und Güte Gottes vereinbar seien. Den Ausdruck »Theodizee« prägte Leibniz 1710.

Theogonie (gr.) Entstehungsmythos der Götter.

Theokratie (gr.) Gottesherrschaft; speziell: eine Staatsform, bei der Gott selbst als Regent anerkannt oder das bestehende Regiment unmittelbar von Gott abgeleitet wird (z.B. im Judentum, im katholischen Mittelalter).

theologia crucis (lat.) »Theologie des Kreuzes«; die Lehre Martin Luthers, daß die wahre Theologie und Gotteserkenntnis im gekreuzigten Christus zu finden ist und nicht in der unmittelbaren Wahrnehmung von Gottes Herrlichkeit in der Schöpfung (→ theologia gloriae). Gott verbirgt nämlich seine Hoheit unter dem Gegenteil, unter der Niedrigkeit des Kreuzes. Darum kann der Mensch Gott auch nicht durch gute Werke, sondern nur in der Passivität des Glaubens, im »Leiden«, gerecht werden.

theologia gloriae (lat.) »Theologie der Herrlichkeit« oder »der Ehre«; Luther bezeichnet damit ein Theologieverständnis, das Gottes Herrlichkeit in direkter Wahrnehmung seiner Schöpfungswerke und nicht in seiner Verborgenheit am Kreuz (→ theologia crucis) erkennen will. Es verläßt sich auf die guten Werke der Menschen und verkennt, daß der rettende Glaube rein passiv ist.

theologia naturalis → natürliche Theologie.

theologia regenitorum »Theologie der Wiedergeborenen«.

theologia resurrectionis (lat.) »Theologie der Auferstehung«, eine Theologie, deren Aussagen von der Tatsache der Auferstehung Jesu Christi als Mitte theologischen Redens geprägt sind.

theologia revelata »geoffenbarte Theologie«.

theologia viatorum »Theologie der Wanderer, der Unterwegs-Leute«.

Theologie (gr. theologia »Lehre von der Gottheit und den göttlichen Dingen«) die wissenschaftliche Selbstbesinnung des christlichen Glaubens; im engeren Sinne auch die Lehre von Gott im Unterschied zur Lehre vom Menschen, von Christus, von den letzten Dingen u.a.

Theologie der Revolution vor allem seit der Genfer Konferenz für »Kirche und Gesellschaft« (1966) diskutierter und stark umstrittener vielschichtiger Begriff, mit dem das unterschiedliche Verhältnis der Christen zur Revolution umschrieben wird. Die Spannweite des Begriffs reicht von der gewaltlosen Veränderung der bestehenden Verhältnisse bis zur Revolution unter Gewaltanwendung. Letztere Möglichkeit wird zumal von verschiedenen Vertretern aus den Kirchen der »Dritten Welt« betont. Wo allerdings »Revolution« in den Mittelpunkt theologischen Denkens tritt, besteht die Gefahr, daß das Evangelium in eine politische Heilslehre und in ein diesseitiges Aktionsprogramm verfälscht wird.

Theologumenon (gr.) theologischer Lehrsatz.

Theonomie (gr.) von Gott stammende Gesetzgebung, Gottbestimmtheit im Gg zur → Autonomie.

Theopaschiten (gr.) »die lehren, Gott habe (am Kreuz) gelitten«; Bezeichnung für die → Monophysiten des 5./6. Jh.s n.Chr., die den Satz betonten: ›Gott ist (am Kreuz) gestorben‹ und die in das liturgische Dreimalheilig die Wendung einführen wollten »der für uns gekreuzigt wurde«.

Theophanie (gr.) Erscheinung Gottes (→ Epiphanie).

Theopneustie (gr.) Einhauchung durch Gott (nach 2. Tim. 3,16).

Theorem (gr.) Lehrsatz.

Theorie (gr. theoria »Schau«) wissenschaftliche Darstellung oder Betrachtungsweise, Lehre. Abwertend: bloße Erkenntnis ohne Rücksicht auf eine praktische Verwertung oder auf die Wirklichkeit. – Im modernen Sinn meint Theorie auch den Entwurf reiner Möglichkeitsstrukturen, die jedem Experiment vorausgreifen und so erst den Raum schaffen für die naturwissenschaftliche (»theoretische Physik«) oder geschichtswissenschaftliche Forschung.

Theosophie (gr.) Gottesweisheit; eine innere (»mystische«) Schau und Erkenntnis der Geheimnisse Gottes und des Zusammenhangs der Welt, verwoben mit Spekulationen (Jakob Böhme, Emanuel Swedenborg, Rudolf Steiner).

theotokos (gr.) »Gottesgebärerin«, Gottesmutter; altkirchliche und ostkirchliche Bezeichnung der Mutter Jesu, als Dogma 431 n.Chr. auf dem 3. Ökumenischen Konzil von Ephesus verkündet; Gg: → christotokos.

theozentrisch (gr.-lat.) Gott und seine Ehre in den Mittelpunkt stellend (Gg: → anthropozentrisch).

Therapeuten eine jüdische, asketische Gemeinschaft von »Gottesdienern« in Ägypten, von denen wir nur durch Philo von Alexandrien wissen, dessen Zuverlässigkeit allerdings bezweifelt wird. Die Kirchenväter haben in den Therapeuten das älteste christliche Mönchtum gesehen.

Theravada (pali »Lehre der Ältesten«) eine der zwei Richtungen des älteren → Buddhismus, vor allem in Ceylon zu Hause; hat sich später zum → Hinayana-Buddhismus entwickelt.

thesaurus ecclesiae (gr.-lat.) »Schatz der Kirche«; im Katholizismus der durch die überschüssigen Verdienste der Heiligen zustande gekommene Vorrat an Verdiensten und Gnaden, aus dem die Kirche → Ablaß erteilen kann; eine Lehre, die mit der zunehmenden Verbreitung des Ablasses im Mittelalter entstand und zuerst von Clemens VI. (1342–1352) definiert wurde.

These, thetisch (gr. thesis »Setzung«) Satz, Behauptung. In wissenschaftlichen Darlegungen knapper Leitsatz, der den Inhalt der nachfolgenden Ausführungen vorwegnimmt (Gg: → Antithese).

tholedọt (hebr.) »Zeugungen«, Geschlechtsregister (1. Mose 10,1).

Tholos (gr.) altgriechischer Rundbau mit Säulenumgang.

Thomismus die auf den Scholastiker Thomas von Aquin OP (1225-1274) zurückgehende Gesamtschau des Kosmos von der göttlichen über die irdische bis zur dämonischen Welt, aufgebaut auf dem Grundsatz: Vernunft und Offenbarung widersprechen sich nicht, sondern ergänzen sich als natürliche und übernatürliche Wahrheit.

Thorạ (hebr.) Unterweisung, Gesetz. Im Judentum Name der fünf Bücher Mose.

Threni (gr.-lat.) Titel der »Klagelieder Jeremias« in der Vulgata (nach dem gr. Titel threnoi).

thyestisch (gr. thyos »Räucherwerk, Opfer«) ein Opfer betreffend.

Tiạra (pers.) die dreifache Krone des Papstes (und altorientalischer Herrscher).

Tiefenpsychologie zusammenfassende Bezeichnung der psychotherapeutischen Schulen S. Freuds (→ Psychoanalyse), A. Adlers (→ Individualpsychologie) und C.G. Jungs (→ Analytische Psychologie). Sie wollen zur Heilung seelischer Erkrankungen die Schichten der Person erreichen, die tiefer als das Bewußtsein liegen (s.a. → Psychotherapie).

Titularbischof katholischer Bischof, der auf den Namen einer nicht mehr bestehenden Diözese geweiht ist.

Titulus (lat.) Aufschrift, Überschrift, Ehrenname (Mehrzahl: Tituli), → INRI.

Todsünde nach herkömmlichem katholischen Verständnis sind Abfall vom Glauben, Mord und Ehebruch Todsünden, weil sich den ewigen

Tod zuziehe, wer mit diesen Sünden ohne priesterliche Vergebung stirbt. Gegenwärtig wird in der katholischen Theologie weniger auf die Tat als solche als vielmehr auf die innere Haltung abgehoben: Eine T. ist jede in vollem Bewußtsein ihrer Verwerflichkeit und aus freiem Willen begangene Handlung, die Gottes erklärtem Willen zuwiderläuft. Sie zieht automatisch den Verlust des Gnadenstands nach sich und kann nur durch das Sakrament der Buße getilgt werden (Gg: läßliche Sünde). – Der evangelische Glaube kennt keine Unterscheidung zwischen leichten und schweren Sünden, da er das Gewicht weniger auf die offenbare Handlung als auf die allen Sünden zugrundeliegende Gottlosigkeit des Menschen legt. – Die fälschlich sogenannten »sieben Todsünden« (Hochmut, Neid, Zorn, Trägheit, Habgier, Völlerei und Wollust) sind menschliche Laster, aus denen einzelne Tatsünden erwachsen. Richtigerweise sind sie als → »Hauptsünden« oder »Wurzelsünden« zu bezeichnen.

tọhu wabọhu (hebr.) »Wüste und Öde«; der chaotische Urzustand der Welt beim Schöpfungsbeginn nach 1. Mose 1,2. Übertragen: Durcheinander, Wirrwarr.

Toleranz (lat.) Duldung, Duldsamkeit, Weitherzigkeit (besonders: in Glaubensfragen) als ein Zeichen für Selbstvertrauen, das den Vergleich mit anderen Überzeugungen nicht scheut, auch als Frucht der Erkenntnis, daß eine Glaubenszustimmung nicht erzwungen werden kann (Gg: Intoleranz, Totalitarismus). Toleranz ist nicht zu verwechseln mit Gleichgültigkeit in der Wahrheitsfrage.

Toleranzakte vom englischen Parlament 1689 gefaßter Beschluß, der allen → Dissenters oder → Nonkonformisten Duldung gewährte und (beschränkte) Gewissensfreiheit ermöglichte, sie aber nach wie vor von den Staatsämtern ausschloß.

Toleranzedikt von Mailand angeblich von Konstantin dem Großen und Licinius 313 n.Chr. gemeinsam erlassene Verfügung, die den Christen im Römischen Reich erstmals Religionsfreiheit gewährte.

Toleranzpatent Erlaß Josephs II. von 1781, der den österreichischen Protestanten staatsbürgerliche Rechte und begrenzte Religionsfreiheit verschaffte.

Tonsur (lat.) kreisrunder Haarausschnitt der katholischen Geistlichen als Zeichen der Aufnahme in den Klerikerstand; heute nur noch bei wenigen Mönchsorden üblich.

Tora → Thora.

Tortur (lat.) Folter, Qual, Quälerei.

Tosefta (aram.) »das Hinzugefügte«; ein Ergänzungswerk zur → Mischna, das nicht in den → Talmud aufgenommen wurde.

Totemismus zunächst in Nordamerika, später in den verschiedensten Gegenden (vor allem in Australien und Afrika) festgestellter Glaube einzelner Menschen oder Gruppen (»Clans«) aus Naturvölkern an eine magisch-mystische Verbindung zu einem Totem (Tier oder Tiergattung, Pflanze oder Pflanzengattung, seltener Naturgegenstand oder Himmelserscheinung), von dem man sich Schutz erwartet.

Totenkult Sammelbegriff für die verschiedenen Bereiche, in denen einem Toten Liebe und Verehrung erwiesen wird (Totenkleid, Sarg, Kränze, Leichenwagen, Aufbahrung, Todesanzeigen, Bestattung, Grabmal, Grabpflege u.ä.); der Begriff wird im Blick auf vielfach übertriebenen Aufwand bei Bestattung und Grabanlage auch in abwertendem Sinn gebraucht.

Tradition (lat.) Überlieferung, Herkommen; die außerbiblische, von der katholischen Kirche als verbindlich anerkannte Überlieferung von Glaubenslehren.

Traditionalismus Betonung der kirchlichen Tradition als Glaubensquelle neben der Bibel. Gelegentlich auch die Lehre, daß der Mensch von sich aus zur Wahrheitsfindung unfähig sei und alle Wahrheit von einer göttlichen Uroffenbarung hergeleitet werden müsse, wobei die Tradition als »Erweckungsgrund« des angeborenen religiösen Wissens gilt.

Traditionsgeschichte die Erforschung und Darstellung des geistes- und theologiegeschichtlichen Zusammenhangs, in dem der vorgegebene und geprägte Inhalt eines biblischen Textes (die Tradition) überliefert wurde; manchmal auch gleichbedeutend mit → Überlieferungsgeschichte gebraucht.

Traduzianismus (lat.) altkirchliche, von Tertullian entwickelte Lehre, daß die menschliche Seele als Ableger (tradux) der väterlichen Seele entstehe, Seele und Leib also miteinander durch die Zeugung aus den Eltern hervorgehen (Gg: → Kreatianismus und → Präexistentianismus).

Tragik (gr.) erschütternde Unentrinnbarkeit von verhängnisvollen Entwicklungen, wobei der Ton auf dem Widerstreit gegensätzlicher Verpflichtungen liegt, der den Menschen ohne erlösenden Ausweg läßt, so daß es notwendigerweise zu einem schuldhaften Handeln oder zum Scheitern kommt.

Traktat (lat.) Abhandlung, kleines Buch, Flugschrift.

Trance (franz.-engl.) ein der Ekstase ähnlicher Zustand, der durch Hypnose oder Selbsthypnose eines Mediums erzeugt werden kann und mit Bewußtlosigkeit verbunden ist.

Transaktionsanalyse (engl. transaction »Durchführung, Verhandlung, Geschäft«, gr.-engl. analysis »Zerlegung, Untersuchung, Auswertung«) vom nord-amerikanischen Psychiater Eric Berne (1910–1970) begründete Richtung der Psychotherapie, die sowohl das Verhalten als auch das Fühlen und Denken des

Menschen beachtet. Die Gesamtheit der Denkmuster, Gefühle und Verhaltensweisen eines Menschen wird als »Ich-Zustand« bezeichnet. Unter »Transaktion« versteht man eine ausgesprochene oder wortlose Mitteilung und die Reaktion darauf.

Transfiguration (lat.) Verklärung (Christi).

Transfinalisation (lat.) Bestimmungswandel; in der neueren kath. Theologie erwogener Alternativbegriff zu → Transsubstantiation: Brot und Wein werden im Abendmahl nicht in ihrem Wesen verwandelt, sondern erhalten eine neue Bestimmung.

Transsignifikation durch den kath. Theologen E. Schillebeeckx geprägter Begriff für das, was bei der Einsetzung des Abendmahls geschieht: keine Wesensverwandlung (→ Transsubstantiation) der Elemente Brot und Wein, sondern ein »Bedeutungswandel«.

Transsubstantiation (lat.) Wesensverwandlung, Stoffverwandlung; die katholische Lehre von der in der Eucharistie geschehenden Wandlung der Substanzen von Brot und Wein in Leib und Blut Christi unter Beibehaltung von deren äußerer Form (= species), also des Aussehens, Geruchs, Geschmacks von Brot und Wein, obwohl sie wesenhaft etwas anderes geworden sind (im 12. Jh. entwickelt, als Dogma vom → Tridentinum verkündet). Vgl. → Konsubstantiation.

transzendent (lat.) über die menschliche Erfahrung hinausgehend, das Erfahrbare übersteigend, den Bereich des menschlichen Bewußtseins überschreitend; übersinnlich, jenseitig (Gg: → immanent).

transzendental (lat. transcendere »hinübersteigen«) die Bedingung der Möglichkeit menschlicher Erfahrung betreffend. In diesem Sinn ist der Begriff von I. Kant geprägt worden. Er nennt diejenige Erkenntnis transzendental, die vor aller Erfahrung (→ a priori), aus der ›reinen‹ Vernunft gewonnen wird. Eine solche Erkenntnis geht nicht etwa über alle Erfahrung hinaus (dann wäre sie → transzendent), sondern macht nur Erfahrungserkenntnisse möglich. In der mittelalterlichen → Scholastik war transzendental noch gleichbedeutend mit transzendent.

transzendental-anthropologischer Ansatz durch Karl Rahner in die katholische Theologie eingeführtes Vorgehen, das mit der Betrachtung gelebten Menschseins einsetzt und nach den Bedingungen der Möglichkeit des Vorgefundenen fragt. Demnach verläßt sich der Mensch in seinem Handeln immer auf einen Grund, der in der geschöpflich-geschichtlichen Wirklichkeit nicht zu finden ist, nämlich auf Gott.

Transzendentalphilosophie das Hauptstück der Philosophie I. Kants; ein System aller Verstandesbegriffe und Grundsätze, die vor aller Erfahrung (→ apriorisch) im menschlichen Geist sind, aber nur den Sinn haben, mittels der Sinnesorgane Erfahrungserkenntnis zu ermöglichen.

Transzendenz das Überschreiten der Grenze zwischen dem »Diesseits« und dem »Jenseits«. In der Existenzphilosophie ist Transzendenz der durch die Angst ausgelöste »Überstieg« über die Uneigentlichkeit des Daseins hinweg zur vollwertigen Existenz (Heidegger).

Trauma (gr.) Verletzung, Wunde; intensives bedrohliches Erlebnis, das seelisch (noch) nicht verarbeitet wurde und darum den Menschen nachhaltig schädigt. Ein T. kann z.B. ein Unglück oder eine Gewalterfahrung sein. Neben dem einmaligen T. wird heute auch die schädigende Wirkung fortgesetzter überforderter Erfahrungen betont (z.B. Gewalt, sexuelle Übergriffe in Familien mit Alkoholproblemen). Mehrzahl: Traumata oder Traumen.

Trecento (ital.) »dreihundert«; die italienische Kunst des 14. (!) Jahrhunderts.

tremendum (lat.) etwas, wovor der Mensch erschauert (Gg: → fascinosum).

Treuga Dei (german.-lat.) »Gottesfriede«; im Mittelalter das Verbot einer Fehde an bestimmten Tagen, wobei Übertretung → Exkommunikation zur Folge haben konnte.

Trias (lat.) die Dreiheit; Mehrzahl: Triaden.

Trichotomie (gr.) »Dreiteilung«; Einteilung des Menschen in Leib, Seele und Geist (Gg: → Dichotomie), wobei diese drei Wirklichkeiten als real voneinander unterschieden angesehen werden, während die Bibel sie mehr als »Aspekte« des einen und ganzen Menschen darstellt.

Tridentinum Konzil der römisch-katholischen Kirche, das 1545–1563 in Trient (Oberitalien) tagte und durch die Auseinandersetzung mit den von der Reformation aufgeworfenen Fragen (Sünde, Gnade, Rechtfertigung, Kirche, Sakramente) bestimmt war.

Trinität, trinitarisch (lat.) Dreieinigkeit; Entfaltung des Glaubens an den einen Gott, der die Welt durch Schöpfung ins Leben gerufen, sich geschichtlich geoffenbart hat in Jesus Christus und sich vergegenwärtigt durch den Heiligen Geist. Der eine Gott existiert demnach in drei »Personen«, »Einzelwesen« oder »Relationen«.

immanente Trinität Anschauung, daß die Unterscheidung von Vater, Sohn und Geist nicht erst in der Offenbarungsgeschichte entstand, sondern bereits im ewigen Wesen Gottes gründet (Wesenstrinität).

ökonomische Trinität Anschauung, daß Gott seinem ewigen Wesen nach nur einer ist, sich aber im Zuge der Offenbarungsgeschichte (→ Ökonomie) schrittweise als Vater, Sohn und Geist entfaltet (Offenbarungstrinität).

Trinitarier (lat.) Bekenner der Dreieinigkeit. Angehörige eines katholischen, 1198 gestifteten Ordens (Ordo Sanctissimae Trinitatis redemptionis captivorum = OST), der sich zunächst dem Loskauf christlicher Gefangener aus den Händen der Sarazenen widmete und heute vor allem in der Mission und der Seelsorge für Strafgefangene tätig ist.

Trinitatis Fest der »Dreieinigkeit«; jeweils am ersten Sonntag nach Pfingsten.

Triptychon (gr.) ein Gemälde oder Schnitzwerk, das aus drei aneinanderhängenden und aufeinander abgestimmten Teilen besteht; vor allem: die Flügelaltäre des Mittelalters mit einem Mittelbild und zwei Flügelbildern.

Trishagion (gr.) »Dreimalheilig«; die dreimalige Anrufung Gottes, vor allem in der orthodoxen Liturgie.

Tritheismus (gr.-lat.) »Dreigötterlehre«; ketzerische Abwandlung der kirchlichen Dreieinigkeitslehre, die von drei getrennten Personen sprach.

Tritojesaja der vermutete Verfasser der Kapitel 56–66 des Jesajabuches etwa aus der Zeit Esras (vgl. → Deuterojesaja).

trivial (lat.) alltäglich, abgedroschen, banal (→ trivium).

Trivium (lat.) »Dreiweg«; im Universitätswesen des Mittelalters die drei unteren Fächer: Grammatik, Rhetorik, Dialektik (denen sich das »Quadrivium« anschloß: Arithmetik, Musik, Geometrie, Astronomie).

Trochäus (gr.) Versfuß, der aus 1 Länge und 1 Kürze besteht (z.B. »Kommt und laßt uns Christum ehren«).

Trope gleichbedeutend mit → Tropus im rhetorischen Sinn (2.).

Tropen 1. heiße Zone der Erde zu beiden Seiten des Äquators zwischen den Wendekreisen (von gr. tropai heliou »Sonnenwende«). 2. Mehrzahl von → Tropus.

tropisch 1. geographisch: die → Tropen betreffend, südlich heiß. 2. rhetorisch: die → Tropen betreffend, uneigentlich, bildlich, figürlich, übertragen.

Tropologie (gr.-lat.) bildliche, übertragene Redeweise (gleichbedeutend mit → Tropus 2.).

tropologisch die → Tropologie betreffend, bildlich, übertragen.

Tropus (gr.-lat. »Gesangsweise«, »bildlicher Wortgebrauch«) 1. Gesangsformel in der Gregorianik für das Schluß-Amen; allgemeiner: die melodische Ausschmückung von Texten. 2. In der Rhetorik: bildlicher Ausdruck, übertragener Wortgebrauch.

Tutiorismus (lat. tutior »sicherer«) römisch-katholische Moralanschauung, nach der man im Konflikt zwischen Moralgesetz und persönlicher

Entscheidungsfreiheit nur dann der Freiheit Raum geben darf, wenn es sehr wahrscheinlich, also »sicherer« ist, daß die besseren Gründe für sie sprechen (Verschärfung des → Probabiliorismus); von Papst Alexander VIII. 1690 verworfen.

Tyche (gr.) Schicksal, Glück, Zufall.

Tychismus (gr.-lat.) Meinung, daß die Welt und die Geschichte von Zufälligkeiten geprägt wird.

Tympanon (gr.) Bogenfeld über einem Portal mit plastischen Darstellungen.

Typologese, Typologie (gr.) typologische Auslegungsweise des Alten Testaments (vgl. → Typos).

typologisch (gr.) vorbildhaft; die Methode der Typologie anwendend.

Typos (gr.) »prägendes Vorbild«; im Neuen Testament speziell: Personen, Einrichtungen oder Ereignisse der Geschichte des Alten Bundes, die als ankündigende Vorausdarstellungen von Gottes Handeln in der Endzeit wahrgenommen werden (z.B. Mose als Typos für Christus).

U

Ubiquität (lat. ubique »überall«) Allgegenwart (Gottes); speziell die Anschauung M. Luthers: Da die menschliche Natur Jesu Christi nach ihrer Vereinigung mit seiner göttlichen Natur teilhat an der Allgegenwart Gottes (→ communicatio idiomatum), können Leib und Blut Christi auch im Abendmahl wahrhaft und substantiell gegenwärtig sein (→ Realpräsenz). – Die Ubiquitätslehre dient heute dazu, den ungegenständlichen (unräumlichen) Sinn der biblischen Himmelsvorstellung deutlich zu machen: Himmel ist da, wo Gott dem Menschen begegnet.

Überlieferungsgeschichte der Werdegang eines biblischen Textes von seiner ersten mündlichen Gestalt bis zur ältesten schriftlichen Fassung unter Berücksichtigung der dabei vorwaltenden Aussageabsichten; wird gelegentlich auch gleichbedeutend mit → Traditionsgeschichte und → Formgeschichte gebraucht.

Übertragung ursprünglich in der → Psychoanalyse beobachteter, aber auch in Alltagsbeziehungen und der Seelsorge häufiger Vorgang, bei dem ein Mensch unbewußt frühere Erfahrungen mit wichtigen Personen samt den dazu gehörenden Gefühlen oder Wünschen aktuell auf einen anderen Menschen (z.B. Vorgesetzten, Seelsorger) überträgt. Übertragungen können positiv (Sympathie) oder negativ (Angst, Gefühl der Unterlegenheit) gefärbt sein. Als Übertragungsauslöser kommen unter anderem in Frage: Körperhaltung, Sprechweise, Stimme, Mimik, Gestik, Kleidung, Beruf.

Ultramontanismus (lat. ultra montes »jenseits der Berge«, der Alpen) das Eintreten für die Interessen des römischen Katholizismus und für die päpstlichen Herrschaftsansprüche, wie es sich im politischen Katholizismus des 19. Jh.s auswirkte.

ultra posse nemo obligatur (lat.) über sein Können hinaus kann niemand verpflichtet werden.

Una sancta (lat.) »Eine heilige (Kirche)«; 1. Eigenschaften der allgemeinen (katholischen) und apostolischen Kirche nach dem → Nicaeno-Constantinopolitanum.
2. eine ökumenische Bewegung, die sich um ein laufendes Gespräch zwischen den beiden großen Konfessionen bemüht und eine Überwindung der Spaltung anstrebt; entstanden zwischen den beiden Weltkriegen.

unbefleckte Empfängnis (lat. »immaculata conceptio«) bereits 845 n.Chr. von Radbertus von Corvey vertretene und von der Römisch-Katholischen Kirche 1854 zum Dogma erhobene Lehre, daß nicht nur Jesus selbst, sondern bereits seine Mutter Maria (im Akt der Zeugung) »unbefleckt«, d.h. ohne den Makel der Erbsünde empfangen worden sei. Da diese Lehre durch die Bibel in keiner Weise zu belegen ist und die Sonderstellung Marias unnötig verstärkt, wird sie von der evangelischen Kirche abgelehnt und als ausgesprochen kirchentrennend empfunden.

unctio extrema (lat.) »letzte Ölung«; neben dem → Viaticum das Sterbesakrament in der katholischen Kirche (nach Jak. 5,14f), die Weihe des Todes eines Menschen in den Tod Christi hinein. Neuerdings spricht man überwiegend von unctio infirmorum »Krankensalbung« und spendet das Sakrament nicht erst bei Todesgefahr, sondern schon bei ernster Krankheit.

Unierte Kirchen 1. Im Bereich des deutschen Protestantismus im 19. Jh. durch die Obrigkeiten veranlaßte Zusammenschlüsse von lutherischen und reformierten Gemeinden teils zu → Konsensus-Unionen, teils zu bloßen Verwaltungs-Unionen. Der Anstoß dazu ging vom preußischen König Friedrich Wilhelm III. aus, der 1817 durch eine Vereinigung der lutherischen und der reformierten Kirche in seinem Staat zu einer »neu belebten evangelischen christlichen Kirche« gelangen wollte. Zeitgleich wurde auch im Herzogtum Nassau eine Verwaltungs- und Kultusunion angeordnet. Weitere U. K. entstanden 1818 in Hanau, 1820 in Waldeck und Pyrmont, 1821 in Baden, 1822 in Rheinhessen, 1853 in der Pfalz und 1865 in Anhalt. Die U. K. Preußens erhielt 1866 die Bezeichnung »Evangelische Landeskirche der älteren preußischen Provinzen«; ab 1922 zugleich mit ihrer ersten Verfassung umbenannt in »Evangelische Kirche der altpreußischen Union«, ab 1953 in »Evangelische Kirche der Union (EKU)«. Im Jahre 2003 schloß sich die EKU mit den meisten Mitgliedskirchen der → Arnoldshainer Konferenz zur »Union evangelischer Kirchen (UEK) in der Evangelischen Kirche in Deutschland« zusammen.

2. In der römisch-katholischen Kirche Bezeichnung für jene Kirchen, die nach der Trennung der Ostkirche von Rom im Jahre 1054 sich dem Papst unterstellt haben und dabei ihre eigene Kirchensprache und ihre Riten beibehalten durften. Die beiden größten und wichtigsten sind die seit 1181 mit Rom unierten → Maroniten und die 1586 in Brest-Litowsk begründete ukrainisch-katholische Kirche. Da außer den Maroniten keine Ostkirche als ganze in die Gemeinschaft mit Rom eintrat, führten die Unionen zu einer Spaltung der betreffenden Ostkirche. Für die orthodoxen Kirchen sind die U. K. eine Folge römisch-katholischen → Proselytismus.

unio hypostatica (lat.) Einigung der beiden Naturen (Gott und Mensch) in der Person Christi (vgl. → Hypostase).

unio mystica (lat.) die »geheimnisvolle Vereinigung« der Seele mit Gott als Ziel der Gotteserkenntnis in der Mystik.

unio sacramentalis (lat.) die sakramentale Einigung.

Union (lat.) Bund, Vereinigung.

Konsensus-Union Kirchenbund, der auf bekenntnismäßiger Übereinstimmung beruht oder auf der Erkenntnis, daß die verbleibenden konfessionellen Differenzen nicht kirchentrennend sind (im Unterschied zur Verwaltungs-Union).

unisono (ital.) im Einklang (= einstimmig).

Unitarismus eine schon in der Reformationszeit entstandene und viel verfolgte Bewegung, die unter starker Betonung der Einheit Gottes die kirchliche Trinitätslehre verwirft (daher auch → Antitrinitarier) und ein ethisch-humanistisches Christentum vertritt; vgl. → Sozianismus.

Universalismus (lat.) theologische Anschauung, nach der der Heilswille Gottes die ganze Menschheit umfaßt (im Gg etwa zur Prädestination, vgl. auch → gemina praedestinatio), wobei sie sich u.a. auf 1. Tim. 2,4 bezieht. Während der ältere Universalismus die → Apokatastasis panton lehrte, leugnet der moderne Universalismus den Absolutheitsanspruch des Christentums und sieht Gott in allen Religionen und Weltanschauungen heilschaffend am Werk.

Universum (lat.) das Weltall.

univok (lat.) »einnamig«, eindeutig; Redeweise, in der dasselbe Wort in unterschiedlichen Zusammenhängen jeweils auch denselben Sinn hat (Gg: → äquivok, → analog).

Univokation (lat.) eindeutige Redeweise, bei der derselbe Ausdruck jeweils auch dieselben Gegenstände oder Sachverhalte bezeichnet (Gg: → Äquivokation, → Analogie).

Unziale (lat.) griechische und lateinische Buchschrift aus gerundeten Großbuchstaben.

Upanischaden (sanskr.) »Geheimlehren«; eine an die Veden (→ Veda) angeschlossene hinduistische Schriftensammlung, die die Lehre von der Erlösung aus dem Kreislauf der Geburten durch die Erkenntnis der Einheit der menschlichen Seele mit der Weltseele enthält.

urbi et orbi (lat.) »der Stadt (= Rom) und der Welt«; eine alte Formel für Verkündigungen oder Segensspendungen der Päpste.

Urchristentum Bezeichnung für den frühesten Abschnitt der Geschichte der christlichen Gemeinde vom Tode Jesu bis zum Ende der Apostelzeit.

Urim und Tummim (hebr.) »Licht und Recht«; Losorakel israelitischer Priester.

Uroffenbarung theologische Lehre, nach der sich Gott im Menschen, in der Geschichte und in der Natur auf verschiedene Weise bezeugt, schon bevor die Heilsoffenbarung in Jesus Christus an den Menschen ergeht; vgl. → natürliche Theologie.

Urstandsgerechtigkeit → justitia originalis.

Usie (gr.-lat.) Sein, Wesen, Wesensgehalt.

Usus (lat.) Gebrauch, Sitte.

extra usum außerhalb des Gebrauchs.

usus legis didacticus »der lehrhafte Gebrauch des Gesetzes« (als Richtschnur für das neue Leben, → tertius usus).

usus legis elenchticus »der überführende Gebrauch des Gesetzes« (den Menschen von seiner Verderbtheit überführend).

usus legis paedagogicus »der erzieherische Gebrauch des Gesetzes« (auf den Glauben an das Evangelium hin).

usus legis politicus oder **civilis** »der politische oder bürgerliche Gebrauch des Gesetzes« (zur Aufrechterhaltung der äußeren Ordnung und innerweltlicher Gerechtigkeit).

usus legis quadruplex »der vierfache Gebrauch (oder Nutzen) des Gesetzes«.

Utilitarismus (lat.) Nützlichkeitslehre; eine in der englischen Moralphilosophie vertretene Zielsetzung: das größtmögliche Glück der größtmöglichen Zahl (mit der Grundthese: Gut ist, was nützt; schlecht ist, was schadet), wobei Erfolg und Wohlfahrt, nicht die Sittlichkeit zum Maßstab des Handelns gemacht wird (→ Eudämonismus).

ut omnes unum sint (lat.) »auf daß alle eins seien« (Joh. 17,11).

Utopie, utopisch (gr.-franz.) »Nirgendland«; ein an sich idealer, aber nicht erreichbarer Zustand, ein Hirngespinst (nach dem Roman »Utopia« von Thomas Morus, 1516).

utraque, sub utraque (lat.) »unter beiderlei (Gestalt)«; Darreichung des Abendmahls mit Brot und Wein.

Utraquisten Bezeichnung der hussitischen → Kalixtiner nach ihrer Forderung, das Abendmahl »sub utraque specie« zu empfangen.

V

Vademecum (lat.) »Geh mit mir!«; Leitfaden, Nachschlagebuch.

Vagant (lat.) »Umherziehender«; der umherziehende Student oder Kleriker des Mittelalters (auch Spielmann).

Vakanz, vakant (lat.) Freistehen einer Pfarrstelle oder eines sonstigen Amtes infolge Tod oder Abberufung des bisherigen Stelleninhabers.

Valentinianer die durch den Ägypter Valentinus (um 150 n.Chr. in Rom) begründete gnostische Schule, die sich in einen abendländischen (Ptolemäus, Herakleon) und einen orientalischen Zweig (»Excerpta ex Theodoto«) aufteilte. Hauptmerkmale sind ein intensiver Gebrauch des Johannesevangeliums und die Lehre, daß die Welt ihren Bestand nur aus Irrtum oder Unwissenheit habe.

Variante (lat.) Abart; vom Originaltext abweichende Lesart.

Variata (lat.) »die Veränderte«; die von Melanchthon 1540 etwas abgeänderte Ausgabe der → Augustana.

Vasa sacra (lat.) »die heiligen Gefäße«; Bezeichnung der liturgischen Gefäße (Tauf- und Abendmahlsgerät).

Vaticanum I das Erste Vatikanische Konzil von 1869/1870, auf dem unter Pius IX. u.a. das Dogma von der → Infallibilität des Papstes verkündet wurde.

Vaticanum II das Zweite Vatikanische Konzil (1962–65), auf dem die römisch-katholische Kirche unter Johannes XXIII. und Paul VI. ein → Aggiornamento vollzog. Zu den wichtigsten Folgen gehören die Reform der Liturgie und die Mitarbeit in der ökumenischen Bewegung.

vaticinium ex eventu (lat.) Weissagung aus dem schon eingetroffenen Ereignis (die dann zurückdatiert wird).

Vatikan Wohnsitz des Papstes in Rom, die päpstliche Regierung (nach dem römischen Hügel Vaticanus).

Vatikanstadt (-staat) durch die Lateranverträge von 1929 als päpstliches Hoheitsgebiet anerkannter römischer Stadtbezirk um den Vatikan (etwa 1000 Einwohner).

V.D.M.I.E. Abkürzung für »Verbum Dei manet in eternum« (Jes. 40,8); dieser Satz war Wahlspruch Friedrichs des Weisen und der Reformation überhaupt: »Gottes Wort bleibt in Ewigkeit«.

Veda (sanskr.) »Wissen«; heilige Schrift der Hindus, Dokument der altindischen Opferreligion, dem überirdischer Ursprung zugeschrieben wird (Mehrzahl: Veden).

vehiculum (lat.) »Fahrzeug«; Bezeichnung eines Dinges, das Geistiges mit sich trägt.

vehiculum gratiae Träger der Gnade.

Velum (lat.) »Hülle«; Leinentuch zur Bedeckung der Abendmahlsgeräte.

Venerabilis (lat.) der Ehrwürdige.

venia concionandi (lat.) Predigterlaubnis.

venia legendi (lat.) Lehrberechtigung (an Universitäten).

Veni, creator spiritus! (lat.) »Komm, Schöpfer Geist!« (Anfang eines alten Hymnus).

Verbalinspiration (lat.) die wörtliche Eingebung (Einhauchung) der Bibeltexte durch den Heiligen Geist (im Unterschied zur → Personal- und → Real-Inspiration).

verba testamenti (lat.) die Einsetzungsworte des Heiligen Abendmahls.

Verbatim (lat. »wörtlich«, ursprünglich ein Umstandswort, das im Englischen zum Hauptwort wurde: »wortgetreuer Bericht«) aus dem Gedächtnis niedergeschriebenes Protokoll eines Seelsorgegesprächs. Es dient in der → Supervision oder → Klinischen Seelsorgeausbildung als Grundlage für erfahrungsbezogenes Lernen.

verbọtenus (lat.) wortwörtlich, ganz genau.

verbum visibile (lat.) »sichtbares Wort« (eine Bezeichnung Augustins für das Sakrament).

Verdikt (lat.) Wahrspruch, Urteil.

verifizieren (lat.) als wahr beweisen, beglaubigen, prüfen.

ver sacrum (lat.) »heiliger Frühling«; altrömischer Brauch, in Notlagen den Göttern den ganzen Nachwuchs eines Frühlings (Feldfrüchte, Vieh und Kinder) zu weihen.

Versalien (lat.) Großbuchstaben.

Versikel (lat.) »kleiner Vers«; Bibelvers, der im Gottesdienst im Wechsel von Pfarrer und Gemeinde gesprochen oder gesungen wird.

versio (Version) (lat.) Fassung, Lesart, auch: Übersetzung.

verso (lat.) Rückseite eines Blattes (Gg: → recto).

Versöhnungstag (hebr. Jom Kippur) hohes jüdisches Fest am zehnten Tag des 7. Monats (September/Oktober), an dem der Hohepriester nach 3. Mose 16 das Heiligtum, das Volk und sich selbst entsühnte; in der Zeit nach dem Exil (babylonische Gefangenschaft 587-538 v.Chr.) Hauptfest der Juden mit Fasten und anhaltendem Synagogenbesuch.

Vesper (lat.) Abendgebet der Kirche, aus dem Stundengebet der alten Kirche entnommen (auch: Vesper-Gottesdienst).

vestigia trinitatis (lat.) »Spuren der Trinität« in Gestalt von Dreier-Beziehungen in der menschlichen Seele, die eine Wesensverbindung von Gott und Mensch anzeigen (besonders bei Augustin): z.B. Geist, Wahrnehmung und Liebe als Grundvermögen der Seele; die Liebe als Dreieinheit des Liebenden, des Geliebten und des Geschehens der Liebe.

Vetorecht (lat.) Einspruchsrecht.

Vetus Latina (lat.) die altlateinische, der Vulgata vorausgehende Bibelübersetzung, die seit 1955 vom »Vetus-Latina-Institut« der Abtei Beuron neu herausgegeben wird (vgl. → Itala).

Vexilla regis prodeunt (lat.) die Fahnen des Königs gehen voran! (altes Kirchenlied).

via (lat.) »Weg«, Methode.

via antiqua (lat.) »der alte Weg« des Denkens in der Scholastik, bei dem Vernunft und Glaubenslehre nah beieinander bleiben.

via moderna (lat.) »der neue Weg« in der Scholastik: Vernunft und Glauben werden streng getrennt.

via negationis (lat.) Methode, etwas durch Verneinung zu bestimmen (z.B. dadurch, daß Gott alle irdischen Unvollkommenheiten abgesprochen werden).

Viạticum (lat.) »das mit auf den Weg Gegebene«; die einem Sterbenden gespendete Kommunion.

Vicarius Petri (lat.) Stellvertreter des Petrus (seit dem 5. Jh. Selbstbezeichnung der Päpste).

vice (lat.) an Stelle von.

vice versa (lat.) umgekehrt.

Vigịlie (lat.) »Nachtwache«; Gottesdienst am Vorabend hoher Feste, z.B. Mette in der Christnacht.

Vikar (lat.) »Stellvertreter«; Theologe, der die 1. theol. Prüfung abgelegt und das Recht zur öffentlichen Verkündigung (nicht aber zur Sakramentsverwaltung) hat.

vindizieren (lat.) fordern, geltend machen, in Anspruch nehmen, die Herausgabe einer Sache verlangen.

Virginität (lat.) Jungfräulichkeit, Unberührtheit.

virtus (lat.) Tüchtigkeit, Tapferkeit, Kraft.

virtuell (lat.) der Kraft (oder Möglichkeit) nach vorhanden, sich jedoch nicht auswirkend; scheinbar.

visio beatifica (lat.) »beglückende Schau«; die unmittelbare und ungehinderte Schau Gottes als letzte Bestimmung der Erlösten.

Vision (lat.) Erscheinung, inneres Gesicht; Schau von Bildern und Vorgängen, die nicht auf natürliche Weise vor das Auge eines Menschen treten (vgl. → Audition).

Visitation (lat.) Besuch, Besuchsdienst. Speziell: der vom Dekan unter Hinzuziehung anderer Pfarrer (oder auch Laien) bei einem Amtsträger seines Kirchenkreises vorgenommene Besuch, meist verbunden mit Gottesdienst, Unterricht, Kirchenvorstandssitzung, über den er dann der Kirchenleitung berichten muß.

vita (lat.) Leben, Lebenslauf, Lebensbeschreibung.

vita communis (lat.) das gemeinsame Leben (in Ordensgemeinschaften).

Vitalismus (lat.) Überzeugung, daß Leben der Auswirkung einer inneren Kraft (»vis vitalis«) entspringt und deshalb rein materiell nicht erfaßbar ist, weil in den Lebewesen andere Gesetze herrschen als in der anorganischen Welt.

vitium originis (lat.) Erbsünde.

vocatio (lat.) Berufung, Ernennung; speziell: Berufung zum Heil.

vocatio generalis allgemeine Berufung (zum Heil).

vocatio specialis spezielle Berufung (durch die Verkündigung des Evangeliums).

vocatio extraordinaria außerordentliche (unmittelbar durch Gott geschehende) Berufung.

Vokalisation (lat.) die Hinzufügung von Vokalzeichen zur hebräischen Konsonantenschrift durch die → Punktatoren (vgl. → Massoreten).

Volkskirche die Erscheinungsweise einiger Kirchen mit folgenden Merkmalen: 1. Die Zugehörigkeit zur Kirche ist in der Bevölkerung nach Herkunft und Sitte die Normalsituation; 2. Durch die mehrheitlich geübte Kindertaufe wird man ohne willentlichen Entschluß Glied dieser Kirche; 3. Erziehung und Lebensgestaltung, Sitte und Kultur, Ethik und Recht sind entscheidend von kirchlichen Impulsen geprägt; 4. Die politische Ordnung gewährt die Freiheit der Religionsausübung, oft verbunden mit bestimmten Vorrechten. Ihre Chance ist, in Freiheit Kirche für die Welt, ihre Gefahr, eine »Kirche ohne Entscheidung« (H.O. Wölber) zu sein.

Volksmission Sammelbezeichnung für die sowohl in der katholischen als auch in der evangelischen Kirche vorhandenen Bemühungen, den kirchenfremden und gleichgültigen Menschen Gottes Wort zu sagen (Seelsorge, Hilfsmaßnahmen, Schriften- und Plakatmission, Massenmedien, offene Arbeit, Industrie- und berufsständische Arbeit, Bildungsarbeit, Zeltmission, Evangelisation, Straßenpredigt u.ä.).

Voluntarismus (lat.) philosophische Lehre, die den Willen (voluntas) als zentrale Kraft im Seelenleben des Menschen (psychologischer Voluntarismus) aber auch im gesamten Ablauf der Weltwirklichkeit (metaphysischer Voluntarismus) ansieht (so Schopenhauer: Wille als Urgrund der Dinge).

Vorsehung (von lat. providentia und gr. pronoia »Voraussicht«, »Fürsorge«) allgemein religiös: die Vorherbestimmtheit des Weltgeschehens, das Schicksal. Christlich-theologisch: die Erhaltung, Regierung und zielbestimmte Führung der Welt durch Gott; die Fürsorge Gottes für seine Geschöpfe.

Votivgabe, -tafel Weihegeschenk für eine/n Heilige/n am Wallfahrtsort (Schrift- und Bildtafeln, plastische Darstellungen von Tieren, Sachen, Körperteilen u.a.).

Votivmesse Messe, die auf Wunsch (lat. votum) für ein besonderes Anliegen gehalten wird (z.B. Totenmesse, Brautmesse).

votum (lat.) Urteil, Gutachten, Stimmabgabe; Gelübde. In der Liturgie: kurzer biblischer Wunsch. Im Katholizismus auch: das innere Verlangen nach der Kirche, nach der Taufe usw., das letztlich dem Getauftsein und der Kirchenzugehörigkeit gleichwertig ist.

ex voto auf Grund eines Gelübdes (Inschrift auf Votivgaben).

vox (lat.) Stimme.

vox memorialis (lat.) Merkwort (oft ein aus den Anfangsbuchstaben der zu merkenden Dinge künstlich gebildetes Wort).

viva vox Evangelii (lat.) das lebendige Wort des Evangeliums.

vozieren (lat.) vorladen (vor ein Gericht), berufen.

Vulgata (lat.) »die Allgemeine«; eine lateinische Bibelübersetzung, die auf Hieronymus (gest. 420 n.Chr.) zurückgeht, seit dem 7. Jh. in der Kirche des Westens allgemein verbreitet ist und durch das → Tridentinum für die katholische Kirche als verbindlich erklärt wurde.

W

Waldenser eine auf Petrus Waldus von Lyon (gest. 1217) zurückgehende Reformbewegung. 1184 aus der Kirche ausgeschlossen und verfolgt, lebten die Waldenser im Geheimen und wirkten bei der Entstehung der hussitischen Bewegung mit. Sie schlossen sich der Kirche Calvins an und bilden heute den Kern des Protestantismus in Italien, besonders im Piemont (Chiesa Valdese).

Wandlung in der römisch-katholischen Kirche derjenige Augenblick der Messe, in dem sich beim Hochheben der Hostie und des Kelches das Brot und der Wein in den Leib und das Blut Christi verwandeln (→ Transsubstantiation; Mittelpunkt der Messe).

Weihbischof in der römisch-katholischen Kirche Bezeichnung für einen Geistlichen mit Bischofsweihe, der dem Diözesanbischof zur Hilfe beigegeben ist.

Weihe (vom althochdeutschen wih »heilig«) die römisch-katholische Kirche kennt neben dem Sakrament der Priesterweihe die nicht als Sakrament geltenden Segnungen und Weihungen (→ Sakramentalien), wodurch Personen oder Sachen dem Dienst Gottes geweiht werden. In den evangelischen Kirchen werden zwar »Einweihungshandlungen« an kirchlichen Gebäuden und Gegenständen vorgenommen, hierdurch jedoch nicht die Gegenstände selbst »heilig«, sondern dem Segen und dem Schutz Gottes anbefohlen, wie auch Fürbitte getan wird für die Menschen, die damit zu tun haben.

Weimarana Weimarer Ausgabe (WA) der Werke Martin Luthers, die maßgebliche Textausgabe.

Weltkirchenrat, Weltrat der Kirchen → Ökumenischer Rat der Kirchen.

Weltmissionskonferenzen Ökumenische Konferenzen, die sich der Stärkung von Gemeinsamkeiten christlicher Kirchen in Theologie und Praxis der Weltmission widmen. Die erste W. fand 1910 in Edinburgh statt, mit über 1.200 Delegierten aus protestantischen Kirchen Europas und Nordamerikas. Sie war die erste ökumenische Konferenz der Neuzeit und gab damit einen wesentlichen Anstoß für die Entstehung der ökumenischen Bewegung. Der in Edinburgh eingesetzte Fortsetzungsausschuß konstituierte sich 1921 als »Internationaler Missionsrat« (IMR). In ihm waren viele nationale Christenräte Asiens, Afrikas und Lateinamerikas mit den Missionsräten der westlichen Christenheit zusammengeschlossen – eine Vorform des 1948 gegründeten »Ökumenischen Rates der Kirchen« (ÖRK). Der IMR veranstaltete weitere W.: die zweite 1928 auf dem Ölberg in Jerusalem, die dritte 1938 in Tambaram/Madras (Indien), wo bereits die Hälfte der Delegierten aus nicht-westlichen Missionskirchen stammte. Die vierte Weltmissionskonferenz fand 1947 in Whitby (Kanada) statt, die fünfte 1952 in Willingen (Deutschland), die sechste 1957/58 in Achimota (Ghana). Da der IMR 1961 in den ÖRK integriert und dadurch zu dessen »Kommission für Weltmission und Evangelisation« wurde, fanden die weiteren W. unter der Verantwortung des ÖRK statt, angefangen von der siebten 1963 in Mexiko City bis zur dreizehnten in Athen im Mai 2005.

Weltreligionen Religionen, die nicht an die Grenzen eines Volkstums gebunden sind, sondern ihre Heilsbotschaft weltumspannend (universal) verstehen, wie vor allem Christentum, Buddhismus und Islam.

Wiclifiten, auch **Wyclifiten** Anhänger des englischen Theologieprofessors und Vorreformators John Wiclif (Wyclif; gest. 1384), der entschieden gegen die Schäden der Kirche zu Felde zog und u.a. die Oberherrschaft des Papstes, den Zölibat, die Lehre von der Transsubstantiation, die Notwendigkeit der Ohrenbeichte bestritt. Wiclif wurde auf dem Konzil zu Konstanz 1415 zum Ketzer erklärt. Seine Anhänger, die von ihren Gegnern die Bezeichnung »Lollharden« erhielten (auch Lollarden = Unkrautsäer), wurden ausgerottet, seine Lehre fand jedoch eine teilweise Fortsetzung in Böhmen (Hussiten).

Wiederbringung aller → Apokatastasis.

Wiedertäufer → Täufer.

Wiegendrucke → Inkunabeln.

X

Xenophobie (gr.) Fremdenfeindlichkeit, Fremdenfurcht.

XP (gr. CH und R) die Anfangsbuchstaben des Wortes CHRISTUS, beim sogenannten »Christusmonogramm« ineinandergesetzt.

Y

Yoga (sanskr. »zusammenziehen, anschirren, verbinden«) im Hinduismus das Mittel, um das Bewußtsein zu verändern und die Befreiung vom → Karma und von der → Reinkarnation zu erlangen. Durch geistige Konzentration sollen unter Anleitung durch einen Guru auch übernatürliche Fähigkeiten erlangt werden. Es gibt viele verschiedene Konzeptionen und Methoden des Y. Der klassische Y. wurde im 2. Jh. v.Chr. als eines der sechs Systeme indischer Philosophie entwikkelt. Er durchläuft acht Stufen: Ethische Disziplin, religiöse Disziplin (u.a. Askese), Körperdisziplin (z.B. Lotussitz), Atemdisziplin, Abtöten der Sinne, Konzentration des Geistes auf bestimmte Körperstellen oder Punkte, Versenkung, völlige Vereinigung mit dem Absoluten. Der in westlichen Ländern vor allem geübte Y. beruht auf Sitzhaltungen und Atemübungen und will die schöpferische Kraft erwecken, die in jedem Menschen schlummert. Er wird vielfach als Entspannungsübung gelehrt.

Z

Zakat (arab. »Abgabe«) eine Abgabe auf Güter und Waren, die zu den Grundpflichten jedes Moslems gehört und entweder als obligatorische Steuer oder als freiwilliges Almosen gegeben wird. Sie soll als Ausgleich zwischen Armen und Reichen die islamische Gemeinschaft stärken.

Zebaoth (hebr.) »die Heerscharen«; die Bezeichnung »Herr Zebaoth« (Jahwe Zebaoth) vereinigt in sich verschiedene Bedeutungen; so steht Zebaoth für Engel, Sterne, kosmische Mächte und menschliche Heere; insgesamt ist die Übersetzung »der Allmächtige« zutreffend.

Zehnter im Alten Testament verschiedentlich geforderte Abgabe des zehnten Teils vom Einkommen zugunsten des Tempels. In der Kirche wurde diese ursprünglich als freiwillige Leistung bestehende Übung schon im 6. Jh. zur Pflicht gemacht; nach mancherlei Wandlungen in der Handhabung wurden 1848 die letzten derartigen gesetzlichen Bestimmungen abgeschafft. In den freikirchlichen Gemeinden, die keine Kirchensteuer erheben, ist der »Zehnte« eine Selbstverständlichkeit, aber auch zahlreiche einzelne Christen anderer Kirchen praktizieren dieses regelmäßige Opfer.

zelebrieren (lat.) feierlich begehen, Messe lesen.

Zelot (gr.) »Eiferer« in Glaubensdingen. Angehöriger einer jüdischen Partei zur Zeit Jesu, die das Reich Gottes mit Waffengewalt herbeiführen wollte (Luk. 6,15) und den ersten jüdischen Krieg (66–73 n.Chr.) in Gang setzte.

Zensur katholisch: kirchenamtliche Prüfung von Schriften.

Zenturien (lat.) Jahrhunderte.

Zenturien, Magdeburger die von dem Gnesiolutheraner Flacius und seinen Mitarbeitern 1559–1574 in Magdeburg geschriebene, nach Jahrhunderten gegliederte Darstellung der Kirchengeschichte.

Zeremonie (lat.) feierliche Handlung im Gottesdienst oder auch bei weltlichen Anlässen.

Zession (lat.) Genehmigung des für einen bestimmten Amtsbereich zuständigen Geistlichen zur Abhaltung einer Amtshandlung durch einen anderen Geistlichen (→ Dimissoriale).

Zeugen Jehovas von dem Amerikaner Ch.T. Russell 1881 gegründete Sekte, deren Verkündigung um die angeblich 1914 vollzogene himmlische Thronbesteigung Christi und die nahe bevorstehende Gerichtsvernichtungsschlacht von Harmagedon kreist. Christus wird nicht als Gott, sondern als erstes Geschöpf → Jehovas betrachtet. Früher hießen sie »Ernste Bibelforscher« oder auch »Wachtturmgesellschaft«.

Ziborium → Ciborium.

Zikkurat (assyr.-babylon., Femininum!) bergartiger Stufenturm in babylonischen Tempelanlagen.

Zion ursprünglich Name der alten Jebusiterfestung oberhalb der Gihonquelle, die von David erobert wurde und von da an Davidsstadt hieß; später das Tempelgelände, schließlich die ganze Stadt Jerusalem auf dem Osthügel. Heute wird (fälschlich) auch der Westhügel außerhalb der alten Stadtmauern als Zion bezeichnet. Im übertragenen Sinn: das »auserwählte Volk«.

Zionismus eine von Theodor Herzl 1897 begründete Bewegung, die für eine Heimstätte des jüdischen Volkes in Palästina kämpfte.

Zisterzienser 1118 n.Chr. im Benediktinerkloster Citeaux (Frankreich) gegründeter Orden (Sacer Ordo Cisterciensis = OCist) mit dem Ziel der Rückkehr zur ursprünglichen Regel Benedikts mit ungewöhnlich hartem Leben und einer Verbindung von Anbetung und Versenkung mit starker weltzugewandter Aktivität. Bedeutendster Zisterzienser war Bernhard, der Abt des Klosters von Clairvaux (gest. 1153). 1892/94 erfolgte eine Trennung der »strengen Observanten« (Ordo Cisterciensium Strictioris Observantiae = OCSO) von den alten Zisterziensern. Sie hießen auch »Reformierte Zisterzienser« (Ordo Cisterciensium Reformatorum = OCR) oder »Trappisten« (nach dem Reformkloster La Trappe in der Normandie).

Zivilehe (lat. civilis »bürgerlich«) die vor dem staatlichen Standesbeamten statt vor einem Kirchenvertreter geschlossene Ehe.

Zivilgesellschaft, auch **Bürgergesellschaft** bezeichnet im neueren kirchlichen Sprachgebrauch jene gesellschaftliche Ebene, die zwischen dem einzelnen und dem Staat liegt (Vereine, Parteien, Kirchen, Initiativgruppen aller Art).

Zölibat, zölibatär (lat. coelebs »unverheiratet«) die in der römisch-katholischen Kirche für Priester vorgeschriebene Ehelosigkeit, die auf alten asketischen Vorstellungen beruht und zu völligem Gehorsam im Dienst der Kirche führen soll. In den orthodoxen Kirchen gilt der Zölibat nur für die höhere Geistlichkeit.

zọon politikọn (gr.) »politisches Lebewesen«; nach Aristoteles der Mensch als bereits von Natur geselliges Wesen, das darum für seinesgleichen mitverantwortlich ist.

Zungenrede → Glossolalie.

Zweinaturenlehre → Dyophysitismus.

Zwei-Reiche-Lehre → Reich zur Rechten und zur Linken.

Zwölfapostellehre → Didache.

Zyniker → Kyniker.